18

백제학연구총서 쟁점백제사

백제는 언제 섬진강 유역으로 진출하였나

When did Baekje advance into the Seomjin River basin

한성백제박물관
SEOUL BAEKJE MUSEUM

백제학연구총서 쟁점백제사 18

백제는 언제 섬진강 유역으로 진출했는가

총괄 유병하(한성백제박물관장)
기획 · 진행 조영훈(백제학연구소장) · 이장웅(학예연구사)
편집교정 이장웅(학예연구사) · 전미정(연구원)
행정지원 임석진 · 최에스더 · 양재연(총무과)

한성백제박물관
05540 서울특별시 송파구 위례성대로 71
Tel. 02-2152-5800
http://baekjemuseum.seoul.go.kr

발행일 2021년 8월 31일

디자인 · 제작 학연문화사
Tel 02-2026-0541

ISBN 979-11-86012-83-3 94910
978-89-969903-7-6(세트)
값 10,000원

18

백제학연구총서 쟁점백제사

백제는 언제 섬진강 유역으로 진출하였나

When did Baekje advance into the Seomjin River basin

한성백제박물관
SEOUL BAEKJE MUSEUM

발 간 사

한성백제박물관 백제학연구총서 『쟁점백제사』 제18권은 지난 2021년 4월 23일 개최한 학술회의 「백제는 언제 섬진강 유역으로 진출하였나」를 정리한 것입니다. 학술회의는 코로나19 확산 방지를 위한 거리두기 지침에 따라 8명의 발표·토론자만 실무진과 함께 현장에 참석하고 모든 과정과 자료를 실시간 온라인 송출하는 방식으로 진행하였습니다. 종합토론은 오후 1시부터 4시간 40분 동안 이어졌습니다.

최근 가야사 복원 프로젝트와 관련하여 섬진강 유역은 백제와 가야의 관계에 있어서 매우 중요한 위치를 차지합니다. 백제의 영역 확장 과정과 그 시기를 알기 위해서는 섬진강 유역을 반드시 살펴보아야만 합니다. 그럼에도 불구하고 그 동안 문헌 자료의 부족으로 인하여 백제사의 입장에서 이와 관련된 연구를 많이 진작시키지 못한 것은 매우 아쉬운 일입니다.

이번 학술회의는 먼저 섬진강 유역의 백제와 가야에 대하여 고고자료를 중심으로 쟁점 및 연구 동향을 살펴보고, 백제의 섬진강 유역 진출 과정을 파악하는 데 관심을 기울였습니다. 토론 중 섬진강 유역 고대 정치체의 실상, 사서에 등장하는 정치체와의 관계, 「양직공도」의 방소국 문제 등 많은 논쟁점이 부각되었으며, 백제와 대가야에게 섬진강 유역이 가지는 의미에 대해서도 다각도의 토론이 이루어졌습니다.

쟁점백제사는 학계의 연구현황과 한계를 정확하게 진단하고 허심탄회하게 토론함으로써 앞으로 무엇을 어떻게 조사 · 연구하고 이해하면 좋을지 전문가와 일반시민이 함께 앞길을 모색하는 시리즈 방식의 학술회의 및 총서입니다. 학계 발전과 시민의 이해 제고라는 두 가지 큰 목표에 더욱 가까이 다가설 수 있도록 한성백제박물관은 지속적으로 노력하겠습니다.

이번 학술회의를 위해 기획부터 토론 진행까지 헌신적으로 함께 해주신 권오영 선생님께 깊이 감사드립니다. 그리고 주제 발표를 맡아주신 김낙중, 정재윤 선생님과 토론에 참여하신 박현숙, 위가야, 곽장근, 성정용 선생님, 그리고 폐회사를 해주신 노중국 선생님께 깊이 감사드립니다.

2021년 8월

한성백제박물관 관장 유병하

목 차

주제발표 1

섬진강 유역의 백제와 가야
- 고고자료를 중심으로 -

김 낙 중 전북대학교

Ⅰ. 머리말

섬진강은 전라북도 진안군 백운면과 장수군 장수읍의 경계인 팔공산에서 발원하여 전라남·북도의 동부인 호남정맥과 백두대간 사이를 따라 남해의 광양만으로 흘러드는 강이다. 대부분 산악지대이고 중류역의 남원, 곡성, 구례 등지에 넓지 않은 분지가 형성되어 있다.

여기서는 섬진강 유역을 상류, 중류, 하류 및 하구 주변 해안으로 나누어 살펴보고자 한다(그림 1). 상류역은 오수천이 합류하는 지점까지의 본류와 지류인 오수천 유역으로 임실과 오수천 상류의 남원 및 장수의 일부가 해당된다. 중류역은 오수천이 합류하는 지점부터 화개장터까지로 주요 지류는 경천과 요천이 있으며 순창, 남원-곡성분지 및 구례 분지 등 섬진강 유역에서는 비교적 넓은 평지가 있는 곳이다. 하류역은 감조구간으로서 하동과 광양이 해당되며 광양만 연안의 여수, 순천도 포함한다.

삼국시대의 섬진강 유역은 백제, 가야, 영산강 유역 및 남해안을 연결하는 내륙교통로가 지나가는 곳으로 다양한 세력들이 서로 교류하는데 가교 역할을 담당해 문화상으로 점이지대를 이루는 곳으로 알려졌다(곽장근 2007).

삼국시대의 섬진강 유역에 대한 연구는『일본서기』등의 문헌기록과 순천, 여수 및 광양 일대를 중심으로 한 전남 동부 해안지역에서 활발하게 이루어진 발굴조사 성과를 바탕으로 이루어졌다. 그 동안의 주요 관심은 백제의 진출 시기, 기문, 대사 및 임나사현의 위치, 대가야권역 포함 여부 등이라고 할 수 있다(양기석 외 2008, 이동희 2005 · 2007). 지역 학회(호남고고학회 2015 · 2019)와 국가 연구 기관(국립가야 · 나주문화재연구소 2019) 차원의 논의도 여러 차례 있었고 일정한 성과를 거두었다. 다만 발굴조사 유적이 섬진강 하구와 전남 동부 해안지역에 집중되어 섬진강 유역 전체의 모습을 그리는 데는 한계가 있었다. 섬진강 중상류역에서 이러한 논의에 필요한 고고자료가 늘어난 것은 최근이다. 이러한 고고자료를 통해 섬진강 유역에서도 시기와 지역에 따라 조금씩 다른 모습을 보이고 있다는 것을 알게 되었다.

이 글에서는 최근에 활발하게 이루어진 발굴조사 성과, 그 중에서도 특히 중상류역의 자료를 중심으로 백제와 가야는 섬진강 유역에 언제 진출하였고, 현지세력은 이 두 세력 사이에서 어떻게 대처하였는지 살펴보고자 한다.

그리고 섬진강 유역이 백제와 가야에게 어떤 의미에서 중요하였는지도 살펴보고자 한다. 이를 위해 유역별로 취락, 고분 및 성곽 조사 자료를 검토하여 시기에 따라 어떤 양상으로 변화하며 그것이 백제 및 가야의 진출과 어떤 상관성을 가지는지 살펴보고자 한다(그림 1). 고고자료를 중심으로 분석하였고, 문헌연구의 성과는 필요한 경우만 인용하였다.

〈그림 1〉 섬진강 유역 마한 · 백제 및 가야 유적 분포도

Ⅱ. 유역별 고고자료의 변천 양상

1. 상류역

이곳에서 취락 유적으로는 임실 망월촌(한수영 외 2008) · 도인리(곽장근 외 2011) · 석두리(김미란 외 2012) · 갈마리 해평 유적(고금님 외 2017, 그림 2) 등이 조사되었다. 이러한 취락은 섬진강 본류와 지류를 따라 형성된 충적지나 구릉에 입지한다. 주거지의 평면은 대부분 방형이며, 장란형토기, 심발형토기, 시루 등 일상토기와 주구토기, 이중구연호, 타날문 원저단경호 등이 출토되어 호남 서부지역의 마한 취락과 상통한다. 특히 임실 도인리 유적 20호 주거지에서는 마한의 대표적인 토기인 새모양 토기도 출토되었다. 다만 4주식 주공이나 벽구 등은 잘 보이지 않아 호남 서부지역과 다른 점도 보인다. 이 지역에서 확인된 취락은 대부분 3~4세기가 중심연대이고 5세기 전반까지 유지된 흔적이 보인다.

웅진기 이후의 취락 양상을 알 수 있는 자료는 거의 없다. 다만 순창 구미리 유적에서 사비기 석곽묘와 인접한 주거지에서 평저단경호 등 사비기 토기류가 출토되어 동 시기의 취락이 있었을 것으로 여겨지는데, 두 기만 조사되어 구체적인 양상은 자세히 알 수 없다.

이러한 마한 전통의 취락과 병행하는 시기의 무덤은 거의 확인되지 않았는데, 임실 용운리 · 도인리 유적의 사례로 보면 토광목관묘였던 것으로 추정

〈그림 2〉 임실 갈마리 해평 유적

된다. 용운리 유적에서는 원저단경호, 완, 평저광구호 등이 부장된 토광묘 6기가 확인되었다(천선행 외 2020).

한편 임실 석두리 유적 Ⅲ-24호 주거지에서는 통형고배 1점, Ⅳ-6호 주거지에서는 소문 단경호, Ⅳ-20호 주거지에서는 승문타날호 여러 점 출토되었다(그림 3). 도인리 유적에서도 소문단경호, 삼각형이 압인된 기대(14호), 승문타날호, 사다리꼴 소형 투창이 2단 뚫린 기대의 대각(19호)이 출토되었다. 이러한 토기류는 4세기 중 · 후반 함안 일대에서 유행한 고식도질토기류와 유사한 것으로 그곳에서 이입된 것으로 여겨진다.

이러한 4세기 무렵의 함안계 경질토기류는 섬진강 유역을 넘어 전주에서도 출토되었다. 중인동 유적 출토 소문단경호(강원종 외 2008), 신정 C유적 출토 승문타날호(김미란 외 2013) 등을 사례로 들 수 있다.

백제의 성장과 함께 원활한 대외교역을 위해서는 연안항로뿐만 아니라 내륙 교통로의 개발이 요구되었다. 왜와 긴밀한 관계를 맺고 있던 백제 왕권에게 섬진강 유역은 남해안으로 빠질 수 있는 지름길로서 중요한 내륙 루트였

통형고배(Ⅲ-24호 주거지)

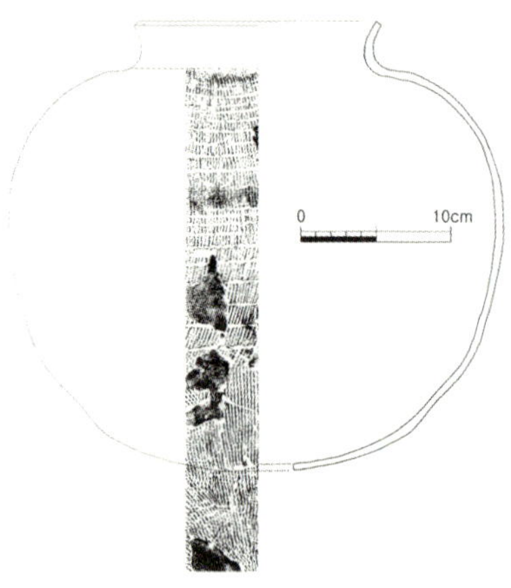

승문타날호(Ⅳ-20호 주거지)

〈그림 3〉 임실 석두리 유적 출토 가야계 토기

다. 그럼에도 불구하고 5세기까지 섬진강 유역에서 백제와 관련된 흔적을 찾기 어렵다. 이곳으로 백제가 본격적으로 진출하는 것은 한성기 말이나 웅진기 이후다. 그 흔적이 가장 먼저 보이는 곳은 상류역인 임실 일대다.

1972년에 수습조사된 임실 금성리 고분군(전영래 1974)은 3기의 수혈식 석곽묘로 추정된다. 대가야양식 유개장경호, 백제양식의 광구장경호, 대각에 소원공이 뚫려 있는 고배 등이 출토되었다. 사행상철검, 살포 등 무기류와 농공구류도 다량 부장되었다. 사행상철검은 일본열도에서 유행하였고 한반도에서는 신안 배널리 3호분과 무안 덕암 1호분 3호 옹관에서 출토된 점을 고려하면 영산강 유역을 거쳐 들어왔을 가능성이 높다.

금성리 고분군에서 가까운 금성리 방형분(천선행 외 2020)은 분구 성토 후 매장시설을 복수로 설치하는 분구묘적인 특징을 보이는데 그것은 조족문이 타날된 호, 개배 등 영산강 유역에서 유행한 양식의 토기류가 부장된 점과 관련이 있을 것으로 여겨진다. 이외에 가야계 기대편도 출토되었다. 평지보다 상당히 높은 구릉의 능선에 고분이 조성된 것은 가야적인 요소다.

금성리 방형분에 인접한 도인리 1호 석곽묘에서도 백제계의 광구장경호, 환두대도와 함께 가야계 유개장경호가 출토되었다.

한편 임실 석두리 고분군(김미란 외 2012)은 구릉의 능선에 축조되고, 매장시설은 세장방형 석곽묘여서 입지와 매장시설이 대가야적인 모습을 보인다. 그런데 대가야양식토기만 부장된 석곽(Ⅰ유적 1-3호)과 백제양식토기만 부장된 석곽(1-1호)이 하나의 봉분(1호분) 범위 안에 축조되어 있다. 입지, 묘제, 토기류로 보아 대가야의 영향 아래 고분이 축조되기 시작했다고 할 수 있으나 웅진기 후반~사비기 초에 백제의 영향력이 확대되며 묘제는 유지된 채 부장품이 백제계로 바뀐 양상이다. 이러한 점으로 보아 고분의 축조 주체는 바뀌지 않은 것으로 여겨진다(그림 4).

석두리 고분군에 인접한 구고리에서는 웅진기 후반~사비기 초에 유행한 병형토기, 삼족기 및 윤형 꼭지 달린 뚜껑 등이 출토된 석실분이 알려졌는데(국립전주박물관 2011), 수습된 것이라 석실의 구조는 알기 어렵다.

이상에서 살펴본 것처럼 금성리·도인리 일대와 청웅면 석두리 고분군에는 백제와 가야의 토기가 혼재한다. 백제의 광구장경호나 가야의 유개장경호 등의 토기류로 볼 때 백제 한성기 말이나 웅진기 초부터는 조성된 것으로 판단된다. 백제계 기종은 광구장경호, 대각 상단에 원형 소공이 뚫린 고배 등으로 매우 한정적이다. 흑색마연토기 등 분명한 한성양식토기류나 위세품은 보이지 않는다. 백제양식이라고 해도 그것은 금강, 만경강유역에서 유행한 지역양식이다. 여기에 영산강 유역양식토기류도 일부 보인다.

이러한 현상으로 볼 때 한성기 말 또는 웅진기 초부터 임실지역에 백제의 영향력이 미치고 있으나 그것은 직접적이고 일방적이며 가장 강력한 것은 아니었다는 점을 보여준다. 백제와 대가야가 동시에 영향력을 행사하였으므로 한성기 말~웅진기 전반의 섬진강 상류지역을 백제나 대가야 어느 일방의 영역이라고 말하기 어렵다. 구고리 석실분이 축조된 웅진기 후반~사비기 초가 되어서야 완전한 백제의 영역이 되었다고 할 수 있다. 다만 석두리 Ⅰ유적 1호분의 사례로 볼 때 주민의 이주 등을 고려하기는 어렵다.

한편 오수천 상류지역은 가야의 흔적이 좀 더 뚜렷하다. 지표조사를 통해 다수의 석곽묘군이 확인되었다. 그 중 발굴조사된 장수 봉서리 고분(윤덕향 외 2001)은 수혈식석곽묘로서 부장된 대부장경호는 5세기 후반 신라에서 유행한 형태와 유사하나 목리조정 흔적과 타날 문양을 남긴 제작기법 및 대각의 형태 등은 소가야토기와 상통한다. 소가야집단의 활동과 관련되었을 가능성이 있다. 한편 장수 봉서리에서는 전형적인 대가야양식의 이식이 수습된 바 있어(국립전주박물관 2010:70) 오수천 상류 일대의 고분군은 대부분 대가야계 석곽묘인 가운데 일부 소가야의 문물이 섞여 있을 가능성이 있다.

섬진강 상류지역으로 대가야의 영향력이 확대된 흔적은 취락에서도 보인

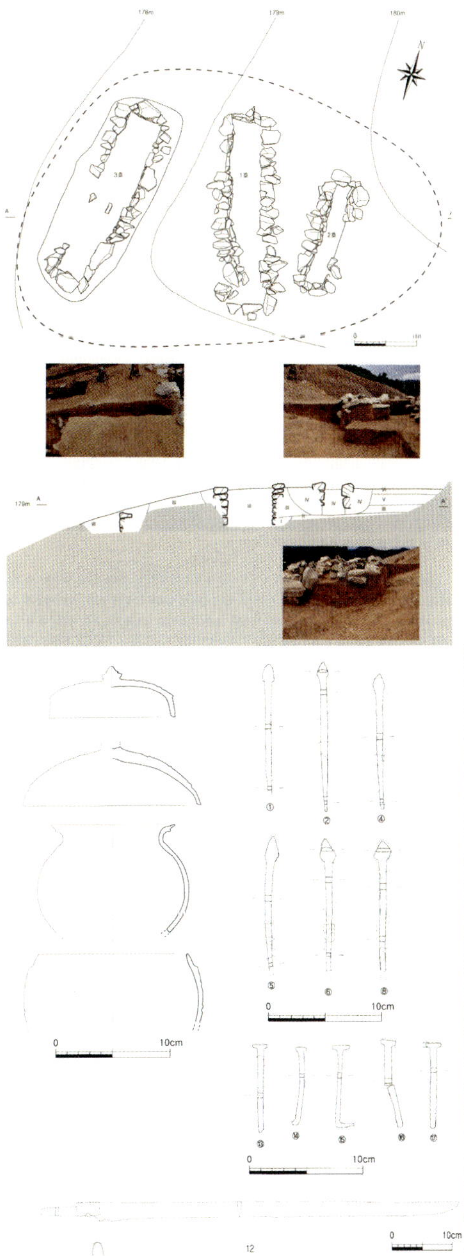

1-1호 석곽

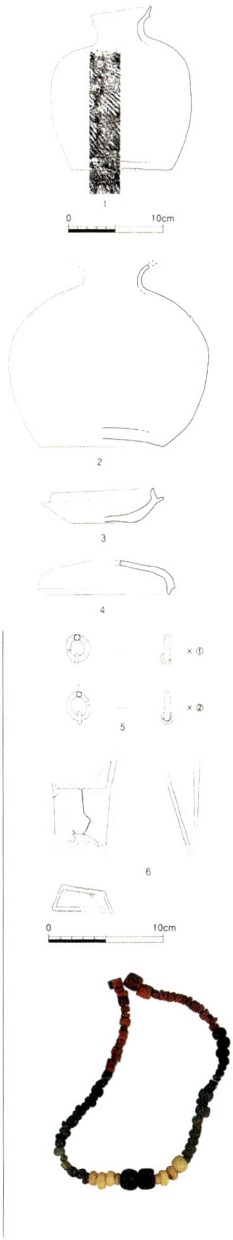

1-3호 석곽

〈그림 4〉 임실 석두리 유적 1호분

다. 남원 월평리 수월 Ⅰ유적 9호 주거지에서 대가야계의 유개장경호와 장란형토기 혹은 심발형토기편이 출토되었다. 그러나 주민의 이주를 고려할 정도는 아니다(유철 외 2020).

상류역에서 백제의 영역화와 관련하여 앞서 석두리 유적에서 가야계 부장품에서 백제계 부장품으로 전환하는 양상과 구고리 석실 출토품을 살펴보았는데, 이외에 주목되는 고분군으로 순창 구미리 유적(한수영 외 2015)을 들 수 있다(그림 5). 구미리 유적은 섬진강변 충적지와 산기슭에 걸쳐 있는 취락과 고분군이다. 고분으로는 입구벽의 흔적이 남아 있는 횡구식석실묘 1기, 횡구식석곽묘 및 수혈식석곽묘 23기, 옹관묘 1기가 확인되었다. 횡구식석곽묘가 수혈식석곽묘보다 많은 편이다. 수혈식석곽묘는 횡구식석곽묘에 비해 좀 더 세장한 편이다. 그런데 벽석재, 장축, 부장품 등은 두 묘제 사이에 차이가 거의 없다. 벽면의 하단에는 주로 큰 판상석을 가로나 세로 방향으로 세운 경우가 많다. 관정과 꺾쇠는 횡구식석곽묘에서만 출토되었다. 부장토기류는 병, 삼족기, 고배, 직구호 등 백제의 대표적인 기종이 주종을 이루는 가운데 가장 늦은 단계의 소가야계 수평구연호(19호), 횡방향 혹은 사선 방향으로 굵은 집선문을 타날한 심발형토기(1 · 2호 석곽)와 호(옹관) 등 가야계 토기도 출토되었다. 이처럼 구미리 고분군은 백제의 색채가 진한 가운데 석곽 구조와 일부 토기류에서 보이는 것처럼 가야의 흔적이 잔존한 양상이다. 부장토기류로 볼 때 웅진기 말까지 올려 볼 수도 있으나(10호 석곽묘 출토 삼족기)나 대부분은 사비기 전반에 조성된 것으로 여겨진다. 그러나 동 시기 사비의 전형적인 석실과는 다른 양상이다.

상류역에 대한 백제의 영역화를 확실히 보여주는 증거는 산성의 존재다. 그 중 대표적인 것이 임실 성미산성이다. 성미산성은 임실군 관촌면 주천리 성미산(해발 430m) 정상부를 에워싸고 있는 둘레 522m의 테뫼식 석축 산성이다. 성미산성이 위치한 관촌은 전주에서 남원으로 이어지는 교통과 군사

〈그림 5〉 순창 구미리 유적

의 요충지이다. 성미산성 주변에 방현리 산성, 대리 산성이 있다. 성미산성은 『삼국사기』 무왕 6년(605)조에 나오는 각산성角山城[1]이라는 견해(전영래 2003)가 있다.

발굴조사는 남쪽 성벽 일부와 그 내부에 대해 이루어졌다(서지은 외 2009). 성벽은 협축식으로 쌓았는데 너비는 4m다. 먼저 만들어진 하단의 석축은 장방형 석재로 수평줄눈을 맞춰 쌓았다. 두 기의 원형 석축 집수시설도 확인되었다. 삼족기, 개배, 자배기와 같은 사비기 토기뿐만 아니라 부소산성에서 출토된 것과 유사한 갈래창과 대형의 철겸 등 무기류도 출토되었다. '상上', 중'中', '하下', '전前', '오五' 등의 글자가 찍혀 있는 인장와가 출토되어 더욱 주목되는데, 이러한 오부명 인장와는 도성인 부여, 도성에 준하는 익산 그리고 오방성 중의 하나인 고사부리성에서 출토되는 것이어서 성미산성의 중요성을 짐작할 수 있다.

한편 동서를 잇는 루트인 오수천변에 입지하는 장수 봉서리 산성과 순창 합미성도 일부 발굴조사되었다. 봉서리 산성은 포곡식 석축 산성으로 둘레는 900m다. 내탁식으로 축조하였는데 외면은 두께와 길이는 다르지만 상하면을 편평하게 다듬은 돌로 쌓았고 체성부는 교호 성토하였다(그림 6). 원형의 석축 집수시설이 2곳 확인되었다. '신申' 혹은 '갑甲'으로 읽히는 원형 인장와가 출토되었다(전라문화유산연구원 2019). 순창 합미성은 테뫼식의 석축 산성으로 둘레는 498.8m다. 2020년 발굴조사를 통해 원형 석축 집수시설 1기가 확인되었고 삼족기, 배 등 백제토기가 출토되었다(전라문화유산연구원 2020).

남원 운봉고원에 쌓은 아막성을 거점으로 신라가 남원 서부-임실을 넘어

1 "六年, 春二月, 築角山城. 秋八月, 新羅侵東鄙.(『삼국사기』권제27 백제본기 제5 무왕)

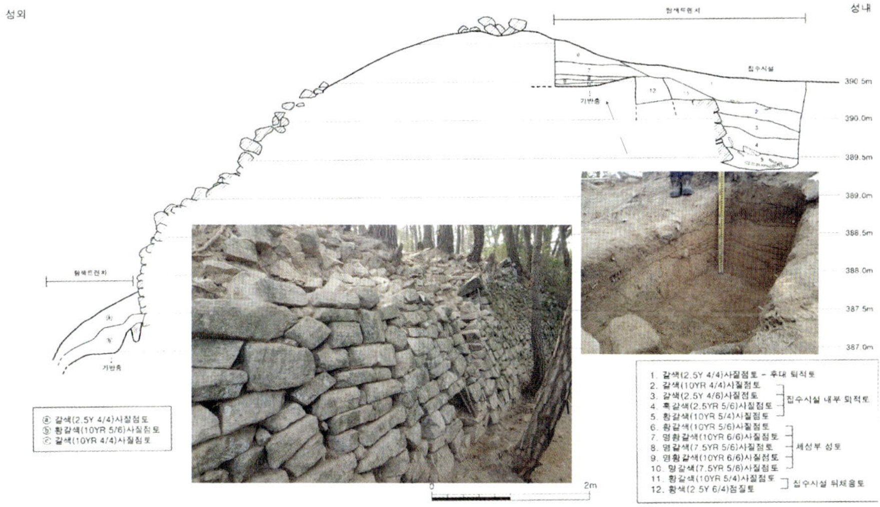

〈그림 6〉 장수 봉서리 산성 성벽 단면

전주, 익산으로 진출하는 것을 막기 위한 조처로 이러한 산성들이 섬진강 본류와 오수천과 같은 지류를 따라 동-서, 남-북 루트 상에 축조된 것으로 여겨진다.

2. 중류역

1) 마한의 취락과 가야와의 교류 시작

취락은 섬진강 본류와 지류변의 충적지에 형성되어 있다. 대표적인 유적으로 순창 노동리(전북대학교박물관 2006) · 내월(한수영 외 2008) · 대가리 향가(유철 외 2014) · 교성리 · 가남리 유적(박수현 외 2012), 남원 세전리 유적, 곡성 오지리 유적, 구례 봉북리 유적을 들 수 있다.

이 중 순창 경천유역의 취락은 임실 등 상류역과 주거 구조가 유사하다. 지리적으로 인접하여 영산강 유역권과의 교류 흔적이 잘 남아 있다. 그러한 흔적은 순창 교성리 유적에서 보이는데, 전통의 일상용기 이외에 5세기 초에 유행한 회청색 경질 토기류가 이입되었다. 즉, 유공광구소호, 배, 경배, 파수

부잔 등 영산강 유역권에서 유행한 기종이 출토되었다. 이외에 기대, 승문타날호, (대부)직구호 등 아라가야와 소가야권에서 유행한 기종도 함께 출토되었다.

한편 남원-곡성과 구례 분지에서 확인된 주거지의 평면형은 일부 방형계가 섞여 있지만 타원형, 장타원형 등 타원형계가 주류를 이룬다. 주거 시설로는 부뚜막, 벽구, 벽주공, 장방형 수혈 등이 확인되었다. 타원형계 평면이 주류를 이루는 점은 방형이 대부분인 호남 서부지역과는 다른 양상이다. 호남 서부지역에서 일반적인 4주식 기둥 배치도 거의 보이지 않는다. 이에 비해 인접한 경남 서부지역은 주거지의 평면형이 타원형계가 주류를 이룬다. 섬진강 중류역 뿐만 아니라 여수 덕암동 유적 등 섬진강 하구에 인접한 전남 동부 남해안 일대의 주거지도 평면 타원형계가 중심을 이룬다(박미라 2008).

그러나 토기류의 기종 구성, 형태 그리고 문양 등에서는 호남 서부지역과 거의 차이를 보이지 않는다. 즉, 시루, 장란형토기, 발형토기, 주구토기, 원저단경호, 난형호, 완형토기, 거치문 대옹 등이 출토되었는데 이러한 토기류는 마한의 일반적인 기종이다.

섬진강 유역의 취락 출토 토기류의 특징으로 경질무문토기 전통이 늦게까지 존속한다는 점을 들 수 있다. 곡성천변 충적대지에서 확인된 곡성 오지리 유적(이지영 · 김경미 2008)의 경우 전체 토기 중에서 경질무문토기류가 71%를 차지한다. 찰문기법으로 시문된 평저의 장란형토기와 무문의 심발형토기에 경질무문토기 전통이 잘 남아 있다. 보고서에서는 오지리 취락의 연대를 방사성탄소연대 측정치를 근거로 2세기 중 · 후반에서 3세기대로 추정하였으나 중서부지역에서 심발형토기, 장란형토기의 등장 연대를 고려할 때 이러한 토기류가 출토된 주거지의 상한을 3세기대까지 하향할 필요성은 있겠다. 구례 봉북리 유적(김정애 2007)도 유사한 양상을 보이는 강변 충적대지의 취락 유적이다. 곡성 구성리 유적에서는 가야계 토기류가 공반하고, 남

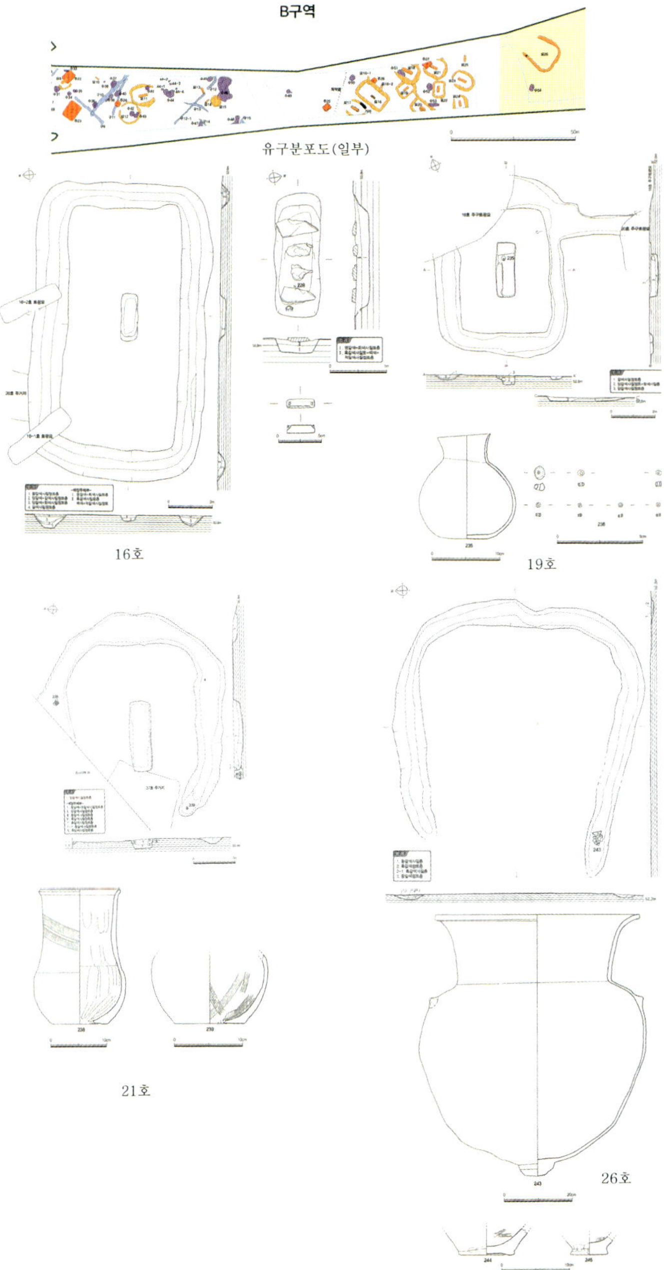

〈그림 7〉 곡성 대평리 유적의 무덤

원 세전리 유적에서는 회청색 경질의 개배 뚜껑(2호 주거지), 소가야계 뚜껑(V유구) 등이 출토된 점을 고려할 때 중류역에서 이러한 마한계 취락은 6세기 전엽까지 존속한 것으로 여겨진다.

마한 취락과 관련된 고분군은 조사된 사례가 많지 않다. 곡성 대평리 유적(박철원 외 2013) 정도를 들 수 있다(그림 7). 이 유적은 섬진강변의 충적대지에 입지하는데 곡성천 건너에 취락인 곡성 오지리 유적이 가까이 위치한다. 이 유적에서는 송국리문화 단계의 세장방형 주구부 석개토광묘(16·20호묘가 해당되며 대상부에 비해 매장시설이 매우 작음. 장단비 2)→홍도 기형의 무문토기가 출토된 장방형 주구부 토광목관묘(19·22호묘가 해당되는데 대상부가 작아져 매장시설의 규모가 16호묘 등에 비해 상대적으로 커졌음. 장단비 1.3)→장경호 등 경질무문토기 등이 출토된 말굽형 혹은 단제형의 평면에 토광목관묘의 묘광이 지하에 일부 남아 있는 분구묘(18·21호)→선황리식 옹관이 주구에 안치되고 주 매장시설이 지상에 설치된 것으로 추정되는 제형 분구묘(26호)·격자문이 타날된 원저단경호가 주구에서 출토된 제형 분구묘(38호)·평면 원형 분구묘(36호묘)로 변화하였다. 이 중 오지리 취락과 공존하는 시기의 무덤은 말굽형, 제형, 원형의 평면을 가진 제형분이다. 영산강 유역만큼 제형분이 정형화되고 커지지는 않았지만 기본적으로는 유사한 묘제를 사용하였다고 할 수 있다.

중류역의 마한 취락도 백제보다 먼저 가야인과 교류를 시작하였다. 그것은 구례 내산리 삼성 유적(김경칠 외 2019)에서 출토된 승문타날호로 알 수 있다. 어쨌든 4세기까지 중류역에 백제의 흔적은 보이지 않는다.

가야인들이 본격적으로 섬진강 중류역으로 진출한 흔적은 구례 용두리 유적에서 확인할 수 있다. 구례 용두리 유적은 섬진강과 서시천이 합류하는 지점의 동안에 위치한 낮은 구릉에 조성된 고분군이다. 섬진강 하류에서 중류의 구례 분지로 들어서는 지점이다. 이곳에서 목곽묘 3기가 발굴조사되었고

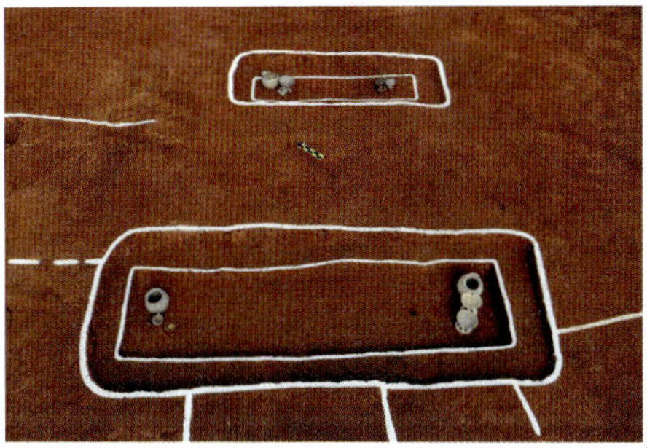

1

2

3

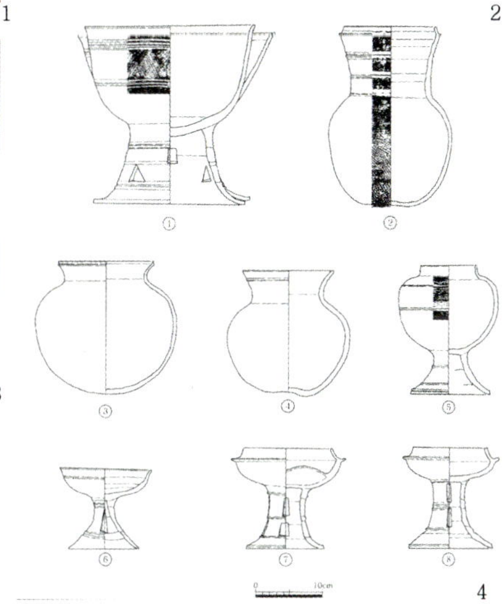

4

1: 2~3호 목곽묘
2: 목곽묘 출토 토기류
3: 지표수습(2017~2018년 조사)
4: 지표수습(박성배 2015)

〈그림 8〉 구례 용두리 유적

(조근우 외 2019) 그전에도 가야토기류가 수습되어 구례문화원에 소장되어 있다(최성락 · 박철원 1994, 박성배 2015)(그림 8).

목곽묘는 동시기의 함안, 진주 일대의 가야 목곽묘에 비해서는 소형이며 부장품도 토기류 위주로 박장인 편이다. 목곽묘 발굴조사 때 지표에서도 다수의 가야계 토기가 수습되었다. 평행선문 타날 후 정면한 단경호, 구연부에 2~3조의 돌대가 돌아가는 장경호, 파수 달린 광구소호, 사다리꼴 투창이 1단 뚫린 무개고배, 마름모꼴 투공이 수직으로 뚫려 있는 유개고배, 발형기대와 통형기대, 점열문이 시문된 뚜껑, 대부직구호, 통형의 대각에 2단으로 장방형의 투창이 직렬로 뚫려 있는 고배, 유개장경호 등이 그것이다. 목곽묘 부장 토기류는 4세기 후엽~5세기 전반 정도로 추정되는데 아라가야, 소가야 등의 후기 가야 토기 양식이 정형화되기 이전의 양상과 유사하다. 그리고 지표수습품 중에는 시원형의 소가야 삼각투창고배, 5세기 말~6세기 전엽으로 추정되는 대가야계의 유개장경호 등도 포함되어 있어 이곳에서 가야인들의 활동이 지속된 것을 알 수 있다.

용두리 고분군에서 출토된 가야계 토기류에는 아라가야, 소가야, 대가야 양식 토기류의 속성이 확인되고 있어 다양한 지역의 토기 문화를 받아들인 것을 알 수 있다. 다만 기형, 태토, 제작기법을 보면 해당 지역에서 유행한 것과 흡사한 것을 찾기 어렵다. 즉, 반입된 것이 아니라 현지에서 제작된 것을 알 수 있다. 예를 들면, 무개식 일단투창 고배는 소가야 양식을 모방하였지만 그릇 크기, 투창의 크기와 형태, 대각의 벌어짐 등에서 차이를 보인다. 즉, 용두리 고분군 출토 가야계 토기는 가야토기의 양식을 따르고 있으나 특정 지역의 전형적인 양식을 그대로 따르지 않고 다양한 속성이 혼합되어 현지에서 제작된 독특한 토기로 여겨진다. 이러한 토기류의 특징을 근거로 발굴 보고자는 토기류 제작과 고분 조영의 주체를 현지인으로 여기고 있다(조근우 외 2019:75). 그런데 현지 전통의 토기류가 전혀 부장되지 않은 점, 유적의 위치가 구례 일대에서 하류와 연결된 요충이기는 하지만 중심지는 아니라는 점을 고려하면 고분 조영의 주체를 현지인으로 단정하기 어려운 측면도 있다. 무덤의 규모가 작고, 부장품도 토기류 위주여서 고분을 조영한 집단의 위계가 높다고 하기는 어렵다. 이러한 점으로 볼 때 이 고분군은 섬진강을 통한 가야 제 세력과의 교류를 주도한 구례 지역 내 신흥세력이 축조하였거나 섬진강을 타고 올라와 이주·정착하여 철기류 등의 교역에 종사한 가야계 사람들이 축조하였을 가능성이 모두 있다고 여겨진다. 그리고 이러한 토기류의 양상으로 볼 때 가야의 영향력이 미쳤다고 해도 그것을 정치적인 영향력의 확대로 해석하기는 곤란하다.

2) 영산강 유역권과 가야가 만나기도 한 곳

한편 중류역은 영산강 유역과 남강 상류를 연결하는 길이기도 하다. 담양에서 순창의 경천을 따라 섬진강과 경천 및 요천이 합류하는 지점을 지나 요천 상류로 이어지는 일대는 남북과 동서 방향의 수로와 육로가 교차하는 중요한 곳이다. 이 길을 따라 영산강 유역권의 영향력이 동쪽으로 미치고, 대가야의 영향력이 서쪽으로 미친 흔적이 5세기 후반부터 나타난다.

영산강 유역 세력과의 연관성이 추정되는 분구묘가 남원 요천 하류역의 금지 일대와 그 주변지역에서 확인되어 주목된다. 현지에서 말무덤으로 불리는 고분이 남원 사석리와 입암리에 남아 있으며 인접한 순창 고원리와 곡성 주산리에도 남아 있었다.[2] 이 중 남원 입암리 고분과 사석리 고분군이 발굴조사되었다.

입암리 고분(곽장근 외 2013)은 매장시설인 토광묘가 분구 중에 위치하며, 방형 혹은 장방형(사다리꼴일 가능성도 있음)의 주구를 돌렸는데, 주구에서는 분구에 돌려세웠던 것으로 추정되는 원통형토기편이 출토되었다. 이 토제품은 적갈색 연질로 승문이 타날되었다. 이런 점이 영산강 유역의 분구묘와 매우 비슷하다. 출토된 토기류는 영산강 상류지역의 광주 동림동 유적, 월계동 고분 등에서 출토된 영산강 유역 양식의 단경호 및 광구장경호와 유사하여 5세기 후반에 축조된 고분으로 추정된다.

---

2 섬진강 유역의 토착 묘제는 영산강 유역권의 분구묘와 유사한 양상을 보이는 말무덤이며, 근초고왕의 남정과 함께 사라졌다고 여긴 견해가 제시되었다(곽장근 2007). 그러나 이러한 말무덤은 섬진강 유역에서 영산강 유역으로 통하는 순창, 남원 서부 등 일부 지역에 한정되고, 남원 입암리·사석리 고분군에 대한 발굴조사 결과 웅진기 또는 사비기까지도 존속한 사실이 알려져 다시 검토할 필요가 생겼다.

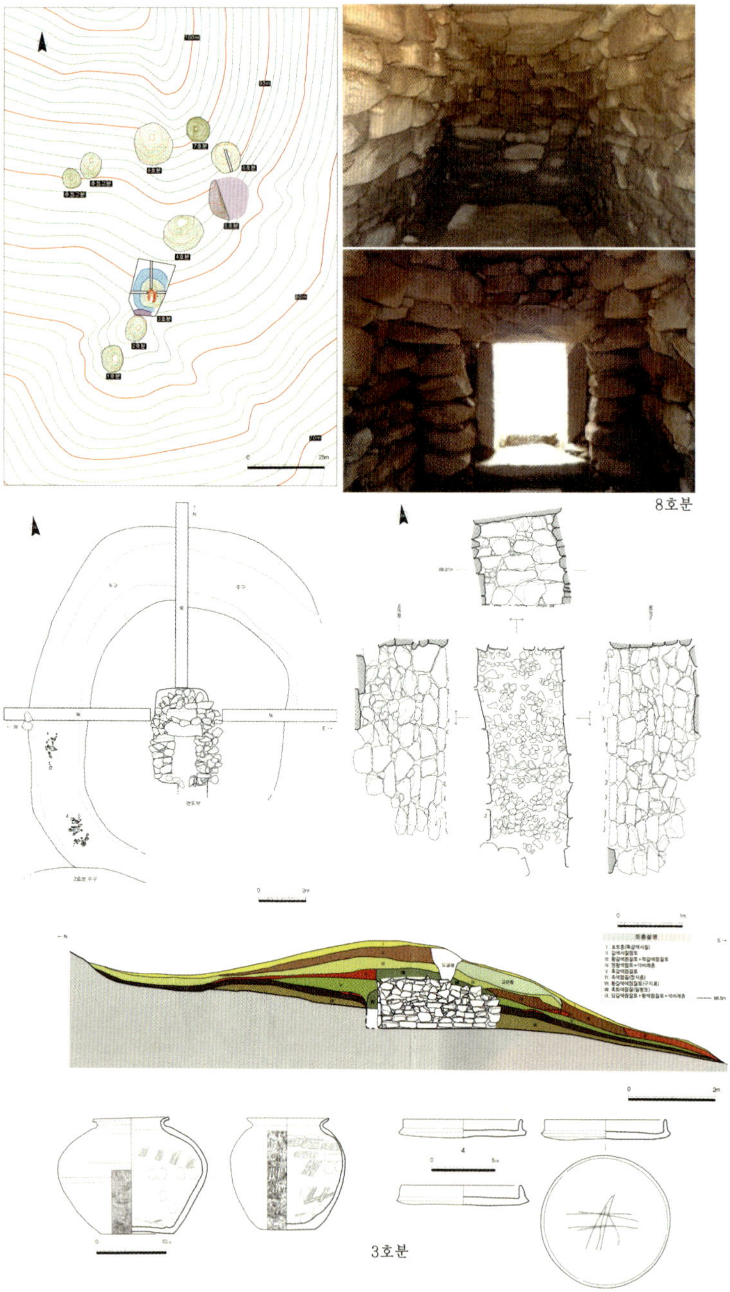

8호분

3호분

〈그림 9〉 남원 사석리 고분군

2020년에 조사된 사석리 8호분(조선문화유산연구원 2020)은 매장시설이 지상에 위치하고 할석을 이용하여 축조한 네벽조임식의 평천장 구조이며 문틀식 현문이 갖추어져 있어 영산강 유역권에서 5세기 말~6세기 초에 유행한 영산강유형 석실과 매우 흡사하다(그림 9). 다만 벽면 하단에 대형 장대석이 사용되지 않은 점은 차이가 있다. 그리고 판석으로 쌓은 관대가 마련된 점은 백제와의 관련성을 시사한다. 부장 토기류 중에는 대가야 계통의 뚜껑이 있다. 이러한 점으로 보아 이 석실은 기본적으로 영산강유형 석실의 계통에 속하지만 대가야 및 백제와의 관계를 보여주는 시설과 유물도 남아 있다.

한편 사석리 3호분(전상학・김태영 2014)의 매장시설(그림 9)은 네벽조임식의 평천장 횡혈식석실묘로 연도는 오른쪽에 치우쳐 있으며 어깨가 강조된 평저호, 납작한 개배 등의 토기류가 부장되어 있어 사비기 석실임은 분명하다. 그러나 석실 상부가 지상에 위치하여 석실 축조와 분구 성토가 동시에 이루어진 점과 분구에 주구가 둘러진 점은 여전히 분구묘의 전통이 남아 있는 것을 보여준다. 한편 집선문이 타날된 가야계 연질 호형토기도 남아 있다.

한편 가야에게도 섬진강 유역은 중요한 곳이었다. 가야의 영향력이 미친 흔적은 무덤뿐만 아니라 취락에서도 보인다. 요천 상류에 위치한 남원 천사동 유적(이영철 외 2012), 노암동 유적(박영민 외 2016) 등 생활유적에서 집선문이 횡방향으로 타날된 장란형토기 등 가야계 토기류가 출토되었다. 천사동 유적은 산기슭에 형성된 취락으로 방형 주거지 2기, 수혈 10기, 구 2기, 지상건물지 1기, 경작지 등이 확인되었다. 장란형토기, 발형토기, 시루 등 가야계 일상토기와 함께 회청색 경질의 뚜껑, 장경호 등이 출토되었다. 마한・백제계로 추정되는 고배 대각, 유공광구소호 편 등이 출토되었지만 소수에 불과하고 대부분은 가야계 토기다. 뚜껑 등의 기형과 시문기법이 5세기 3/4분기로 추정되는 진주 무촌 Ⅲ-2구 55호 석곽묘 출토품과 유사하다. 아영분지의 남원 월산리 고분군 등에서 보이는 소가야 계통의 토기류 부장과 시기적으로 일치한다.

남원 요천으로 흘러드는 대곡천 상류의 구릉에서도 주거지 2기가 확인되었는데, 평면은 말각방형이며 부뚜막에 석재를 이용하였다. 사선 방향으로 집선문을 타날한 장란형토기 등 전형적인 가야계 취사기와 함께 저평통형기대(나-1호 주거지), 유개장경호(가-1지구 자연수로) 등 대가야양식 토기도 출토되었다. 대곡리 취락의 연대는 이러한 토기류로 보아 5세기 중 · 후엽~6세기 중엽으로 추정된다(김승옥 · 이민석 2003). 이와 병행하는 시기인 5세기 말~6세기 초에 대곡리 유적에서 동남 방향으로 400여 m 떨어진 다른 가지 구릉(대곡리 노산 유적)에서는 점토로 구축한 부뚜막과 배연시설이 갖추어진 방형 주거지 등이 확인되었다(이영철 외 2012). 주거지의 구조 이외에 장란형토기 등 마한 · 백제의 속성을 보이는 일상토기가 출토되어 현지세력의 취락으로 여겨진다. 다만 다양한 계통의 토기류가 섞여 있다. 즉, 대각에 소원공이 뚫린 고배는 금강유역에서 유행한 것이고, 단각고배도 백제계로 볼 수 있다. 또한 두 귀가 달린 편평한 뚜껑은 호남 서부에서 자주 보이는 기형이다. 신라식 고배로 추정되는 배신부도 보인다. 비록 중앙은 아니지만 백제의 흔적이 보이는 취락으로 중요하다.

순창 무수리 유적은 섬진강변의 충적지에 자리 잡은 취락인데, 주거지 3기와 수혈 4기가 조사되었다(김규정 외 2013). 주거지의 평면은 방형이어서 호남 서부지역과 동일하고 격자문이 타날된 장란형토기가 출토되어 현지의 마한 전통이 남아 있다고 할 수 있지만 3호 주거지의 부뚜막에는 판석이 사용되었고 토기류의 대부분은 가야 계통이다. 고배와 개배, 유대파수부배 및 적갈색연질 대형 고리형 파수부 뚜껑 등 고분에 부장되는 기종과 함께 취사와 관련된 사선 방향 평행 타날 장란형토기와 심발형토기가 출토되었다. 소가야와 대가야계 토기가 섞여 있다. 완형이 없어 정확하게 시기를 판단하기 어렵지만 고령 지산동 44호분 및 45호분과 병행하는 단계의 가야계토기로 여

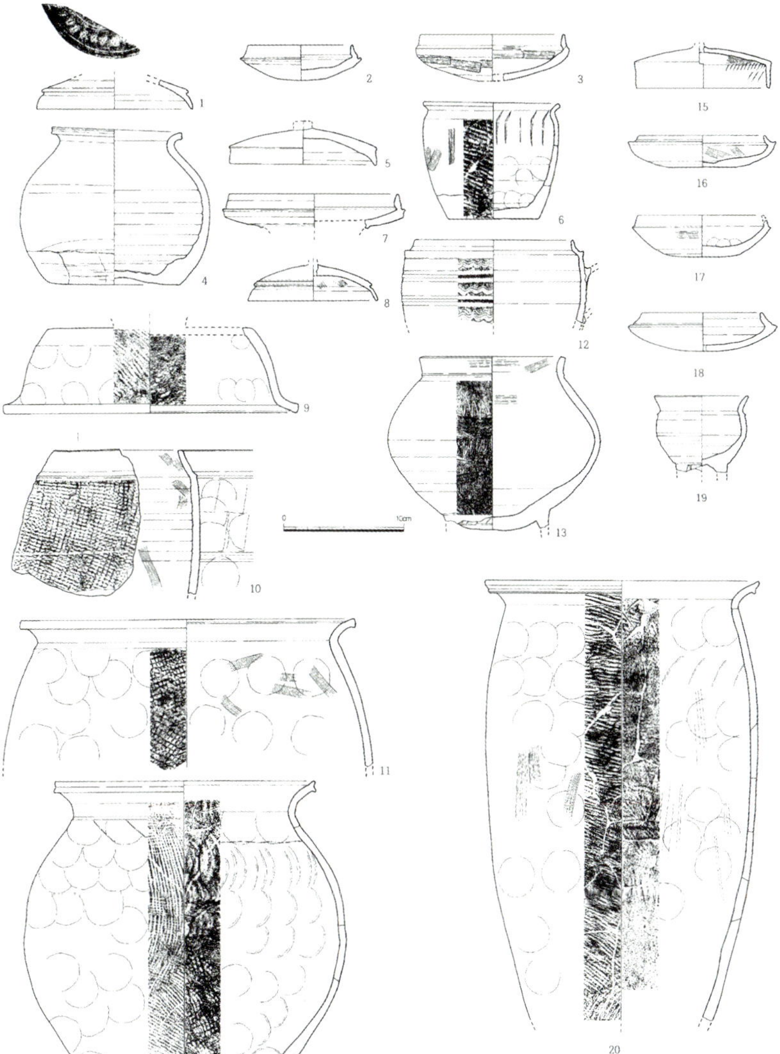

1-4: 1호 주거지, 5-7: 3호 주거지, 8-10: 1호 수혈, 12-14: 2호 수혈, 15-20: 3호

〈그림 10〉 순창 무수리 유적 출토 토기류

겨진다(그림 10)[3]. 취사도구처럼 실생활과 직접 관련된 도구가 출토된 점으로 이곳에 대가야 사람들이 정착한 것을 추정할 수 있다.

영산강 유역권과 대가야 사람들이 섬진강 유역으로 적극적으로 진출한 것과 관련하여 주목되는 유적이 곡성 구성리 유적이다. 이 유적은 섬진강의 지류인 오곡천 상류의 곡간퇴적층에 형성된 취락 유적으로 주거지 30기, 저장혈 12기 등이 확인되었다(그림 11). 주거지는 평면형과 화덕시설로 계통을 나누어 볼 수 있다. 전남 동부지역에서 일반적인 평면 원형 주거지는 1기(15호)뿐이다. 평면 방형 중에서도 호남 서부지역에서 일반적으로 보이는 4주식은 1기(23호)뿐이지만 서부지역과의 접촉을 시사한다. 나머지 평면 방형의 주거지는 취사용기로 사용된 토기류와 화덕에 사용된 재료로 계통을 나누어 볼 수 있다. 대가야계 취사기는 외면의 사선 방향 평행 집선문 타날, 내면의 집선문계 혹은 동심원계 박자 문양, 타날문이 남아 있는 바닥 등의 기술적 속성과 세부적인 기형, 크기 및 시루 증기공의 차이 등 명목적 속성이 마한계 토기와 다르다. 점토를 사용한 화덕이 있는 주거지에서는 마한계 일상용기가, 판석과 할석을 사용한 화덕이 있는 주거지에서는 가야계 토기들이 출토되었다. 사주식 주거지(23호)를 가야계로 판단되는 17호 주거지가 파괴하고 있어 주거지 계통 간 선후관계를 알 수 있다. 마한계 토기류가 출토되는 주거지는 평면 방형이 대부분이며 4주식도 있고, 경질무문토기류가 출토되지 않으며, 마한토기류의 기형이나 문양도 서부지역과 흡사하여 인접한 곡성 대평리 · 오지리 유적 등 전남 동부지역의 일반적인 취락과는 다른 모습이다. 장동형의 이중구연호(26호)가 영산강 상류지역에서 유행한 점까지 고려하면 그곳 사람들의 이주도 고려할 필요가 있겠다. 마한 취락 단계에 아라

3 보고서에서는 백제계 토기와 소가야식 토기가 공반하는 것으로 기술하였지만 백제 중앙양식의 토기는 전무하다.

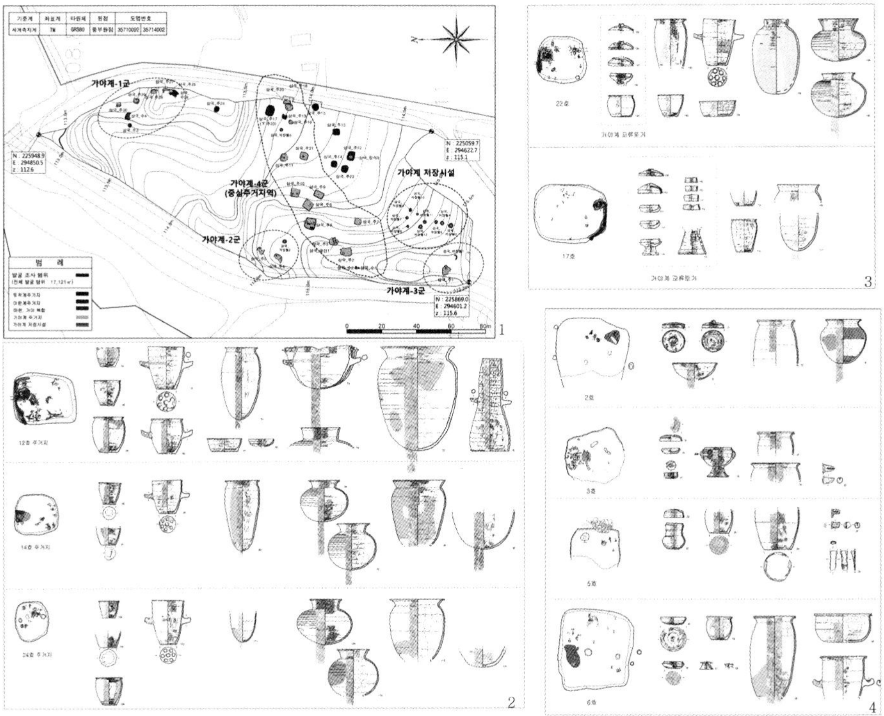

1: 유구 분포도, 2: 마한계 주거지, 3: 마한, 가야 복합 양상 주거지, 4: 가야계 주거지

<그림 11> 곡성 구성리 유적 주거 유형과 토기류

가야계 토기가 일부 보인다(12호 주거지 출토 고배 편 등).

이처럼 구성리 취락은 주거 구조와 토기류가 마한계에서 대가야계로 변화하는 모습을 보인다. 즉, 마한계 주거와 생활토기 위주에서 마한계 주거에 대가야 토기류가 이입되다가 나중에는 가야계 주거에 가야계 일상토기가 대부분이며 마한계 토기가 일부 잔존하는 양상으로 바뀐다. 마한계 토기류만 출토되는 주거지들의 연대는 회청색 구형 단경호, 장동형 이중구연호 등의 토기로 볼 때 4세기 중·후엽~5세기 전반으로 추정된다. 마한 주거지인 12호에서는 통형고배 배신부편이 출토되어 5세기 1/4분기에 아라가야 혹은 소가야와 교류가 있었던 것으로 추정되나 간헐적 교류에 그쳤을 것으로 여겨진다. 3호 주거지 출토 대부파수부완, 5호 주거지 출토 유개장경호 등 대가야계 토기로 볼 때 대가야인들이 취락을 점유한 중심연대는 5세기 후엽~6세기 초로 추정된다. 주거 구조와 취사기 등 일상용기까지 변화된 모습은 대가야계 주민의 이주도 상정할 필요가 있다. 백제의 흔적은 보이지 않는다(이우석 2016).

곡성 구성리 취락은 주거 구조와 토기류로 보아 영산강 상류지역과 대가야권역과의 교류에 중요한 역할을 한 사람들이 모여 산 곳으로 추정된다. 취락까지 영위한 것으로 보아 양쪽에서 주민의 이주가 있었을 것으로 여겨지지만 영역 확장 등 정치적인 면까지 고려하기에는 그와 관련된 위세품 등이 보이지 않아 어려움이 있다.

3) 섬진강을 넘어

남강상류의 아영 · 운봉 고원에 조성된 고분의 묘제, 대가야양식의 토기류, 무기류, 마구류 및 이식 등을 고려하면 이 지역은 대가야권역임이 분명하다. 영역국가로서의 면모를 갖춘 대가야의 입장에서는 그곳이 대가야와 상하 관계에 놓인 지역으로 여겼을 수 있다(박천수 2009a). 다만 이 지역 고분에서 출토된 백제계 혹은 백제를 통해 유입된 위세품의 존재는 다른 해석의 여지를 남긴다.

아영 · 운봉 고원의 고총에서 출토된 백제계 혹은 백제를 통해 유입된 위세품으로는 남원 월산리 M5호분 출토 계수호 · 초두, 남원 유곡리와 두락리 32호분 출토 수대경 · 금동신발, 두락리 5호분(현 15호분) 출토 은제팔찌 · 흑옥 · 은제구슬 · 유리구슬 등이 있다(그림 12). 이러한 외래 위세품은 남원 월산리 M5호분과 유곡리 32호분에 묻힌 무덤의 주인공이 가야의 세력권에 들어가 있으면서 백제와도 정치적인 관계를 맺고 있었음 보여준다. 6세기에 들어서 기문 등을 둘러싼 백제와 대가야의 갈등이 매우 커졌으므로 백제는 백

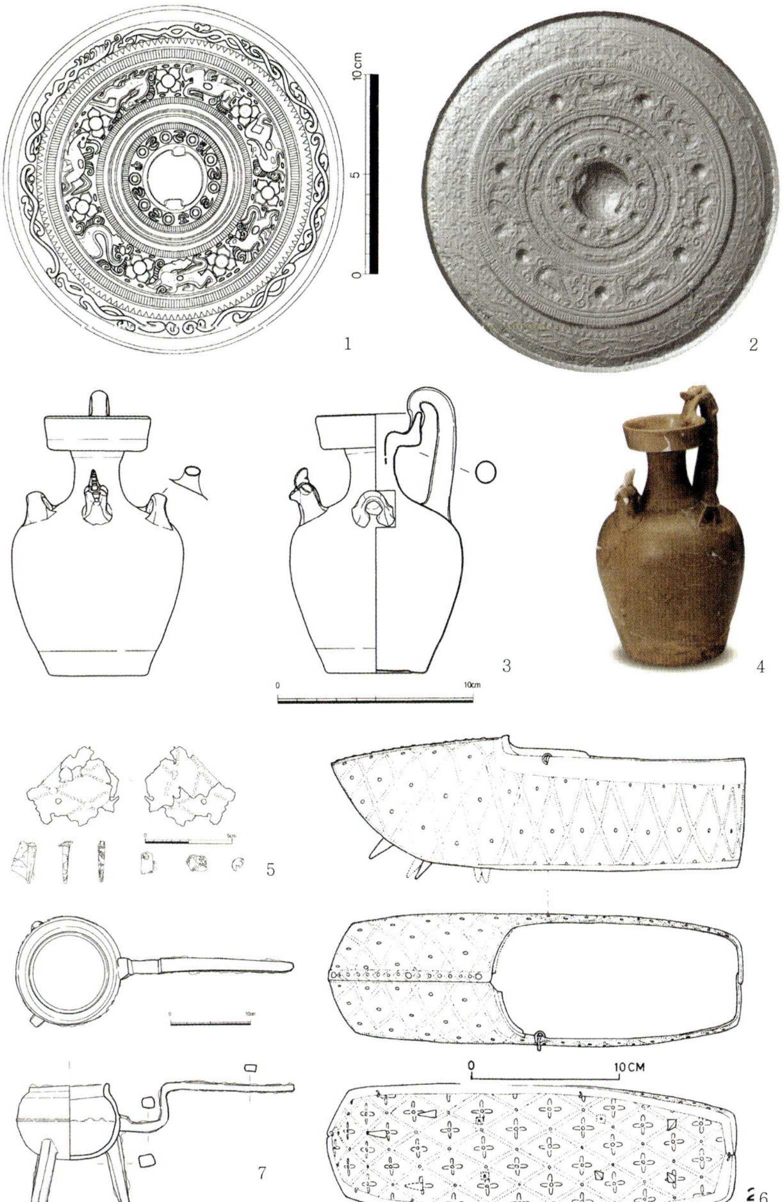

1,5. 남원 두락리 32호분, 2. 일본 오키노시마 21호 유적, 3,7. 남원 월산리 M5호분
4. 중국 절강 서안 융산 유송 大明五年(461)묘 계수호, 6. 나주 신촌리 9호분

〈그림 12〉 남원 운봉 고원 고분 출토 외래 위세품과 비교 자료

제와 대가야 사이의 점이지대 혹은 경계지역에 해당하는 아영·운봉 고원의 중심세력과 우호적인 관계를 맺어 대 가야 정책에서 유리한 고지를 확보할 필요가 있었을 것이다. 이런 상황에서 위세품이 활용되었다고 본다. 백제는 금동신발, 금공품 등 최고급의 위세품을 사여하면서 정치적인 관계를 공고히 함으로써 백제 스스로는 기문으로 추정되는 운봉·아영지역이 자신들의 세력권 내에 들어와 있었다고 인식하였을 가능성이 높다. 아영·운봉 고원은 기본적으로 대가야 문화권에 속하였지만 지역의 유력세력은 지정학적인 이점을 활용해 대가야뿐만 아니라 백제와도 밀접한 관계를 유지하는 양속적兩屬的인 관계를 유지하며 현지에서의 자체적인 통치 기반을 다지고자 하였을 것이다. 우륵 12곡에 보이는 대가야권의 여러 세력 중 중심인 반파와 함께 기문이 특별히 기록된 점은 그만큼 기문이 백제에게 중요하면서도 대가야권 안에서도 세력이 컸다는 점을 시사한다(김낙중 2019). 이럴 경우 백제 중앙에서 운봉·아영 고원에 가기 위해서는 거쳐야만 하는 섬진강 중상류역에는 위세품 사여체제를 넘어서는 정도로 백제의 정치적인 영향력이 이미 미치고 있었다고 보는 것이 합리적이다. 그렇지만 그러한 흔적이 고고학적 자료로는 거의 남아 있지 않다.

한편 대가야 문물도 섬진강을 넘어 장성, 광주 등 영산강 상류지역까지 미쳤다. 일찍이 광주 명화동 고분, 광주 양과동 행림 즙석분, 장성 영천리 고분에서 단추형 꼭지가 달리고 즐치점열문이 시문된 뚜껑이 출토된 바 있다. 광주 점등 유적에는 대가야의 흔적이 좀 더 잘 남아 있다.

점등 유적의 석실은 광주 시내 서쪽에 위치한 어방산 동북록의 낮은 구릉 사면에 입지한다. 횡구식석실묘로 묘실 규모는 길이 364㎝, 너비 144㎝이며 위쪽에 도랑이 돌려져 있다(그림 13). 토기류, 방추차, 철부 및 철겸, 옥류 등이 출토되었다. 토기류로는 현지 양식과 함께 대가야양식의 유개장경호가 3점 출토되었다. 현지양식 토기류로는 단경호, 양이부호, 광구장경호, 직구소호, 병형토기가 있는데 영산강 상류지역에서 5세기 후엽~6세기 전엽에 유행한 것이다. 그런데 당시 영산강 유역에서 유행하던 개배류나 유공광구소호는 부장되지 않아 주목된다. 대가야계 장경호 중 2점은 대각이 부착되어 있다. 대가야계라고 해도 동체의 기형이나 시문 상태로 보아 반입된 것으로 보기는 어렵다(노미선 외 2014). 영산강 상류지역에서 무덤 제사에 사용하기 위해 대가야양식토기를 생산하였다고 보기에는 출토량이 너무 적다. 따라서 점등 석실묘 출토 유개장경호는 비슷한 기형도 있으며, 대가야양식의 재지형식을 생산하고 있던 남원 아영·운봉지역에서 섬진강 유역을 거쳐 반입되었을 가능성이 있다. 섬진강 유역에는 남원 운교리 유적처럼 대가야계 토기가 부장된 횡구식석실묘가 있는데 비해 영산강 상류지역에서는 횡구식석실묘가 거의 보이지 않는 점을 고려할 때 이 석실묘에 묻힌 사람은 현지인이라고 해도 대가야 혹은 대가야권역 지역 세력과의 교류에 중요한 역할을 하였을 것으로 추정된다. 다만 그것이 정치적인 성격까지 띤 것으로 보기는 어렵다. 왜냐하면 대가야 전형의 토기도 아니고 정치적인 의미를 가지는 위세품류도 부장되지 않았기 때문이다. 다만 대가야의 섬진강 유역 진출 과정에서 남원 아영·운봉 일대와 영산강 상류지역 사이에도 사람들의 왕래가 있었다는 점만은 분명하다.

한편 대가야인들은 섬진강을 넘어 사비로 이어지는 요충지인 전주와 익산지역으로도 활동의 범위를 넓혔다. 미륵산 동편의 천호산 자락에 있는 익산 동용리 고분군에서는 토기류를 다량 부장한 석실이 웅진기 말부터 사비기까지 조영되었는데, 18호 석실에서 6세기 중엽경의 대가야토기인 유개장경호가 출토되었다. 이 고분군을 조영한 집단은 대가야와 백제를 잇는 교통에서 일정한 역할을 하며 성장한 것으로 추정된다. 전주 암멀 유적의 횡혈식석실묘도 할석으로 축조되었으며 평면은 장방형이고 연도는 우편재하는데 하단 벽석이 상대적으로 대형이며 가로세워쌓기한 것으로 보아 웅진기 늦은 시기

〈그림 13〉 광주 점등 유적 석실과 부장품

부터 사비기 전반에 걸쳐 축조된 것으로 추정된다. 6호 석실에서 최말기의 대가야토기 뚜껑이 출토되어 대강의 시기를 알 수 있다. 이처럼 전주, 익산 동부지역은 웅진기 이후 사비기에 들어와서도 고령과 사비를 연결하는 루트에서 요충이었음을 짐작할 수 있다.

이상에서 살펴본 것처럼 웅진기 전반까지도 섬진강 중류지역에서는 백제의 영향력이 크게 미친 흔적이 잘 보이지 않는다. 그 대신 영산강 유역권과 대가야권역의 교류 흔적이 확연해지는데 주민의 이동까지도 고려할 필요가 있다. 백제가 섬진강 유역으로 본격적으로 진출한 것은 무령왕과 성왕대로 여겨진다.

4) 백제의 본격적인 진출

백제의 본격적인 섬진강 유역 진출과 관련하여 가장 주목되는 유적은 남원 초촌리 고분군이다(그림 14). 초촌리 고분군은 지금까지 섬진강 유역에서 확인된 가장 큰 규모의 백제 고분군으로 200여 기의 석실분이 분포한다. 석실분은 횡혈식과 횡구식으로 구분되며 횡혈식은 다시 현실의 평면, 연도 위치, 벽면의 석재 및 구축 방법 등에 따라 세 가지로 세분된다(전영래 1981). 석실 구조와 출토 유물로 보아 웅진기 후반에서 사비기에 걸쳐 축조된 것으로 판단된다.

초촌리 고분군에 인접한 남원 척문리 고분에서는 6품 나솔 이상의 관등을 가진 사람이 착장하였을 것으로 추정되며, 도성 사비와 지방의 주요 거점의 석실에 부장된 은제관식이 출토되었다. 이것으로 백제의 영역에 완전히 편입된 이후 이 지역의 위상을 어느 정도 가늠할 수 있다.

그런데 남원에서는 전형적인 백제후기형 혹은 능산리식 석실이 확인되지는 않았다. 이 지역의 대표적인 고분군인 초촌리 고분군에는 잘 다듬은 판석을 사용한 석실이 없고 모두 조정하지 않은 할석이나 자연석을 그대로 사용

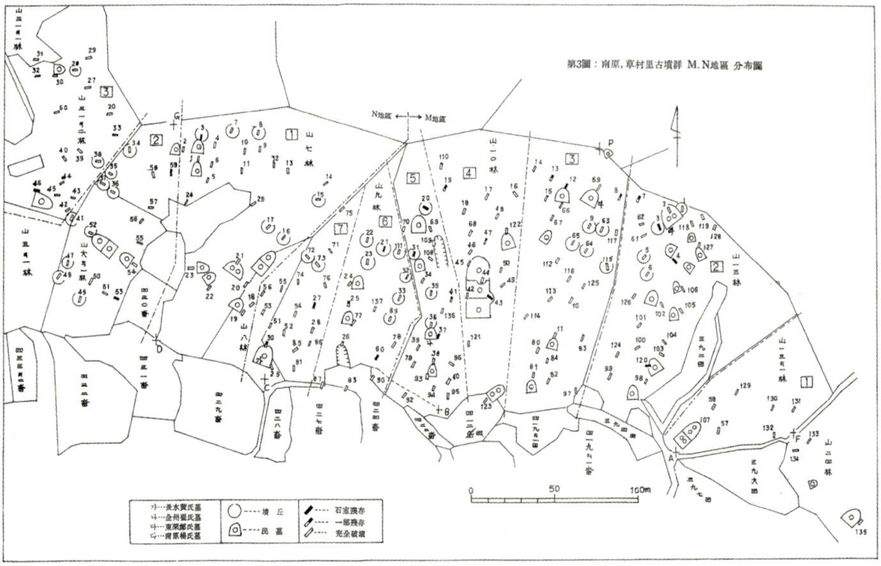

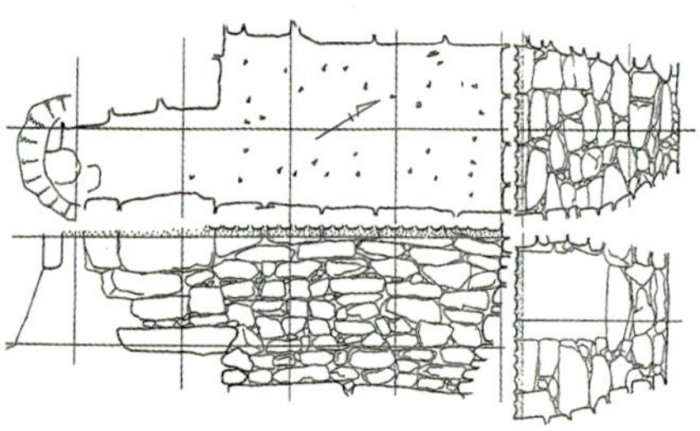

M21호분 석실

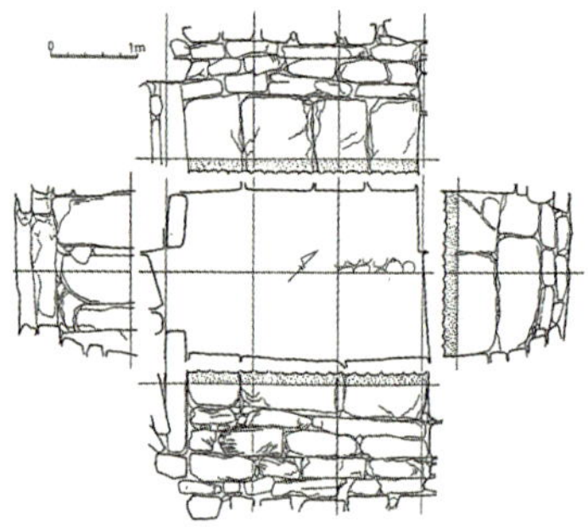

E10호분 석실

〈그림 14〉 남원 초촌리 고분군 분포도 및 대표적인 석실(전영래 1981)

하였다. 그렇지만 장방형 평면, 중앙 연도, 문틀식 현문, 벽면 하단의 판(상)석 등 석실의 구조나 형태, 규모는 사비기의 백제 석실을 지향한 것으로 인정할 수 있다. 따라서 전형과는 차이가 보이지만 광의의 백제후기형 석실의 범주 안에 드는 것으로 이해할 수 있다. 전형적인 능산리식이 대다수인 정읍 은선리 고분군의 석실과는 다른 양상이어서 주목된다.

초촌리 고분군의 석실에 대해서는 추후 정밀한 발굴조사를 통해 구조와 축조 연대 등을 살펴봐야 하겠지만 사비 천도 직후부터 능산리식 석실이 정형화되기까지인 6세기 중엽경(성왕대)에 사비를 비롯한 백제 전역에서 웅진기 말 석실의 특징(예를 들면 할석으로 축조하고 연도가 편재하며 토기류와 철기류를 다량 부장)을 가진 석실들이 축조되기 시작하며 군집분을 형성하는 양상과 동일하므로 초촌리 고분군도 그즈음부터 축조되기 시작한 것으로 여겨진다.

초촌리 고분군의 북방 1㎞ 지점에 척문리산성이 위치하는데, 해발 160~170m(비고 45~50m)에 쌓은 포곡식 석성이다. 둘레는 567m로 안에서 삼족배, 뚜껑 등 백제토기류가 출토되었다. 아직 제대로 발굴조사가 이루어지지 않아 자세한 논의를 하기는 어렵다.

섬진강 유역이 백제의 영역에 포함된 이후에도 중소 고분군에서는 대가야와 백제의 영향이 뒤섞여 나타나기도 한다. 연도가 부가되지 않고 문틀만 남은 횡혈식석실묘나 횡구식석실묘가 군집을 이루는 사례가 보인다. 대표적인 사례가 남원 고죽동 유적과 운교리 유적이다. 매장시설은 석곽묘가 중심이지만 밀집도와 구조에서 차이를 보인다.

고죽동 유적(윤덕향 1997)에서는 석곽묘 5기가 발굴되었는데, 1호 석곽묘에서는 백제계의 개배, 4호 석곽묘에서는 대가야계 토기류가 출토되었다. 수혈식석곽이라는 묘제는 가야계로 볼 수 있다. 5·6호는 관고리와 관못이 출토되어 횡구식일 가능성이 있다.

한편 운교리 유적(김승옥 외 2013)에서 확인된 고분군에서는 단경소호, 직구소호 및 삼족기 등의 백제계 토기가 출토되었다. 이와 함께 횡구식석곽묘에서는 관고리와 관못을 사용한 목관이 사용되었다. 관고리가 부착된 목관은 무령왕릉 축조를 계기로 백제에서 유행한 장제의 한 특징이다. 횡구식석곽묘라는 묘제도 백제에서 함께 유입되었을 가능성이 높다. 그러나 여전히 장경호 등 대가야계 토기류가 부장되고 있다.

순창 내월 유적(한수영 외 2008)의 무덤은 연도가 없이 문틀만 있는 석실 1기 이외에 나머지는 횡구식석곽묘다. 이 무덤들은 눈썹형 주구를 두르고, 벽면에 판상석이 거의 사용되지 않은 특징이 있다. 직구단경호, 병형토기, 개배 등이 부장되었다(그림 15).

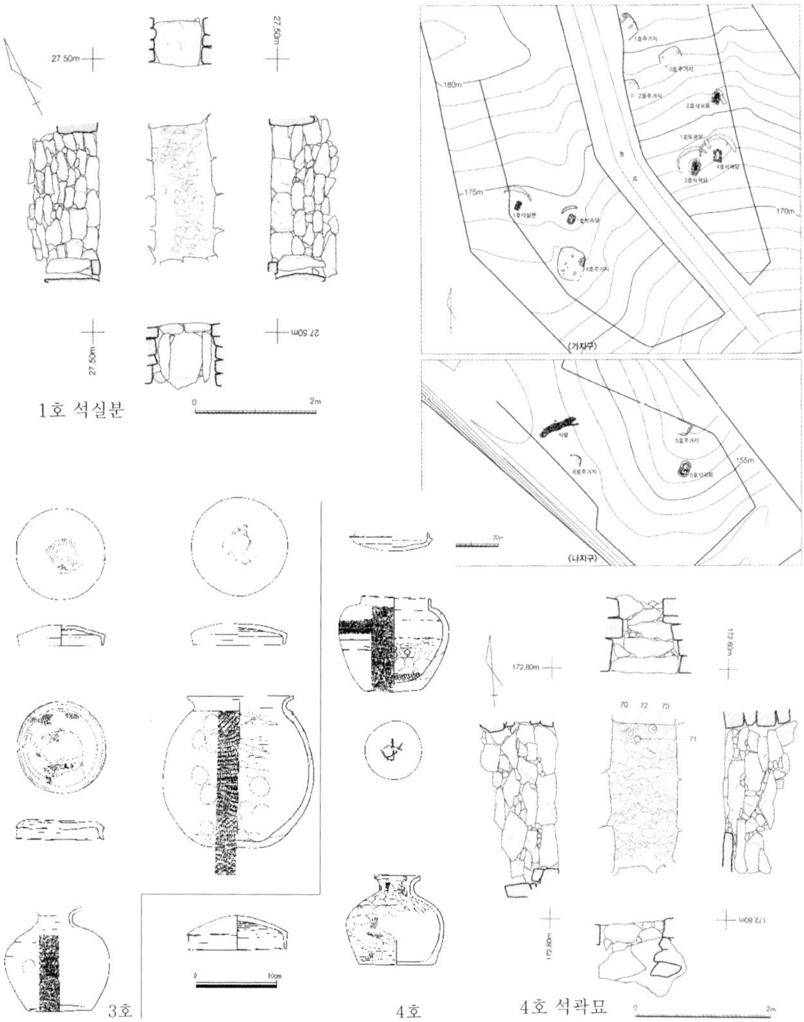

〈그림 15〉 순창 내월 유적 사비기 고분

백제가 중류역을 장악하며 역시 산성이 축조되었다. 하동에서 섬진강을 따라 올라오는 길과 광양과 순천에서 고개를 넘어 오는 길이 만나는 곳인 구례에 있는 봉성산성과 합미산성이 그것이다(김경칠 2015). 두 산성은 입지, 규모, 축성 방법, 기와 등으로 보아 백제 때 초축된 것으로 여겨진다. 우선 두 산성은 낮은 산이지만 사방의 조망이 잘 되는 곳에 입지한다. 둘레는 합미산성이 약 370m, 봉성산성이 약 420m로 소규모이다. 협축식의 석축성으로 기단석 없이 생토면 혹은 정지면에 잘 치석된 방형 혹은 장방형 석재를 이용하여 바른층쌓기하였다. 평기와가 많이 출토되었는데 등문양은 승문, 격자문, 무문 등이고 내면에는 포목흔과 모골흔이 남아 있다. 내면에 승석문이 찍힌 기와가 많이 출토되는 점도 특징이다. 이러한 특징은 섬진강 하구 부근의 순천 검단산성, 광양 마로산성과 같다. 봉성산성은 백제 구차례현의 치소로 여겨지고 있으며 합미산성은 구례에서 남원으로 이어지는 교통과 방어의 요충에 위치한다.

3. 하류역과 하구 일대 남해안

섬진강이 교통로로서 가지는 중요성은 최근 발굴조사된 하동 평사리 유적을 통해서도 살펴볼 수 있다(그림 16). 섬진강변 자연제방 위에 형성된 취락에서 5세기 후반~6세기 전반의 유물이 출토되었는데, 마한 · 백제계와 가야계 일상토기(장란형토기 · 심발형토기)뿐만 아니라 백제계(삼족기), 영산강유역계(개배 뚜껑), 소가야계(개배 뚜껑), 대가야계(저평통형기대), 신라계 경질 토기(파배) 등 다양한 곳에서 연유한 것이 함께 나타나고 있다(국강고고학연구소 2018).

하동의 섬진강 하안에 위치한 홍룡리 고분군은 대사帶沙를 둘러싼 백제와 대가야의 갈등의 역사를 이해하는데 중요한 유적이다. 고분군은 눈썹형 주구 설치, 매장시설의 반지하 위치, 세로로 세운 최하단 벽석 등 세부적으로는

〈그림 16〉 하동 평사리 유적과 출토 유물

약간의 차이가 있으나 서부경남지역 소가야 중소형분의 묘제와 유사한 양상을 보인다. 그런데 부장품으로는 현지에서 만든 것을 포함한 대가야양식 토기의 출토 비율이 압도적으로 높은 가운데 소가야, 신라, 백제 등 다양한 지역의 토기도 출토되고 있다. 대가야양식 토기와 그것을 모방한 현지토기가 주로 부장되다가 현지토기는 여전히 부장되지만 대가야양식 토기는 한정되는 가운데 가장 늦은 단계에는 백제토기가 부장되는 양상으로 바뀐다(그림 17). 토기로 보아 고령 지산동 44호분 단계에 축조되기 시작하여 6세기 전반까지 1~2세대의 짧은 기간에 조영된 것으로 추정된다. 또한 철기의 부장 비율이 극히 낮으며 신분을 상징하는 유물은 출토되지 않았다. 묘제와 유물의 부장 양상에서 현지의 독자성이 강하게 잔존한다. 이처럼 흥룡리 고분군 축조집단은 서부 경남지역의 현지문화를 기반으로 5세기 후반에 대가야의 영향을 크게 받다가 6세기 전반에는 백제의 영향이 짙게 보이지만 신라, 소가야와도 교류하며 섬진강을 근거로 독자성을 유지한 세력으로 추정된다(신용민 외 2012).

한편 섬진강 하구 서편의 전남 동부 해안지역에는 4세기 후엽 이후 6세기 전반까지 아라가야 · 금관가야, 소가야, 대가야계 문화가 계기적으로 확인되고 있으며, 6세기 중엽 이후에는 백제문화가 주류를 이룬다. 금관가야 · 아라가야계 문물로는 토기가 보이는데 해안가에서 산발적으로 확인되고 있어 교류와 교역 차원의 소산으로 여겨진다. 이에 비해 소가야계 문물로는 토기는 물론이고 고분도 보이는데 백제와 신라가 접경하게 되는 6세기 중엽까지 지속된다. 이는 이 지역이 서부 경남지역의 소가야권과 지리적으로 인접하여 지속적으로 교류하였기 때문일 것이다. 한편 5세기 말~6세기 전엽에는 전남 동부지역에 대가야계 문물이 확산된다. 특히 순천 운평리 고분군은 임나 4현任那四縣의 하나인 사타의 지배층 묘역으로 추정된다. 여수, 순천, 광양 지역은 5세기 말~6세기 초에 한시적으로 대가야계 문물이 출토되는 지역 거점의 수장층을 중심으로 고령의 대가야와 연맹관계를 맺은 대가야 연맹체의 일부가 되었다고 여겨지기도 한다(이동희 2007 · 2011). 다만 운평리 고분군에서는 대가야 이외에도 소가야, 백제 등의 다양한 문물이 보이고, 전남 동부 해안지역에서 운평리 고분군 이외에는 동 시기의 고총군이 확인되지 않으며

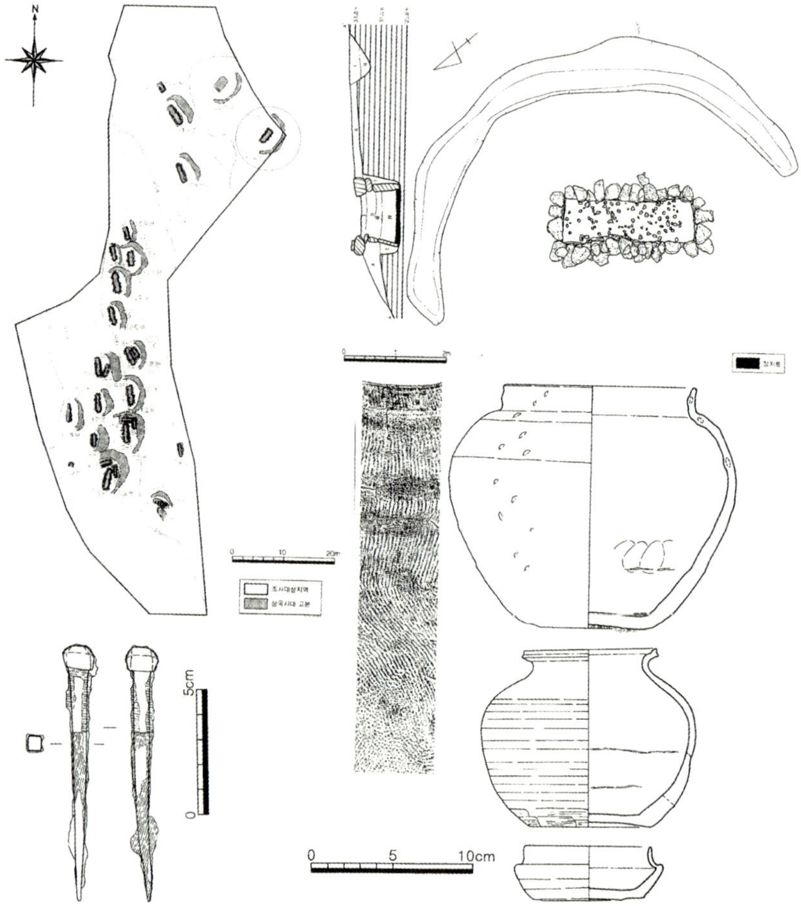

〈그림 17〉 하동 흥룡리 고분군 21호분

여수 죽림리 차동 고분군처럼 소가야계 군집분만 확인되는 사례도 있는 점으로 볼 때 대가야의 영향력이 미친 범위는 한정되고, 시간은 짧았으며, 영향력도 일방적이지 않았다는 점을 짐작할 수 있다. 따라서 이 지역이 대가야권역에 포함되었다거나 정치적인 연맹관계를 맺어 지배-피지배 관계를 맺고 있었다고 단정하기 어렵다는 의견도 있다(하승철 2018, 조근우 2019).

한편 전남 동부해안에도 백제 산성이 다수 축조되었는데, 순천 검단산성, 광양 마로산성, 여수 고락산성 등이 조사되었다. 산성은 해발 100~250m의 낮은 산에 입지하고 전망이 좋거나 교통의 요지에 분포한다. 둘레는 264~736m이며 테뫼식이다. 두께가 5m 내외인 성벽을 협축식으로 쌓은 석축성이다. 이러한 산성에서는 내면에 거친 승석문이 찍힌 기와가 출토되고 있다. 이런 기와는 도성인 공주·부여로부터 호남 동부지역과 섬진강 하류지역으로 연결되는 선상, 그중에서도 전남 동부지역에서 집중적으로 출토되고 있어 백제의 섬진강 유역 진출 루트와 관련이 있을 것으로 추정되고 있다(최인선 2002·이동희 2005). 전남 동부지역의 산성은 섬진강 하구 서안과 남해안 일대에 분포하고 있으므로 방어 대상은 그 동쪽이 된다. 대가야가 멸망한 후에는 직접 마주쳤을 신라가 상대가 되었다. 이러한 산성의 축조는 단순한 국경 방어 차원을 넘어 교통로로서의 섬진강 루트를 확보하기 위한 의도도 포함되어 있었다고 본다.

전남 동부 해안지역에서 백제계 유물이 최초로 등장하는 것은 6세기 전반기(웅진 후기)인데, 광양 용강리 고분 출토유물이 표지적이다. 순천 죽내리 고분군, 광양 용강리 고분군, 여수 죽림리 고분군 등에서 수혈식·횡구식 석곽묘가 축조되었다. 백제 산성 주변 구릉이나 산록에는 어김없이 백제 고분이 자리하고 있다. 용강리 고분군-마로산성, 죽내리 고분군-성암산성, 여수 고락산성-미평동 고분군, 순천 검단산성-성산리 고분군 등의 조합이 그러한 예이다(이동희 2005). 다만 아직 횡혈식석실분이 조사된 사례가 없는데, 이것은 이 지역의 위상과 변경지역으로서의 특징이 반영된 것이 아닌가 생각된다.

이곳에 백제의 성곽이 축조된 이후에도 고락산성이나 미평동 유적에서처럼 대가야, 소가야계 토기류는 얼마동안 계속 사용된다(조근우 2019:70).

Ⅲ. 백제는 언제, 왜 섬진강 유역에 진출하였나?

1. 백제의 섬진강 유역 진출 시기

섬진강 유역은 5세기까지 마한의 일부였다. 이것은 심발형토기, 장란형토기 및 시루 등 일상토기류가 호남 서부지역의 마한토기류와 거의 동일한 것으로 알 수 있다. 다만 상류역과 중하류역은 주거지의 평면 형태와 경질무문토기류의 존속 기간에서 차이를 보인다. 즉, 호남 서부지역과 인접한 임실, 순창은 주거 형태와 토기류가 호남 서부지역과 거의 유사한 반면 남원, 곡성, 구례, 광양 등 중하류역의 주거지는 평면 원형계가 주류를 이루고 경질무문토기류가 늦게까지 이어져 경남서부지역과 유사한 양상을 보인다.

섬진강 유역으로 먼저 진출한 사람들은 고고학적 자료로만 보자면 백제보다 가야 사람들이다. 섬진강 하구를 포함한 전남 동부 해안 일대에는 금관가야계 유물이 먼저 등장하는데, 섬진강 유역에서는 아직 확인되지 않았다. 금관가야계 유물에 이어 아라가야계, 소가야계, 대가야계의 유물이 순차적으로 등장한다.

아라가야계 토기는 하구 주변의 여수, 광양에서 집중적으로 확인되며 구례 용두리, 곡성 구성리, 임실 석두리 등 섬진강 유역의 취락과 고분에서도 출토되었다. 아라가야계 토기류는 섬진강 유역 뿐만 금강유역의 공주, 부여에서도 발견되고 있어 광역적인 분포를 보이므로 아라가야 세력의 경제적

관계망 장악을 상정할 수 있겠다. 아라가야계 토기류의 광역적인 분포는 금관가야를 대신하여 아라가야 세력이 철정 등 철기를 공급하는 중심 세력으로 성장한 것과 관련이 있을 것이다(박천수 2010:157). 다만 섬진강 유역에서 아라가야계 유물은 토기류 일부만이 개별적으로 반입된 것들이어서 정치적인 관계까지 고려하기는 어렵고 경제적인 교류에 따라 남겨진 것으로 여기는 것이 타당할 것이다.

5세기 전・중엽부터는 아라가야계 토기를 대신하여 소가야계 토기류가 섬진강 유역에 본격적으로 등장한다. 아라가야계 토기류와 마찬가지로 현지 유물에 섞여 단발적으로 출토된다. 섬진강 본류에서 출토되는 사례는 적고 하구 주변의 여수, 순천, 광양에서 집중적으로 출토된다(조근우 2019). 이것은 이 시기에 이르러 소가야 세력이 아라가야를 대신하여 광역에 걸친 교류에서 주도적인 역할을 한 것을 시사한다. 그러한 교류의 범위에는 광주, 서울도 포함되었다. 남원 천사동 유적, 순창 무수리 유적처럼 취락에서 소가야계 토기류가 출토되어 주민의 이주까지 동반된 교류가 있었을 가능성도 검토할 필요가 있다.

대가야계 문물은 사람들과 함께 섬진강 유역에 들어온 흔적이 좀 더 명확하다. 남원 대곡리 유적, 곡성 구성리 유적, 순창 무수리 유적 등 취락 유적에서 출토된 대가야계 주거시설과 토기류를 통해 이를 알 수 있다. 대가야계 사람들은 광주 점등 유적으로 볼 때 광주까지 이주하였을 가능성도 있다. 이러한 사람들의 이동은 대가야의 섬진강 유역 진출과 맞물려 있을 것이다. 대가야가 백제보다 적극적으로 섬진강 유역에 진출한 증거다. 그러나 섬진강 유역에서는 남원 아영・운봉 고원 일대나 장수에서 보이는 것처럼 대가야가 지역사회에 대한 정치적인 영향력을 적극적으로 행사하여 고총이 축조되는 단계에는 이르지 않았다. 그것은 섬진강 유역에 대한 백제의 정치적인 영향력이 위세품을 이용한 관계보다 한층 강하게 미쳤을 것이라는 점과 관련된다. 백제는 섬진강 유역을 넘어 아영·운봉 고원에 대해 5세기 후엽 이후에 이미 위세품을 이용한 정치적 관계를 맺고 있었다.

가야의 문물이 가장 많이 이입된 시기인 5세기 후반~6세기 전엽의 섬진강 유역에는 고총이라고 할 만한 고분군이 조성되지 않았다. 최근 가야 계통의 고분이 여러 곳에서 발굴되었지만 규모는 중소형이다. 예를 들면 임실 석두리 방형분 약 12~15m, 임실 금성리 방형분 16×18m, 장수 봉서리 고분 11×9m 등이다. 아직 고분이 군집을 이룬 사례도 거의 없다. 다만 영산강 유역권의 고분과 상통하는 측면이 강한 남원 사석리 고분군은 10여 기가 모여 있어 다른 모습을 보인다. 그리고 묘제나 부장품이 가야 일색은 아니며 가야토기라고 해도 소가야와 대가야양식이 섞여 있다.

이러한 현상으로 보면 섬진강 유역에 기문으로 추정한 가야 계통의 국가단계 정치체가 있었다고 보기는 어렵다(곽장근 2007:106). 이 지역에서 보이는 대가야계 문물은 기원이 다양한 외래 문물 중의 하나일 뿐이다. 따라서 대가야계 이식과 토기의 존재를 가지고 섬진강 중상류지역이 하류처럼 대가야권역에 포함되었다(박천수 2009:115)고 보기는 어렵다고 생각한다. 섬진강 유역은 대가야 등 여러 지역의 영향을 동시에 받는다는 의미에서 대가야의 영향권이라고 하는 것이 적절할 것이다.

한편 5세기대까지 섬진강 유역에는 임실 등 상류역 일부를 제외하고 백제 중앙의 영향력이 미친 흔적이 고고학적 자료로는 분명하지 않다. 그렇다고 그때까지 백제가 섬진강 유역에 전혀 영향을 미치지 않았다고 볼 수 있을까? 그렇게 단정하기는 어렵다. 문헌을 통해 볼 때, 백제의 가야 7국 평정 기사(『일본서기』 신공기 49년조), 가라국왕[기본한기己本旱岐]이 백제로 피신한 기사(『일본서기』 신공기 62년조), 근초고왕과 근구수왕 대에 안라·가라·탁순이 처음으로 사자를 보내 상통하고 두텁게 친교를 맺어 자제로 삼았다는 성왕의 회고 기사(『일본서기』 흠명기 2년조)를 참고하면 백제와 대가야는

4세기 중엽 이후 밀접한 관계를 유지한 것을 추정할 수 있다. 고고학적으로도 장식대도, 마구, 이식, 금동관 등을 통해 볼 때 한성기인 5세기 전엽 또는 이르게는 4세기 후엽부터는 백제가 가야에 큰 영향을 미치며 우호적인 관계를 유지하고 있었던 것으로 이해된다(成正鏞 2002). 전 곡성 석곡 출토 이식을 한성기 백제 것으로 보고, 그것을 근초고왕이 남정하여 영향권으로 편입한 증거로 이해하기도 하지만(곽장근 2007), 합천 옥전 23호분 출토 금동관 등을 고려하면 백제와 가야의 관계 속에서 지정학적으로 두 지역을 연결하는 교통로에 위치한 섬진강 유역에서 이러한 백제 이식이 출토되는 것은 자연스럽다. 한편 이 이식을 사슬형 연결금구, 공구체형 중간식을 특징으로 하는 대가야계로 보는 의견(박천수 2009b)도 있다. 따라서 이 이식을 근초고왕대 섬진강 유역 진출의 적극적인 증거로 삼기는 어렵다고 생각한다.

섬진강 유역에 백제의 문물이 보이는 것은 상류역에서도 한성기 말 이전으로 올려보기 어려우며, 대부분은 대가야 문물이 확산되는 시기와 중첩되는 5세기 말~6세기 전엽부터다. 무덤에서 가야 등 여러 계통의 부장품과 함께 백제계 토기류 등이 부장된다. 이와 함께 취락에서도 백제의 영향으로 새로운 양상이 나타난다. 즉, 밖으로 돌출된 부뚜막을 가진 주거지(순창 가남리 유적), 그릇 높이가 낮아지고 동체가 풍만해진 발형토기, 장란형토기 등이 출토된 주거지(순창 교성리・외이리2, 남원 대곡리 노산 유적)를 백제계 주거지로 판단하는 의견이 있다(김은정 2019, 조성희 2019). 그렇지만 마한 주거와 구별되는 백제 주거의 특징으로 거론된 삼족기 등 전형적인 백제 토기, 판석을 사용한 부뚜막(김승옥 2004)은 보이지 않는다. 백제적인 요소라는 것도 금강, 영산강 유역 등 먼저 백제의 영향력이 미친 인접지역에서 들어온 것으로 판단된다.

이처럼 5세기 말 이후 섬진강 유역에 백제와 가야의 영향력이 미치지만 어느 일방이 주도적인 모습은 보이지 않는다. 현지세력은 백제와 가야의 섬진강 유역에 대한 영향력 확대 과정에서 교섭·교류의 매개 역할을 하며 성장을 추구한 것으로 보이지만 독자적인 정치체로 나아가지는 못하였다. 이 시기에 가야인들이 이주하여 정착한 흔적이 많은데 비해 백제가 이 지역에 미친 영향이나 주민의 이동과 관련된 흔적은 거의 보이지 않는다. 섬진강 유역 확보나 이용에서 대가야인들의 필요성이 더 컸다는 것을 시사한다.

5세기 말~6세기 전엽의 섬진강 중상류지역에 고총이 축조되지 않은 것은 이 지역의 마한세력이 유력한 정치체로 성장할 기반이 약했다는 점을 보여준다. 이에 따라 백제는 금동관 등 위세품 사여를 통해 영향력을 확대하여 지역사회를 통제할 필요가 없었을 것으로 여겨진다. 이러한 모습은 동 시기 영산강 유역에 대한 백제의 지배 방식과 다르다.

그렇다면 기문은 어디일까? 『양직공도』에 따르면 기문은 6세기 초까지 백제의 방소국으로서 반독립적인 정치체로 존속하였다고 하므로 그곳에는 그에 어울리는 고총 고분군과 백제계 위세품의 존재를 상정할 수 있다. 따라서 기문은 이러한 고분군과 위세품이 확인되지 않은 섬진강 중상류역보다 고총과 백제 위세품이 부장된 고분군이 조영된 아영 일대로 보는 것이 합리적이다. 다만 백제가 기문은 원래 백제 땅이었다고 주장한 점(『일본서기』 계체기 7(513)년 여름 6월조), 거물성居勿城·거사물居斯勿·구차례仇次禮 등 기문과 유사한 지명의 분포와 방삼백리方三百里에 이르는 범위(『신찬성씨록新撰姓氏錄』), 『한원翰苑』에서 웅진하熊津河와는 별도로 보이는 기문하基汶河가 섬진강으로 추정되는 점, 그리고 바다로 통하는 길의 확보 차원에서 중요시한 곳이라는 점 등을 고려하면 기문을 운봉·아영이라는 좁은 지역으로 한정할 필요는 없을 것이다. 가야계 무덤이 축조되고 백제와 가야의 요소가 함께 나타나는 지역을 기문의 후보지로 본다면 금강 상류, 섬진강 중상류, 운봉 고원 일대가 상하[『삼국사기』 권32, 잡지1 가야금조에서 보이는 상기물上奇物, 하기물下奇物] 혹은 상중하 기문[『신찬성씨록』의 삼기문지三己汶地]로 표현되는 넓은 의미의 기문에 포함될 가능성은 있다고 본다(김낙중 2019).

무령왕대에 백제가 대가야를 부용국으로 표방하면서도 대가야권에 속한 기문으로 추정되는 아영지역 세력에게 금동관 등의 위세품을 사여한 것은 영역 확대나 대외 교섭 루트(섬진강) 확보를 위해 접경지역 유력세력의 포섭이 중요하였기 때문일 것이다. 기문이나 대사가 백제의 땅이 되었다는『일본서기』기록은 가야 위주의 고고학적 현상과는 부합하지 않는 측면이 있으므로 실질적인 지배라기보다 현지세력에 대한 우위적인 영향력 행사 혹은 정치적인 주장이 반영된 것이 아닌가 생각된다(김낙중 2019). 이것은 아영·운봉 고원에서는 백제의 다양한 문물 중 위세품만이 등장하며, 대사로 추정되는 하동의 고분군에서는 백제의 영향력이 토기류에 한정되며 현지의 특징이 존속되고 있는 점으로 추정할 수 있다.

이처럼 백제와 대가야가 기문과 대사를 둘러싸고 갈등을 빚던 6세기 전엽의 무령왕대에는 섬진강 유역에 대한 백제의 영향력이 확대되었다고 할 수 있다. 즉, 본격적인 진출의 시기다. 다만 대가야 등 다양한 세력 중에서 상대적으로 우위에 있던 수준이라고 할 수 있다. 그것은 여러 취락과 무덤에서 현지, 백제, 가야, 영산강 유역권의 문물이 혼재하는 것으로 알 수 있다. 이처럼 백제의 섬진강 유역에 대한 영향력 행사는 완전히 주도적이지 못하였으며 현지집단이 백제, 가야 등의 영향력이 교차하는 가운데 시세에 부응하여 세력을 유지하였던 것으로 여긴다.

백제의 섬진강 유역에 대한 직접적인 지배 즉, 영역화의 시기는 웅진기 후반인 6세기 2/4분기 이후 즉, 성왕 대부터인 것으로 추정된다. 그것은 남원 초촌리 고분군, 순창 구미리 고분군 등을 통해 알 수 있다. 백제의 섬진강 유역에 대한 실질적인 영역화 시기는『일본서기』를 통해 추정할 수 있는 것처럼 529년에 다사진을 확보하여 기문, 대사를 둘러싼 갈등이 일단락된 때로 생각된다. 섬진강 유역이 백제의 영토가 된 이후에도 가야의 흔적은 일부 존속한다. 이것은 순창 구미리 유적 등에서 여전히 가야계 일상토기류가 사용되는 사례로 알 수 있다.

이후 대신라 방어의 요충을 중심으로 산성이 광양·순천-구례-곡성-남원-임실로 이어지는 루트를 따라 축조되었다. 대왜 교류를 위해 남해안을 최대한 확보하기 위한 노력이 이루어진 것도 남해 남치리 고분 출토 은제관식을 통해 알 수 있다.

사비기의 섬진강 유역의 위상은 남원 초촌리 고분군을 제외하면 묘제가 대부분 횡구식석곽묘 위주이고 가야 계통의 수혈식석곽묘와 일상토기가 잔존하는 것으로 봐서 그다지 높지는 않았다고 여겨진다.

2. 백제와 가야에게 섬진강이란?

그렇다면 왜 대가야와 백제는 섬진강 유역에 관심을 기울였을까? 낙동강 하류지역이 5세기 초 이후로 신라의 통제를 받는 상황에서 대가야는 낙동강 이외의 대안을 찾아야 했다. 그 중 하나로 섬진강을 통해서 대외교역을 시도하였을 것으로 추정된다. 5세기 중엽 이후 남원 아영고원 일대와 섬진강 하구 서안 일대로 대가야가 영향력을 미친 흔적은 이를 시사한다. 대가야권역에서 보이는 왜계 유물과 일본열도에서 5세기 후반 이후 본격적으로 등장하는 토기, 이식, 금동관 등 대가야계 문물을 고려하면 대가야가 왜와의 교류에서 남강 등과 함께 섬진강을 중요한 루트로 활용하였을 가능성이 높다(박천수 2009b).

한편 479년에 가라왕 하지가 중국 남제와 교역을 이룬 통로도 바로 섬진강 루트일 것이다. 운봉을 넘어 섬진강 상류를 거쳐 서해로 나아갈 수도 있고, 중류를 거쳐 영산강 유역으로 빠지거나 하류로 나아가 서남해안을 따라 중국에 갔을 수도 있는데 대가야 문물의 흔적은 중하류 쪽이 훨씬 뚜렷하게 남아 있다.

이러한 상황을 바탕으로 가라왕의 남제 견사로 상징되는 5세기 후반 대가야의 비약적인 발전의 원동력을 남강 상류역으로 진출한 후 남원분지로 남하하여 구례를 거쳐 섬진강 하구의 교역항인 하동을 확보함과 동시에 임나4현인 여수, 순천, 광양의 장악을 통한 남해안 제해권 확보에서 찾는 견해(박천수 2009b)도 있다.

이와 관련해서는 장수 등 금강 상류역으로의 가야 문화의 확산 현상, 섬진강 중상류에 가야 문화 요소 이외에 백제, 영산강 유역, 소가야 등 다양한 계통의 문화 요소가 혼재하며 고총이 보이지 않는 현상, 그리고 당시 중국 견사가 가야 독자적으로 이루어지기 어려웠다는 점, 섬진강 하구를 확보해도 동·서 방향의 해로 이용에는 여전히 신라와 백제라는 장애물이 있다는 점 등을 고려할 때 섬진강 루트 확보가 제해권까지 포함한 대가야 발전의 결정적인 동력이 되었는지에 대해서는 좀 더 검토가 필요해 보인다.

물론 대가야의 서방 진출은 단순히 교역 루트를 확보하는데 머무르지 않고 영역국가를 이루기 위한 세력권의 확대와도 맞물려 있을 것이다.

한편, 대가야와의 갈등을 마무리하고 백제가 섬진강 하구를 완전히 장악한 것은『일본서기』와 고고자료로 볼 때 성왕대에 들어와서일 것이다.

그렇다면 왜 백제는 섬진강 루트를 확보하려 했을까? 섬진강 루트 확보의 중요성은『일본서기』기사를 통해 간접적으로 살펴볼 수 있다.

'백제왕이 하다리의 국수國守 수적압산穗積押山에게, "조공하는 사자들이 항상 해안의 절벽[해안의 들쑥날쑥한 험한 절벽을 말한다. 세간에서 미사키美佐祁라고 한다.]을 피해 다니며, 바람과 파도로 어려움을 겪고 있다. 이 때문에 물품들이 물에 젖어 모두 망가지고 못쓰게 된다. 청컨대 가라의 다사진多沙津을 신이 조공하는 통로로 삼게 해 달라"고 하였다. 이에 압산押山이 청에 따라

(천황에게) 주상하였다[4].'

이 기사를 통해 백제는 위험이 따르는 연안항로 이외에 내륙 수로를 이용한 안전한 대왜對倭 교통로의 확보가 절실하였음을 짐작할 수 있다. 이에 따라 백제는 서남해안을 통하는 연안항로 이외에 서부경남의 가야세력이나 왜와 교통할 내륙의 단거리 루트로서 섬진강을 개척했다고 여긴다. 교역 루트로서의 역할과 함께 섬진강은 국경 방어선으로서의 의미도 함께 가져 중요시할 수밖에 없었을 것이다. 그것은 영산강 유역권과 달리 산성이 요소마다 축조된 것으로 짐작할 수 있다.

4 '廿三年春三月 百濟王謂下哆唎國守穗積押山臣曰 夫朝貢使者 恒避嶋曲謂海中嶋曲崎岸也 俗云美佐祁 每苦風波 因玆 濕所齎 全壞無色 請 以加羅多沙津 爲臣朝貢津路是以 押山臣爲請聞奏'(『日本書紀』繼體紀 23(529)년 봄 3월조)

Ⅳ. 맺음말

섬진강 유역은 유역별로 주거 구조 등에서 차이를 보이지만 일상토기로 보는 한 5세기까지 마한문화권에 포함되어 있었다고 할 수 있다. 이곳에 먼저 등장하는 외래 문물은 가야 계통이다. 함안을 중심으로 발달한 4세기대의 토기류가 산발적으로 발견되는데 이것은 영남 전역이나 마한 권역에서도 보이는 현상으로 정치적인 성격을 띤 것은 아니다. 5세기 중·후엽 이후 소가야계, 대가야계 토기류가 묘제와 함께 확산되는데 이때부터 사람들의 이동까지 수반된 영향력의 확대 현상이 관찰된다. 백제의 영향력이 미치는 것도 이때부터다.

백제의 영향력은 섬진강을 넘어 아영분지에도 미쳤는데 이것은 금동신발 등 위세품을 통해 확인할 수 있다. 즉, 무령왕대에 섬진강 유역에 본격적으로 진출하여 영향력이 확대되었다고 할 수 있다. 다만 이 시기에는 백제만이 아니라 대가야 등 여러 세력의 영향력이 함께 미쳐 다양한 계통의 문물이 혼재하던 시기이므로 백제의 영역화 단계로 보기는 어렵다. 백제가 섬진강 유역을 영역화한 것은 횡혈식석실묘, 횡구식석실묘가 군집되며 산성이 축조되기 시작하는 성왕대로 여겨진다. 이것은『일본서기』에 보이는 문헌기사와도 부합한다. 백제의 영토가 된 이후에도 섬진강 유역에는 토착화된 가야의 흔적이 토기류 등에 남아 있다.

섬진강 유역은 삼국시대에 경계이면서도 소통을 위한 길이었다. 그러한 특징이 고고학적 유적과 유물에 잘 반영되어 있다.

참고문헌

강원종 · 고금님 · 조명일, 2008, 『전주 중인동 유적』, 전북문화재연구원.

고금님 · 이종화 · 심진수 · 신정옥 · 조용선, 2017, 『임실 갈마리 해평 유적』, 전라문화유산연구원.

郭長根, 2007, 「蟾津江流域으로 百濟의 進出過程 硏究」, 『湖南考古學報』26輯, 湖南考古學會.

곽장근 · 조인진 · 조명일 · 신소미 · 이현석, 2011, 『임실 도인리 유적』, 군산대학교박물관 · 임실군.

곽장근 · 조인진 · 조명일 · 신소미 · 이현석 · 유영춘, 2013, 『남원 입암리 · 임리 고분』, 군산대학교박물관 · 남원시.

국강고고학연구소, 2018, 『하동 평사리 유적』.

국립가야 · 나주문화재연구소, 2019, 『호남과 영남 경계의 가야』(2019년 가야사 기획학술심포지엄).

국립전주박물관, 2011, 『임실-전북의 역사문물전 X-』.

김경칠, 2015, 「구례지역 산성의 성격」, 『전남고고』제8호, 전남문화재연구원.

김경칠 · 송미진 · 김문국 · 김민정 · 박수천, 2019, 『求禮 內山里 三星遺蹟』, 전남문화재연구원.

김규정 · 양영주 · 안현중, 2013, 『4대강(섬진강) 살리기 사업구간내 淳昌 無愁里遺蹟』, 전북문화재연구원.

김낙중, 2019, 「대가야와 웅진기 백제의 외교 관계와 상호 인식」, 『백제 웅진기 외교관계와 인식』(백제학연구총서 쟁점백제사 14), 한성백제박물관.

김미란 · 박영민 · 장지현 · 김진 · 이경희 · 박춘규, 2013, 『중동C · 수랑골A · 신정C유적』, 전라문화유산연구원.

김승옥, 2004, 「전북지역 1~7세기 취락의 분포와 성격」, 『한국상고사학보』제

44호, 한국상고사학회.

김승옥 · 이민석, 2003, 『남원 대곡리 유적』, 전북대학교박물관.

김승옥 · 천선행 · 변희섭 · 정현 · 박서현, 2013, 『남원 운교리유적』, 전북대학교박물관.

김은정, 2019, 「전북지역 주거구조 비교분석을 통한 마한 · 백제 그리고 가야」, 『마한 · 백제 그리고 가야』(제27회 정기학술대회), 호남고고학회.

김정애, 2007, 『구례 봉북리 유적』, 남도문화재연구원.

노미선 · 조희진 · 장명엽 · 김수연 · 박동수 · 윤세나 · 강병선 · 이하얀, 2014, 『광주 가야 · 점등 유적』, 호남문화재연구원.

박미라, 2008, 「전남 동부지역 1~5세기 주거지의 변천양상」, 『호남고고학보』 30호, 호남고고학회.

박성배, 2015, 「구례 용두리 고분군 수습토기 고찰」, 『순천대박물관지』제5호, 순천대학교박물관.

박수현 · 박자영 · 하진영, 2012, 『순창 교성리 · 가남리 유적』, 호남문화재연구원.

박영민 · 김미란 · 신정옥, 2016, 『남원 노암동 유적』, 전라문화유산연구원.

朴天秀, 2009a, 5~6세기 大伽耶의 發展과 그 歷史的 意義」, 『高靈 池山洞 44號墳 -大伽耶 王陵-』, 慶北大學校博物館 · 慶北大學校考古人類學科 · 高靈郡大加耶博物館.

박천수, 2009b, 「호남 동부지역을 둘러싼 대가야와 백제-임나사현과 기문, 대사를 중심으로-」, 『한국상고사학보』제65호, 한국상고사학회.

박천수, 2010, 『가야토기-가야의 역사와 문화』, 진인진.

박철원 · 오정훈 · 김석 · 나상수 · 최민주, 2013, 『곡성 대평리 유적』, 영해문화유산연구원.

서지은 · 조명일 · 김유리나, 2009, 『任實 城嵋山城』, 전북문화재연구원.

成正鏞, 2002,「大加耶와 百濟」,『大加耶와 周邊諸國』, 한국상고사학회.

신용민 · 권종호 · 김미경 · 정서안, 2012,『河東 興龍里古墳群』, 東亞細亞文化財硏究院.

양기석 · 권오영 · 이동희 · 최인선 · 곽장근 · 정재윤 · 박현숙 · 김영심, 2008,『백제와 섬진강』, 서경문화사.

유철 · 강원종 · 방민아 · 조자영 · 임인혁, 2014,『순창 대가리 향가 유적』, 전주문화유산연구원.

유철 · 강원종 · 전상학 · 이은정 · 조자영 · 백옥종 · 강소미 · 이준행 · 노지현, 2020,『남원 월평리 수월유적』, 전주문화유산연구원.

윤덕향, 1997,『남원 고죽동 유적 발굴조사보고서』, 남원의료원 · 전북대학교 전라문화연구소.

윤덕향 · 한수영 · 이민석, 2001,「장수 봉서리 고분」,『유적조사보고서』, 전북대학교박물관.

李東熙, 2005,「全南東部地域 複合社會 形成過程의 考古學的 硏究 」, 成均館大學校 博士學位論文.

이동희, 2007,「백제의 전남 동부 지역 진출의 고고학적 연구」,『한국고고학보』64, 한국고고학회.

이동희, 2011,「全南 東部地域 加耶文化의 起源과 變遷」,『百濟文化』45, 公州大學校百濟文化硏究所.

이영철 · 박태홍 · 곽명숙 · 박성탄 · 이혜연 · 박성배 · 임지나 · 최은미 · 신원재, 2012,『남원 천사동 유적, 남원 대곡리 유적, 남원 화정동 유적』, 대한문화재연구원.

이지영 · 김경미, 2008,『곡성 오지리 유적』, 마한문화연구원.

전라문화유산연구원, 2013,『중동 C, 수랑골 A, 신정 C 유적-전북혁신도시 Ⅱ구역-2 문화재 발굴조사』.

전라문화유산연구원, 2019, 「장수 봉서리산성 성벽 및 주변 평탄지 시·발굴조사 약식 보고서」.

전라문화유산연구원, 2020, 「순창 합미성 봉수 추정지 등 유적 발굴조사 학술자문회의자료」.

전북대학교박물관, 2006, 『유적조사보고Ⅲ-순창 노동리 유적』.

전북문화재연구원, 2008, 『전주 중인동 유적』.

전상학·김태영, 2014, 『남원 사석리고분군』, 전주문화유산연구원.

전영래, 1974, 「임실 금성리 석곽묘군」, 『전북유적조사보고』 제3집, 전주시립박물관.

전영래, 1981, 「남원 초촌리 고분군 발굴조사보고서」, 『전북유적조사보고』 제12집, 한국문화재보호협회전라북도지부.

전영래, 2003, 「임실, 성미산성과 각산성」, 『전북 고대산성조사보고서』, 전라북도·한서고대학연구소.

조근우, 2019, 「섬진강 유역 가야문화의 형성과 변천」, 『호남과 영남 경계의 가야』, 국립나주·가야문화재연구소.

조근우·박미라·최희진·강주영·김영의·박명화, 2019, 『구례 용두리 유적』, 마한문화연구원.

조선문화유산재연구원, 2020, 「남원 사석리 고분군(8호분) 발굴조사 학술자문회의 자료집」.

조성희, 2019, 「취락 출토 일상토기 비교분석을 통한 마한·백제 그리고 가야」, 『마한·백제 그리고 가야』(제27회 정기학술대회), 호남고고학회.

천선행·김미란·이경희·오주희·이정욱, 2020, 『임실 용운리유적』, 전라문화유산연구원.

천선행·박영민·차상민·이수지·손예린, 2020, 『임실 금성리 방형분』, 전라문화유산연구원.

최성락 · 박철원, 1994,「선사유적 · 고분」,『구례군의 문화유적』, 목포대학교박물관.

최인선, 2002,「전남 동부지역의 백제산성 연구」,『문화사학』제18호, 문화사학회.

하승철, 2018,「전남지역 마한 · 백제와 가야의 교류」,『호남고고학보』제58집, 호남고고학회.

한수영 · 김미령 · 이창승, 2015,『순창 구미리 유적』, 호남문화재연구원.

한수영 · 김상민 · 박성탄, 2008,『임실 망월촌 유적』, 호남문화재연구원.

한수영 · 조희진 · 신홍남 · 백승선, 2008,『淳昌 内月遺蹟』, 호남문화재연구원.

호남고고학회, 2010,『호남동부지역의 가야와 백제』(제18회 호남고고학회 정기학술대회).

호남고고학회, 2015,『섬진강 유역의 고고학』(제23회 호남고고학회 정기학술대회).

호남고고학회, 2019,『마한 · 백제 그리고 가야』(제27회 호남고고학회 정기학술대회).

주제발표 2

백제의 섬진강 유역 진출

정 재 윤 공주대학교

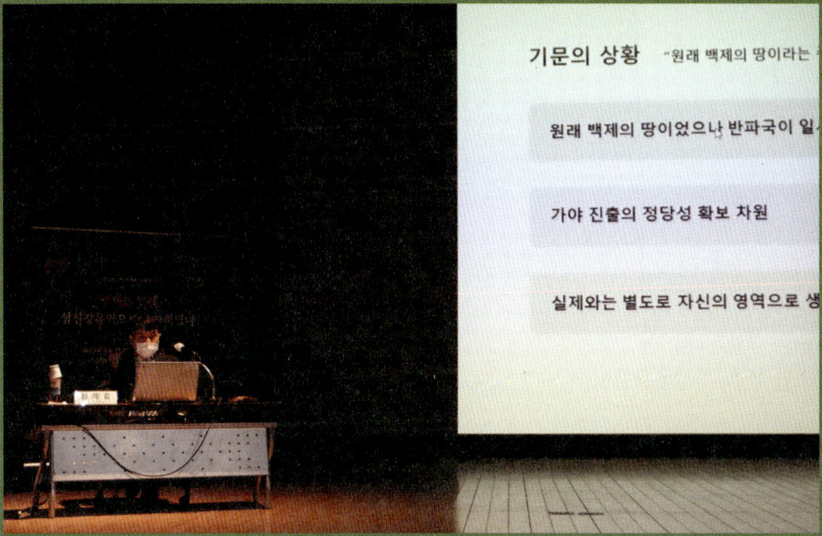

Ⅰ. 머리말

백제는 웅진 천도 이후 위기를 극복하고 재기의 발판을 마련하고자 하였다. 한강 유역은 강대한 고구려가 점유하였기 때문에 이를 회복하기 위해선 금강이남 지역에 대한 확고한 지배가 필요하였다. 백제가 영산강 유역에 대한 직접 지배와 동시에 섬진강 유역에 관심을 갖게된 것은 이 때문이다. 그렇지만 섬진강 유역에는 토착세력과 더불어 가야의 영향력도 감지된다. 이와 같은 복잡한 구도 속에서 백제는 이 지역을 확보해 나갔고, 이는 백제와 신라, 그리고 왜까지 연결된 국제 관계에 파장을 가져왔다.

이러한 연동성으로 백제의 섬진강 유역 진출에 대해서는 많은 연구자들이 관심을 가졌다.[1] 섬진강 유역에 대한 연구는 크게 『일본서기日本書紀』 현종기

1 이에 관한 주요한 연구 성과는 아래와 같다.
今西龍, 1970, 「己汶伴跛考」, 『朝鮮古史の研究』, 国書刊行会; 全榮來, 1985, 「百濟南方境域의 變遷」, 『千寬宇先生 還曆紀念 韓國史學論叢』, 정음문화사; 延敏洙, 1990, 「六世紀前半 加耶諸國을 둘러싼 百濟 · 新羅의 動向」, 『新羅文化』 7, 동국대 신라문화연구소; 千寬宇, 1991, 『加耶史研究』, 一潮閣; 金泰植, 1993, 『加耶聯盟史』, 一潮閣; 李永植, 1995, 「百濟의 加耶進出過程」, 『韓國古代史論叢』 7, 駕洛國史蹟開發研究院; 연민수, 1998, 『고대한일관계사』, 혜안; 김애경, 2000, 「6세기 백제의 가야 진출과 그 성격」, 『梨花史學研究』 27, 梨花史學研究所; 김현구, 2000, 「百濟의 加耶進出에 관한 一考察」, 『동양사학연구』 70; 白承忠, 2000, 「6세기 전반 백제의 가야진출과정」, 『百濟研究』 31; 주성지, 2003, 「웅진시대 백제의 蟾津江 水系 진출」, 『慶州史學』 22, 慶州史學會; 金秉南, 2006,

顯宗紀 3년조 기사와, 기문과 대사의 위치와 확보시기로 분류된다. 최근에는 이 지역에 대한 고고학적 성과가 축적되면서[2] 이 지역의 성격에 대한 논의도

「백제 웅진시대의 남방 재진출과 영역화 과정」, 『軍史』 61; 박천수, 2006, 「임나4현과 기문·대사를 둘러싼 백제와 대가야」, 『가야. 낙동강에서 영산강으로』 제12회 가야사 국제학술회의, 김해시; 양기석, 2007, 「5世紀 後半 韓半島 情勢와 大加耶」, 『5~6세기 동아시아의 국제정세와 대가야』, 고령군 대가야박물관 · 계명대학교 한국학연구원; 백승옥, 2007, 「己汶·帶沙의 위치비정과 6세기 전반대 加羅國과 百濟」, 『5~6세기 동아시아의 국제정세와 대가야』, 고령군 대가야박물관 · 계명대학교 한국학연구원; 곽장근, 2007, 「섬진강 유역으로 백제의 진출과정 연구」, 『호남고고학보』 26; 이근우, 2007, 「백제의 대외교류 ; 웅진시대(熊津時代) 백제(百濟)와 가야(加耶)」, 『백제문화』 37; 곽장근, 2008a, 「섬진강 유역 교통로의 재편과정과 그 의미」, 『百濟와 蟾津江』, 전북문화재연구원; 권오영, 2008, 「섬진강 유역의 삼국시대 취락과 주거지」, 앞의 책; 김영심, 2008, 「백제의 지방지배 방식과 섬진강 유역」, 앞의 책; 박현숙, 2008, 「백제의 섬진강 유역 영역화와 가야와의 관계」, 앞의 책; 양기석, 2008, 「섬진강에 깃든 百濟의 숨결」, 앞의 책; 이동희, 2008, 「섬진강 유역의 고분」, 앞의 책; 정재윤, 2008, 「섬진강 유역 진출에 대한 고찰」, 앞의 책; 최인선, 2008, 「섬진강 유역의 백제산성」, 앞의 책; 곽장근, 2008b, 「백제 간선 교통로의 재편성과 그 의미-섬진강 유역을 중심으로-」, 『백제문화』 39; 박천수, 2009, 「호남 동부지역을 둘러싼 大伽耶와 百濟」, 『한국상고사학보』 65; 곽장근, 2009, 「금강 상류지역 교통로의 조직망과 재편과정」, 『한국상고사학보』 66; 김재홍, 2012, 「전북 동부지역 백제, 가야, 신라의 지역지배」, 『한국상고사학보』 78; 백승충, 2012, 「'임나 4현'의 위치 비정」, 『역사와 경계』 85; 곽장근, 2013, 「전남지역 마한 소국과 백제 : 임나사현과 기문의 위치」, 『백제학보』 9; 김주성, 2014, 「임나4현과 기문 · 대사의 위치비정 연구사」, 『초등교육연구』 25; 홍성화, 2014, 「기문(己汶), 대사(帶沙) 지명 비정에 대한 일고찰」, 『사총』 82; 홍성화, 2016, 「『일본서기(日本書紀)』 소위 "임나(任那) 4현(4縣) 할양" 기사에 대한 고찰」, 『사총』 87; 위가야, 2016, 「백제의 기문·대사 진출과정에 대한 재검토-⑤13년 국제회의의 실상을 중심으로-」, 『사림』 58; 신수진, 2016, 「5세기 후반 가라국의 성장과 대산성 전투의 성격」, 『한국사연구』 172; 박재용, 2017, 「백제의 대왜(對倭)교섭과 항로(航路)-⑤~6세기를 중심으로」, 『백제학보』 19; 백승옥, 2020, 「반파국 위치 재론」, 『전북사학』 58; 이용현, 2020, 「기문·대사의 위치와 그 위상」, 『전북사학』 59; 장미애, 2020, 「6세기 백제의 가야 진출에 대하여」, 『한국고대사연구』 97; 이도학, 2020, 「가야사 연구의 쟁점과 반파국」, 『전북학연구』 2; 정현주, 2021, 「5~6세기 가라국과 백제의 섬진강 유역 쟁탈」, 『역사와경계』 118.

2 주요한 연구 성과는 다음과 같다.
郭長根, 1999, 『湖南東部地域의 石槨墓研究』, 全北大學校 大學院 史學科 博士學位論文; 郭長根, 2000, 「湖南 東部地域 高塚의 分布相과 그 意味」, 『百濟研究』 31; 郭長根, 2003, 「錦江 上流地域으로 百濟의 進出過程 研究 」, 『湖南考古學報』 18; 郭長根, 2004,

활발해지고 있다.

따라서 본고에서 필자는 그간의 연구 성과를 문헌 중심으로 정리하되, 시기별 쟁점과 나름의 합리적인 대안을 제시하고자 한다. 이에 먼저, 제2장에서는 동성왕 때 현종기顯宗紀 기사가 백제의 섬진강 유역 진출과 어떤 상관관계를 가지고 있는지를 살펴보고자 한다. 다음으로 제3장에서는 백제의 섬진강 중류 지역인 기문 확보와 그 위치에 대하여 다룰 것이다. 끝으로 제4장에서는 백제의 섬진강 하류 지역인 대사의 확보 시기와 그것이 가지는 의미에 대하여 구명하고자 한다. 이를 통하여 부족하나마 백제의 섬진강 유역 진출 실상에 대한 이해에 보탬이 되었으면 하는 바람이다.

「湖南 東部地域의 加耶勢力과 그 成長過程」, 『湖南考古學報』 20; 이동희, 2004, 「全南東部地域의 加耶系 土器와 歷史的 性格」, 『韓國上古史學報』 46; 전상학, 2005, 「전북 동북지역 수혈식석곽묘의 구조 연구」, 『호남고고학보』 25; 강원종, 2007, 「남원 운봉지역의 고대 관방체계」, 『湖南考古學報』 27; 이동희, 2007, 「백제의 전남 동부 지역 진출의 고고학적 연구」, 『한국고고학보』 64; 이순엽, 2010, 「전남동부지역 고분 출토 토기에 대한 검토」, 『호남고고학보』 34; 조명일, 2012, 「금강 상류지역의 산성 및 봉수의 분포 양상과 성격」, 『호남고고학보』 41; 전상학, 2013, 「진안고원 가야의 지역성」, 『호남고고학보』 43; 유영춘, 2015, 「운봉고원 출토 마구의 의미와 등장 배경」, 『호남고고학보』 51; 유영춘, 2017, 「전남동부지역 출토 철제무기의 전개 양상과 그 의미」, 『호남고고학보』 57; 이동희, 2017, 「후기가야 고고학 연구의 성과와 과제」, 『한국고대사연구』 85; 전상학, 2017, 「장수가야의 발전과정과 그 역동성」, 『호남고고학보』 57; 조명일, 2018, 「全北 東部地域 烽燧에 관한 一考察」, 『호남고고학보』 59; 전상학, 2020, 「고고자료와 문헌으로 본 상기문국」, 『전북학연구』 2. 국립완주문화재연구소 · 국립나주문화재연구소 · 남원시, 2020, 『남원 청계리 청계 고분군과 월산리 고분군 조사성과와 의의』 국제학술심포지움.

Ⅱ. 백제의 금강 교통로 장악

백제는 475년 한성 전투에서 왕성이 함락당하고, 개로왕이 전사하는 등 국가적 위기 상황에 처했다. 웅진 천도 이후 문주왕이 시해되고, 어린 삼근왕마저 단명하는 등 혼란이 계속되었지만 동성왕이 즉위하여 이를 수습하고 국력을 증대시키고자 하였다. 서울과 경기 일대를 빼앗긴 백제는 금강이남 지역의 확보가 시급하였고, 따라서 이제까지의 느슨한 형태의 지배에서 직접 지배로 전환하고자 토착세력이 강한 지역에 대한 본격적인 경략에 나설 수밖에 없었다. 이러한 백제의 압박에 지방의 토착세력가들이 반발하였을 것은 자명하다.

더불어 주변 나라, 특히 왜와의 유기적인 교류도 절실하였다. 일본열도에 있는 물적・인적 자원을 활용한다면 고구려에 맞설 수 있는 국력의 증대로 연결되기 때문이다. 이러한 필요성으로 백제의 대왜對倭 교역로는 웅진 천도 이후 변화되었다. 무엇보다도 웅진 지역은 금강의 중류에 위치하여 금강 상류와 육로를 통해 섬진강 지역으로의 진출이 보다 용이해졌기 때문이다. 아래의 사료는 이를 보여주는 사례이며, 백제의 섬진강 유역 진출과 관련된 사료로 흔히 언급되고 있기 때문에 그 실상에 대하여 살펴보기로 하자.

A. 이 해 기생반숙네紀生磐宿禰가 임나에 걸터앉아 고구려와 통교하고, 서쪽

에서 삼한의 왕이 되려고 관부를 정비하며 스스로 신성神聖이라 칭하였다. 임나의 좌로左魯 나기타갑배那奇他甲背의 계책을 이용하여 백제의 적막이해適莫爾解를 이림爾林[이림은 고구려 땅이다]에서 죽였다. 또한 대산성帶山城을 쌓아 동쪽 길을 막아 지켜 군량을 운반하는 나루를 차단하여 군대를 굶주리게 함으로써 괴롭혔다. 백제왕이 크게 노하여 영군領軍 고이해古爾解와 내두內頭 막고해莫古解 등을 보내 무리를 거느리고 나아가 대산성을 공격하게 하였다. 이에 기생반숙네紀生磐宿禰는 군대를 전진시켜 역공하였는데, 담력이 더욱 왕성하여 향하는 곳마다 모두 격파하니 일당백이었다. 얼마 후 군대의 힘이 다하니 일이 이루어지지 못함을 알고 스스로 임나로 돌아왔다. 이 때문에 백제국은 좌로 나기타갑배那奇他甲背 등 300명을 죽였다.

(『일본서기日本書紀』 15 현종천황顯宗天皇 3년조)

위 자료의 시기는 현종顯宗 3년(487)으로, 동성왕 9년에 해당한다. 그런데 이와 관련하여 전 해인 동성왕 8년 궁 남쪽에서 크게 사열을 하였다는 기사[3]가 주목된다. 군대의 사열은 군의 정비와 밀접하며, 이를 적극적으로 해석하면 동성왕이 군대를 정비하여 이제까지 위축되었던 백제가 본격적인 지방 경략에 나섰을 가능성이 크기 때문이다. 실제 위의 기사 내용도 기생반숙네紀生磐宿禰가 임나에 걸터앉아 고구려와 통교하고, 좌로左魯 나기타갑배那奇他甲背의 계책을 이용하여 백제의 적막이해適莫爾解를 이림에서 죽임으로써 백제와 충돌하였고, 백제왕이 이들을 평정한 사실을 전한다. 이러한 충돌이 하필이면 웅진 천도 이후 백제의 지방 경략 시점에 발생하였다는 점을 고려

3 『三國史記』26 百濟本紀4 東城王 8年 11月條.

하면 좌로左魯 나기타갑배那奇他甲背와 기생반숙네紀生磐宿禰의 행동은 백제의 압박과 관련이 있음은 부인하기 힘들다.

다만 이 기사는 일본의 시각에서 왜곡되었기 때문에 신중한 검토가 필요하다. 특히 기씨紀氏의 전승을 바탕으로 과장되게 서술되었다는 점은 분명하다. 이러한 사료적 문제가 있긴 하지만 당시 백제의 상황을 엿볼 수 있기 때문에 언급할 만한 가치가 있다. 위의 사료에서 백제가 충돌한 지역은 이림과 대산성이다. 그런데 사료 A를 보면 이림이 고구려 땅이며, 이림과 대산성은 인접해있다는 구절이 주목된다. 아울러 동쪽 길이라는 표현은 백제를 중심으로 놓고 본 표현[4]이기 때문에 백제의 수도인 웅진에서 동쪽 길에 해당하는 지점을 찾아야 하며, 나루와 관련된 지역이라는 점도 시사를 준다.

먼저 이림은 전북 임실군,[5] 전북 김제군 이성현,[6] 충남 예산군 대흥면[7] 등으로 보고 있다. 대산성도 이림과 밀접한 관련이 있기 때문에 이림과 동일한 지역권으로 보아 정읍군 태인면,[8] 전북 임실 부근,[9] 진안군 용담면 월계리산성,[10] 남원,[11] 금산[12]으로 보는 견해가 제시되었다. 이 중 예산군으로 비정은 고구려의 영역이라는 점에 주목하였지만 임나 즉 가야의 진출과는 상황이

---

4 李永植, 1995, 앞의 논문, 206쪽.

5 鮎貝房之進, 1937, 「日本書紀朝鮮地名考」, 『雜攷』 7, 25~27쪽; 全榮來, 1974, 「任實 金城里 石槨墓群」, 『全北遺蹟調査報告』 3, 94~95쪽; 延敏洙, 1990, 앞의 논문, 106~112쪽; 김애경, 2000, 앞의 논문; 주성지, 2003, 앞의 논문, 11쪽.

6 末松保和, 1949, 『任那興亡史』, 吉川弘文館, 76~77쪽.

7 山尾幸久, 1983, 『日本古代王權形成史論』, 岩波書店, 224쪽; 金泰植, 1993, 앞의 책, 246~247쪽.

8 鮎貝房之進, 1937, 앞의 논문, 413~419쪽; 末松保和, 1949, 앞의 책, 106~107쪽.

9 延敏洙, 1990, 앞의 논문, 106~112쪽; 김애경, 2000, 앞의 논문; 정현주, 2021, 앞의 논문, 26쪽.

10 곽장근, 2006, 「웅진기 백제와 가야의 역학관계 연구」, 『백제연구』 44, 101쪽.

11 金秉南, 2006, 앞의 논문, 43쪽.

12 신수진, 2016, 앞의 논문, 130~135쪽.

맞지 않는다. 반대로 전북 일대는 가야의 문제를 해결할 수 있지만 고구려의 땅이었다는 점을 설명할 수 없다.

이에 임나와 고구려의 통교 가능한 지점에 주목하여 대산성을 성주군 독용산성[13], 추풍령 부근[14]으로 보기도 한다. 이림 역시 충북 음성 혹은 괴산[15]으로 보았다. 반면 백제와의 충돌이기 때문에 백제의 영역 범위 내에서 가야와 고구려의 접점을 찾아 청주・청원 일대나[16] 대전・옥천 방면의 하천[17]이 제기되었다. 대산성 역시 인접하기 때문에 청원 등 금강 상류 유역에서 찾고 있다.[18]

이림 지역이 어느 지역으로 비정되든 장수-남원으로 이어지는 섬진강 교통로와 연결될 수 있다. 이를 고려하면 백제를 공격한 기생반숙네紀生磐宿禰와 나기타갑배那奇他甲背는 백제의 팽창에 위협을 느끼고, 섬진강과 금강을 따라 고구려와 통해 백제의 압박을 막아보려는 시도를 한 것이 아닌가 생각된다. 반대로 백제는 이 지역을 장악함으로써 고구려에 대한 방어선을 확보하면서 남방 진출에 대한 의지도 드러낸 것으로 보인다. 금강과 섬진강 수계를 연결하는 백두대간을 방어하면서 국토를 횡단하여 남해안에 이르는 육로의 개척이 웅진 천도 이후에 현실화된 것이다.

또한 기생반숙네紀生磐宿禰가 임나로 돌아왔다는 것은 반대로 가야에서 이림 지역으로 진출하는 교통로가 있었음을 말해준다. 따라서 백제는 기생

---

13 千寬宇, 1991, 앞의 책, 83~85쪽; 山尾幸久, 1983, 앞의 책, 224쪽.

14 大山誠一, 1980,「所爲任那日本府について」,『古代文化』11, 32쪽.

15 李鎔賢, 1997,「五世紀におけるの加耶の高句麗接近と挫折-顯宗三年紀是歲條の檢討」,『東アジアの古代文化』90; 2007,『가야제국과 동아시아』, 52~59쪽; 김태식, 2006,「5~6세기 高句麗와 加耶의 관계」,『北方史論叢』11호, 고구려연구재단, 136~140쪽.

16 양기석, 2007, 앞의 논문, 12쪽.

17 정재윤, 2008, 앞의 논문, 249쪽.

18 양기석, 2007, 앞의 논문, 12쪽.

반숙네紀生磐宿禰의 제압 이후 자연스럽게 섬진강을 따라 가야로 진출할 수 있는 교통로를 확보할 수 있었던 것이다.

이와 관련하여 479년 가라왕加羅王 하지荷知가 남제南濟로부터 보국장군본국왕輔國將軍本國王 작호를 수여받은 사실[19]을 주목할 필요가 있다. 가라왕은 김해설,[20] 함안설,[21] 고령설[22]이 있으나 고령설이 타당한 것으로 보인다.[23] 당시 대가야의 위상이나 고고학적 증거가 이를 말해주기 때문이다. 가야는 『남제서南齊書』 동남이東南夷 열전에 별도의 항목으로 실려 있으나 내용이 지극히 소략하여 정보가 거의 없다. 다만 삼한의 종류라는 단 한 줄의 내용과 조공 사실만 적혀 있을 뿐이다. 조공도 국가 명을 쓰지 않는 것이 이상하나 본국왕이라는 칭호는 '그들 나라의 왕'이라는 일반적인 의미를 뜻하는 것으로 보기도 한다.[24] 가라가 자칭한 것을 그대로 적었을 가능성도 있다.

실제 5세기 후반 들어 대가야의 팽창은 두드러진다. 대왕을 칭한 고고학 자료에 주목하면,[25] 대가야는 후기 가야의 연맹체 수장으로서 역할을 자임하고 있는 것임을 알 수 있다. 본국왕이라는 칭호는 이러한 분위기를 반영한 것으로 생각된다. 이 무렵 고령 양식 토기가 함양, 합천, 산청, 진주 등 소백

---

19 『南濟書』 58 列傳 39 加羅國條.

20 今西龍, 1940, 「加羅疆域考」, 『朝鮮古史の硏究』, 337쪽; 연민수, 2003, 『고대한일교류사』, 혜안. 152~154쪽.

21 鬼頭淸明, 1974, 「加羅諸國の史的發展について」, 『古代朝鮮と日本』, 龍溪書舍, 128쪽.

22 千寬宇, 1976, 「三韓의 國家形成」下, 『韓國學報』 3, 145쪽.

23 金泰植, 1993, 앞의 책, 106~110쪽.

24 이근우, 2002, 「웅진 · 사비기 백제와 가야」, 『고대 동아세아와 백제』, 313~314쪽.

25 한기 대신에 왕호나 대왕호를 함께 사용한 시기를 대략 5세기 중엽으로 보는 견해(盧重國, 1995, 「大伽耶의 政治 · 社會構造」, 『加耶史硏究』, 慶尙北道, 157쪽)도 있다. 또한 충남대 박물관이 소장한 6세기 중반 경으로 추정되는 장경호 토기에 대왕이라는 글자가 각인되어 왕을 높여서 부른 존칭이나 상황 여하에 따라 왕호와 대왕호가 병칭되었다고 보기도 한다(田中俊明, 1997, 「加耶諸國の王權に對する私見」, 『가야제국의 왕권』, 인제대 가야문화연구소, 43쪽).

산맥 등에서 보이는 것은 대가야의 영향력이 광범위하게 퍼진 사실을 나타내준다. 섬진강 유역권인 전북 남원·임실 지역에서도 고령 양식 토기가 출토된 사실을 두고 5세기 후반 이후 대가야의 세력권이 이 지역으로 확장되었다고 보는 견해[26]는 이의 연장선상에서 이해된다. 다만 영향력은 인정되나 세력권 내지는 지배의 개념으로 보는 것은 신중할 필요가 있다.[27]

『남제서南齊書』 기사에서 주목되는 사실은 가라왕이 남조와 통교한 시점이다. 479년은 백제가 한성 함락 이후 매우 위축된 시기였다. 웅진 천도 이후 문주왕이 시해되고, 어린 나이에 즉위한 삼근왕이 일찍 죽는 등 주변을 돌볼 겨를이 없었다고 보아도 무방하다. 따라서 대가야의 사행使行은 백제의 혼란을 틈 탄 가야 세력의 부상이라는 점에서 주목할 만하다 하겠다.

이에 대가야의 사행을 가야 지역의 대표적인 정치체임을 과시하는 동시에 한반도의 유력한 정치세력의 하나로 국제적인 공인을 받은 것으로 보기도 한다.[28] 다만 가라왕이 받은 관작은 3품으로 백제나 왜에 비해 위계가 떨어진다. 또한 백제 개로왕 때 신하들이 받은 관군장군冠軍將軍과 영삭장군寧朔將軍 등의 관작과 비교해 보아도 가라왕이 받은 보국장군輔國將軍 관작이 낮다. 더불어 연맹체를 주도한 대왕으로서 위상을 뽐낸다면 백제의 예에서 보듯이 연맹체의 유지에 필요한 지역 수장들이나 신하들의 작호를 요청하는 것이 자연스럽다.[29] 더욱이 조공이 1회에 그치고 있는 점도 음미해볼 사항이다.

---

26 李熙濬, 1995,「토기로 본 大伽耶의 廣域과 그 변천」,『加耶史硏究』, 慶尙北道, 365~443쪽. 박천수, 2019,「고고학으로 본 가야의 권역과 대가야 영역국가의 역사적 의의」,『가야사의 공간적 범위』, 고령군 대가야박물관·계명대학교 한국학연구원, 179~180쪽)도 비슷하게 5세기 대가야 권역을 고령을 중심으로 합천, 거창, 함양, 진안, 장수, 남원, 임실, 곡성, 구례, 하동, 순천, 여수를 포함한 것으로 보고 있다.

27 이에 대해서는 후에 고찰하고자 한다.

28 李文基, 1995,「大伽耶의 對外關係」,『加耶史硏究』, 慶尙北道, 223쪽.

29 연민수, 2003, 앞의 책, 149~150쪽.

이러한 의문점에 주목하여 대가야가 백제의 도움으로 사행하였다는 견해[30]도 제기되었다. 이에 의하면 대가야는 여러 경쟁 세력을 압도하고 중심세력으로서 우월한 위상을 대외적으로 알려 공인받을 필요성이 있었고, 백제 또한 국력이 위축되어 대가야의 도움을 받을 필요가 있었다는 것이다.

그런데 대가야의 남제南齊 사행로가 고령-거창-함양-남원-하동으로 이어지는 섬진강 루트를 이용[31]하였다고 하면 479년 무렵에는 대가야가 섬진강 유역을 장악하고 있는 것을 말해준다.[32] 역으로 이후에 사행을 하지 못했다면 대가야의 사행길이 막힌 것으로 보아야 한다. 따라서 대가야의 사행은 백제의 위기 상황을 틈탄 가야 세력의 부상을 보여준 것이며, 이는 고구려와의 역학 관계에서 현실적으로 백제가 대가야의 존재를 인정할 수밖에 없었던 것을 말해준다.

이처럼 대가야는 5세기 후반 백제의 위기를 틈 타 주변에 영향력을 확대하였다. 백제는 동성왕 9년을 전후로 하여 금강이남 지역에 대한 지배력을 확보하기 위하여 점차 금강의 교통로를 회복하고, 섬진강 유역으로 진출할 수 있는 기반을 다져나갔다. 6세기 초 백제의 섬진강 유역으로의 진출은 이와 같은 과정을 거친 것으로 이해된다.

30 양기석, 2007, 앞의 논문, 38~42쪽.

31 田中俊明, 1992,『大加耶聯盟の興亡と「任那」』, 吉川弘文館, 74~75쪽.

32 하동에 이른 대가야의 사행이 백제의 해안을 통과해야 하기 때문에 백제의 도움 없이는 불가능하다고 보기도 하나(양기석, 2007, 앞의 논문, 39쪽) 당시는 백제의 위기 상황으로 남조 사행로를 장악하지 못하였을 가능성이 크기 때문에 백제와는 무관할 가능성이 크다.

Ⅲ. 백제의 섬진강 중류 지역 진출

무령왕은 백제 중흥의 군주로 잘 알려져 있다. 521년 중국 양나라에 보낸 국서에 의하면 백제가 고구려를 수차례 격파하여 다시 강국이 되었다는 선언을 하였다. 이처럼 자신감 있는 표현을 한 것은 주변을 평정한 상황에서 비롯된 것이며, 『양직공도梁職貢圖』에 방소국旁小國이라 하여 9개 나라를 열거한 것도 이의 근거라 할 수 있다. 이들 나라 중 백제의 섬진강 유역 장악과 관련하여 상기문이 등장한 것은 주목할 만하다. 아래는 무령왕 때 섬진강 중류 지역의 장악과 관련한 사료를 모은 것이다.

B-① 백제가 사신을 보내 조공하였다. 별도로 표를 올려 임나국의 상치리上哆唎 · 하치리下哆唎 · 사타娑陀 · 모루牟婁 4현을 청하였다. (중간 생략) 이리하여 사신을 바꾸어 칙명을 선포하였다. 물건을 하사하면서 칙서를 첨부하고 표문에 따라 임나의 4현을 주었다.

(『일본서기』 17 계체천황繼體天皇 6년 12월조)

② 백제가 저미문귀姐彌文貴 장군, 주리즉이州利卽爾 장군을 수적신압산穗積臣押山[『백제본기』에는 왜의 의사이마기미意斯移麻岐彌라고 한다]에 딸려 보내 오경박사五經博士 단양이段楊爾를 바쳤다. 별도로 아뢰길 "반파국伴跛國이 신의 나라 기문己汶 땅을 약탈하였으니 엎드려 바라건대 천은을

베풀어 본래의 속한 곳으로 돌려주십시오."라고 하였다.

(『일본서기』 17 계체천황繼體天皇 7년 6월조)

③ 조정에 백제의 저미문귀 장군, 사라斯羅(신라; 필자 주)의 문득지汶得至, 안라安羅의 신이해辛已奚와 분파위좌賁巴委佐, 반파의 기전해旣殿奚와 죽문지竹汶至 등을 불러 놓고 은혜로운 칙명을 삼가 선포하여 기문과 체사滯沙를 백제국에 주었다.

(『일본서기』 17 계체천황繼體天皇 7년 11월조)

④ 반파국이 배를 보내 진귀한 보물을 바치고 기문의 땅을 애걸하였으나 끝내 주지 않았다.

(『일본서기』 17 계체천황繼體天皇 7년 시월조是月條)

⑤ 백제가 전부前部 목협부마갑배木刕不麻甲背를 보내 기문에서 물부련 등을 맞아 위로하고 인도하여 그 나라로 들어갔다. 신하들이 각자 의상・철제도끼・비단・베 등을 내어 나라 공물에 더하여 조정에 쌓아 놓고 은근하게 위문하였으며, 상과 녹祿이 매우 넉넉하였다.

(『일본서기』 17 계체천황繼體天皇 10년 5월조)

위의 기사에서 먼저, 주목되는 것은 임나 4현이다. 사료 B-①에 의하면 백제는 무령왕 12년(512) 왜로부터 임나 4현을 할양받았다고 한다. 물론 이 기사도 앞의 기사처럼 일본 중심의 천하관에 의해 왜가 할양한 것처럼 서술하였던 것으로 보인다. 따라서 『일본서기』의 왜곡된 시각을 거둬내면 실제로는 백제가 이 무렵 4현을 취한 것으로 보아도 무방하다.

그런데 임나 4현의 위치는 낙동강 중 · 하류 방면,[33] 혹은 영산강 일대[34]로 보기도 하지만 섬진강 유역인 기문 · 대사와 밀접한 관련이 있기 때문에 이 권역에서 찾는 것이 무난할 듯하다.[35] 임나 4현의 위치를 살펴보면 먼저, 구체적이지 않지만 함양 · 산청 일대,[36] 경남 서남 방면,[37] 섬진강 상 · 중류 지역[38] 일대로 보는 견해가 있다. 대체로 섬진강 이동으로 비정하는 입장이다. 반면 임나 4현을 구체적으로 비정한 견해도 있다. 상다리와 하다리는 진주와 웅천,[39] 하동,[40] 여수반도와 돌산도,[41] 장흥 지역으로 보기도 한다.[42] 사타도 하동,[43] 곡성[44] 혹은 구례로 보는 견해,[45] 순천으로 보는 견해[46]가 제시되었다. 모루는 고성 · 사천으로 보는 견해,[47] 보성 혹은 광양으로 비정[48]하기도 한다.

---

33 千寬宇, 1991, 앞의 책, 40~44쪽. 씨는 상다리와 하다리는 의성군 다인, 사타는 칠곡, 모루는 예천으로 보고 있다.

34 末松保和, 1949, 앞의 책. 씨는 상다리와 하다리는 영산강 동안인 광주-영암 일대, 사타는 구례, 모루는 전남 서부인 영광 · 고창 일대로 보고 있다.

35 이에 대해서는 뒤에 살펴보고자 한다. 백승충은 임나 4현이 기문과 대사 지역 확보의 사전 정리 작업으로 보고 있다(백승충, 2000, 앞의 논문).

36 김정학, 1977, 『任那と日本』, 小學館, 57~58쪽.

37 丁仲煥, 2000, 『加羅史研究』, 혜안, 468~469쪽.

38 곽장근, 1999, 『湖南 東部地域 石槨墓 研究』, 書景文化社, 281~290쪽

39 今西龍, 1922, 「己汶伴跛考」, 『史林』 제7권 제4호.

40 백승충, 2000, 앞의 논문, 66쪽.

41 全榮來, 1985, 앞의 논문, 146쪽; 김태식, 1993, 앞의 책; 박천수, 2006, 앞의 논문, 10쪽.

42 李根雨, 1997, 「熊津時代 百濟의 南方境域에 대하여」, 『百濟研究』 27, 62쪽.

43 今西龍, 1922, 앞의 책.

44 酒井改藏, 1970, 「日本書紀の朝鮮地名」, 『親和』 195, 170쪽.

45 末松保和, 1949, 앞의 책, 122쪽.

46 全榮來, 1985, 앞의 논문, 146쪽; 金泰植, 1993, 앞의 책; 이근우, 1997, 앞의 논문; 박천수, 2006, 앞의 논문.

47 今西龍은 고성과 사천으로 보고(1922, 앞의 책), 三品彰英은 사천으로만 비정한다(2002, 앞의 책).

48 李根雨, 1997, 앞의 논문, 62쪽. 반면 전영래(1985, 앞의논문), 김태식(1993, 앞의 책), 박천수(2006, 앞의 논문)는 광양으로 보고 있다.

이들 중 경남 서해안 일대로 보는 견해는 당시 백제의 진출 방향과 시기에서 어긋나기 때문에 동의하기 힘들다. 대사를 확보한 직후 경남 서부 지역의 진출에 대한 발판을 마련하였다고 보는 것이 합리적이기 때문이다. 섬진강 상 · 중류 일대도 이후 기문이 확보되기 때문에 맞지 않는다. 이는 '4현이 백제와 인접해 있고, 일본과는 멀리 떨어져 있어서 (백제와는) 아침 · 저녁으로 왕래하기 쉬워 닭과 개도 (어느 나라의 것인지) 구별하기 어렵다'는 계체기繼體紀 6년조의 기사[49]와 응신기應神紀 8년(397) 전지왕을 왜에 파견할 때 침미다례 및 동한의 땅을 빼앗았다는 기사[50]가 참조된다. 백제와 인접하고, 전지왕이 피견될 때 빼앗긴 땅과 관련이 있으며, 따라서 침미다례 부근 동쪽 지역임을 암시하기 때문이다. 이를 참조하면 대체로 전남 동부 남해안 일대에서 찾는 것이 좋을 듯하다. 이러한 추정이 틀리지 않다면 백제는 무령왕 12년 임나 4현, 즉 광양과 순천 및 여수 일대를 확보하여 섬진강 하류와 중류 지역으로 연결되는 지점까지 이르렀음을 알 수 있다.

이어 백제의 기문과 대사 확보 기사가 등장하고 있다. 이는 임나 4현과 기문 · 대사가 밀접하게 관련이 있음을 말해준다. 다만 이 기사는 상호 모순되는 점도 보이기 때문에 신중한 검토가 요망된다.

앞의 사료 B-②에 의하면 임나 4현의 확보 이후 백제는 기문이 원래 백제의 땅이었는데, 반파가 약탈하였다며 돌려 달라 하였다. 이에 계체繼體 7년(513) 기문과 대사를 백제에 주었다 하나 이는 액면 그대로 받아들일 수 없다. 이러한 상황에 대하여 기문이 원래 백제 지역이었는데 반파국이 일시적

---

49 『日本書紀』17 繼體天皇 6年 12月條.

50 아화왕이 왕위에 있으면서 귀국에 무례하여 (왜가) 枕彌多禮와 峴南 · 支侵 · 谷那 등 東韓의 땅을 빼앗았다. 이로써 왕자 直支를 天朝에 보내 선왕의 우호를 닦게 하였다(『日本書紀』10 應神紀 8年條).

으로 영유하였다고 보거나,[51] 가야 진출 지역의 정당성을 확보하기 위한 백제 측의 주장에 불과한 것으로 보기도 한다.[52] 또한 실제적 영역과는 별도로 백제가 이 지역을 이전부터 자신들의 영역으로 생각하였을 가능성도 있다.[53]

아울러 이후의 진행 상황을 살펴보면 기문의 땅이 백제의 영역이 된 것은 일관되지만 대사는 백제가 차지한 시점이 혼선을 빚기 때문에 사료 비판이 필요하다.[54] 기문은 백제가 차지함으로써 반파와의 갈등이 시작되기 때문에 신뢰할 수 있는 것이다. 그 시기에 대해서는 앞의 사료 B-⑤에 백제가 왜의 사신을 기문에서 맞이한다는 점에 주목하여 516년으로 보기도 하지만[55] 이미 이 시점에 백제의 영역이 되었기 때문에 513년에 기문을 차지한 것으로 보는 것이 온당하다.

그렇다면 기문은 어느 지역일까. 먼저 기문은 크게 낙동강 일대와 섬진강 일대로 보는 입장으로 나뉜다. 낙동강 중류인 금릉군 개녕開寧으로 보는 견해[56]와 남원으로 보는 견해[57]가 그것이다. 또한 남원 일대로 보긴 하지만 임

---

51 김태식, 1993, 앞의 책, 114~125쪽. 구체적으로는 대산성 전투 결과 기문까지 백제가 영유한 것으로 보는 견해(이근우, 1997, 앞의 논문, 55~59쪽)도 있다.

52 전영래, 1983, 『남원월산리고분군발굴조사보고서』, 원광대, 73~79쪽; 延敏洙, 1990, 앞의 논문, 14~15쪽; 田中俊明, 1992, 앞의 책, 131~134쪽.

53 백제가 마한의 맹주국이 된 후 마한의 여러 나라를 복속시켜 영역화를 진행한 것처럼, 이 지역을 마한의 범주로 생각하였다면 실제와는 무관하게 자신들의 영역으로 인식하였을 가능성이 있다. 다만 백제의 영향을 받은 물질자료가 분명하게 나오지 않는다는 점에서 한계가 있다.

54 대사의 장악 시기는 다음 장에서 살펴보고자 한다.

55 박민경, 2016,「백제 성왕대의 대왜관계-임나부흥회의를 중심으로-」,『사림』55, 4쪽.

56 千寬宇, 1991, 앞의 책, 43~44쪽; 金鉉球, 2000,「百濟의 加耶進出에 관한 一考察」,『東洋史學硏究』70; 백승옥, 2007,「己汶·帶沙의 위치비정과 6세기 전반 대 加羅國과 百濟」,『5~6세기 동아시아의 국제정세와 대가야』, 고령군 대가야박물관·계명대학교 한국학연구원, 106쪽.; 홍성화, 2014,「己汶, 帶沙 지명 비정에 대한 일고찰」,『史叢82, 198쪽. 홍성화는 선산까지 포함하고 있다.

57 今西龍, 1970, 앞의 논문, 375~390쪽; 三品彰英, 2002, 앞의 책; 정중환, 2000, 앞의 책; 全

실로 보는 견해,[58] 남원을 중심지로 하고 임실까지 포함한 세력으로 보는 견해,[59] 장수와 남원으로 보는 견해,[60] 장수와 임실 그리고 남원까지 보는 견해[61]가 있다.

여러 다양한 견해가 제시되었지만 기문을 비정하기 위해선 우선적으로 기문의 명칭과 관련이 있는『한원翰苑』에 나오는 기문하基汶河의 규명이 필요하다. 아래는 이와 관련된 자료이다.

> C. 기문하基汶河가 나라에 있는데 그 근원이 나라 안에 있다. 원천은 나라의 남산南山으로부터 나오고 동남쪽으로 흘러 대해大海에 이른다.
>
> (『한원翰苑』 번이부蕃夷部 백제조百濟條)[62]

『翰苑』 括地志에 인용된 기문하는 기문과 관련된 지명이기 때문에 위치 비정에 결정적 근거가 된다. 이에 의하면 강이 동남쪽으로 흘러 바다로 들어간다는 구절이 보인다. 이를 주목하여 강을 대부분 섬진강으로 보았다. 하지만 섬진강은 거의 남쪽으로만 흘러 바다로 들어가는 반면 남강은 남으로 흐르다가 진주 부근에서 동쪽으로 흐르기 때문에 남강이라고 보는 견해[63]도 있다. 하지만『한원』백제조에서 웅진하와 더불어 기문하만 언급되고 있기 때

榮來, 1985, 앞의 논문, 146쪽; 李永植, 1995, 앞의 논문, 200쪽; 이근우, 1997,「웅진시대 백제의 남방경역에 대하여」,『백제연구』27, 58쪽; 백승충, 2000, 앞의 논문, 68쪽.

58 金泰植, 1985,「5世紀 후반 大加耶의 발전에 대한 硏究」,『韓國史論』13, 서울대학교, 83~87쪽.

59 延敏洙, 1990, 앞의 논문, 111~112쪽.

60 田中俊明, 1992, 앞의 책.

61 김재홍, 2012, 앞의 논문. 123쪽. 씨는 기문하는 섬진강을 지칭하지만 기문은 3개강의 상류역을 가리킨다고 보나 이 자체가 사료의 자의적 해석이기 때문에 동의하기 힘들다.

62 又有基汶河在國 源出其國 源出其國南山 東南流入大海(『翰苑』蕃夷部 百濟條).

63 백승옥, 2019, 앞의 논문, 212쪽.

문에 백제의 강이어야 한다는 사실을 직시할 필요가 있다. 또한 흐르는 방향 못지않게 그 원천이 백제에 있다는 점도 분명하게 명시되어 있다. 실제 남강은 함양군 서상면 남덕유산에서 발원하기 때문에 백제의 영역이 아니어서 진안군 백운면 데미산에서 발원하는 섬진강이 타당할 것이다. 그렇다면 기문은 섬진강 일대로 국한시켜야 할 것이다.

다음으로 기문과 관련하여 주목되는 것은 아래의 자료이다. 기문의 명칭과 범위 등 성격을 알 수 있기 때문이다.

> D-①. 임나국에서 신의 나라 동북에 3개의 기문[상기문 · 중기문 · 하기문]이라는 곳이 있습니다. 땅의 넓이가 3백리이고 토지와 인민이 풍족합니다. 신라국과 서로 다투어 피차 이곳을 통치하는 것이 불가합니다. 전투가 계속되어 백성이 안심하고 살 수 없습니다.
>
> (『신찬성씨록新撰姓氏錄』 좌경황별하左京皇別下 길전연조吉田連條)
>
> -②. 우륵이 지은 12곡은 첫째 하가라도下加羅都, 둘째 상가라도上加羅都, 셋째 보기寶伎, 넷째 달이達已, 다섯째 물이思勿, 여섯째 물혜勿慧, 일곱째 하기물下奇物, 여덟째 사자기師子伎, 아홉째 거열居烈, 열째 사팔혜沙八兮, 열한 번째 이사爾赦, 열두 번째 상기물上奇物이다.
>
> (『삼국사기三國史記』 32 잡지雜志1 악지樂志 가야금조加耶琴條)

먼저, 사료 D-①은 『신찬성씨록新撰姓氏錄』에 나오는 길전씨의 관한 내용이다. 『신찬성씨록』은 가전적家傳的 성격이기 때문에 익히 알려진 것처럼 사료의 신뢰성에 의문이 있다. 필요에 따라 선조의 계보가 조작되기 때문이다. 따라서 이를 인용할 때는 사료 비판이 선행되어야 한다. 먼저, 이 자료를 가지고 섬진강 일대는 3백리에 달하는 토지가 없기 때문에 낙동강 설을 주장하나 『신찬성씨록』을 가지고 한원을 부정하는 것은 문제가 있다. 따라서 역시 섬진강 일대에서 찾아야 할 것이다.

그런데 이 기사에 보이는 상·중·하의 삼기문三己汶은 지리적으로 붙어 있을 가능성이 높다. 이에 따라 기문의 위치를 비정하는 조건으로 국國의 존재를 인정할 만한 유적이 2~3개 붙어 있는 지역을 후보지로 보고 있다. 이처럼 3지역을 찾다보니 남원을 중심으로 임실과 장수까지 확장하기도 한다. 상기문을 장수, 중기문을 임실, 하기문을 운봉고원으로 보는 것이 대표적인 견해[64]라 할 수 있다.

그런데 길전련의 기록으로는 천지천황天智天皇 10년(671) 정월 시월조是月條에 왜국으로 이주한 백제 지배층을 대상으로 한 서위 기사에서 처음으로 길대상吉大尙이 보인다.[65] 또 『속일본기續日本記』 신귀 원년(724) 5월 신미조에 종5위상 길의·길지수가 함께 길전련 성을 받고 있다. 백제 멸망 후 백제 유민들이 대거 기용되는 사회적 분위기에 편승하여 백제화된 길전련씨의 전언을 어디까지 신뢰해야 하는지 의문이 든다. 땅의 넓이가 3백리라는 표현은 과장일 가능성이 커서, 이를 기준점으로 삼아서는 안 된다고 생각된다. 또한 3기문이 있지만 이것을 과장이라 할 경우 국國이 아닌 기문이 지역 구분일 가능성도 있다. 요컨대 확정지을 수 없는 것이다.

다음으로 우륵이 지은 12곡은 대체로 국명과 관련된 곡으로 보고 있다.[66] 하가라도를 김해, 상가라도를 고령, 사물-경남 사천, 물혜를 전남 무안 혹은 광양, 하기물을 개녕 혹은 남원, 거열은 거창, 상기물은 장수군 번암면 내지는 임실군으로 보고 있는 것이다. 그러나 사팔혜를 합천군 초계로 비정하거

64 김재홍, 2012, 앞의 논문, 123~124쪽.

65 또한 달솔 덕정상[의약에 통달하였다], 길대상[의약에 통달하였다], 허솔모[오경에 밝았다], 각복모[음양을 잘 알았다]에게 小山上을 주었다(『日本書紀』27 天智天皇 10年 正月 是月條).

66 田中俊明, 1992, 『大加耶聯盟の興亡と任那』, 吉川弘文館, 66~69쪽.

나 이사를 의령 부림으로 보는 것은 불확실하다. 달이는 달사[대사]로 보아 하동읍으로 비정하고 있는데, 대사와 달이를 동일하게 볼 수 있는가 의문이다. 국명이라는 추정에 근거할 뿐이다. 특히 보기는 곡명이며, 사자기 또한 사자무에 쓰였던 음악이다. 따라서 우륵 12곡이 반드시 가야 12국을 칭하는 것이 아님을 알 수 있다. 지역 명칭을 지칭할 수도 있는 것이다.[67] 따라서 우륵 12곡에 나오는 하기물과 상기물을 하기문과 상기문로 연결시키나 상하를 기문의 지역적 구분으로 볼 수도 있다.

또한 이들 지역들을 대가야 전성기에 영역 혹은 영향권 내지는 교역권으로 파악하기도 한다. 하지만 이는 가실왕의 바람일 뿐 실제 지배와는 무관하다는 비판[68]도 있기 때문에 신중해야 할 것이다.

이와 관련하여 기문으로 추정되는 지역의 고고학적 상황을 간단하게 살펴보자. 전남 동부지역에서 대가야 문화가 출현하는 시기는 5세기 중엽 경으로 추정된다. 남원 아영 일대, 장수 삼고리고분에서 출토된 고배형 기대가 그것이다. 최근 조사된 청계리고분 2호분은 5세기 2/4분기로 아라가야와 대가야 등 가야의 영향이 분명하게 보이지만 대가야 문화가 두드러지지는 않는다.[69] 그런데 5세기 후반부터 본격적으로 이 지역은 대가야문화권에 들어가며, 장수 삼봉리와 동촌리고분군, 남원 운봉의 월산리와 두락리 고분이 이에 해당한다.[70] 이에 따라 6세기 초 호남 동부지역인 순천, 장수, 진안, 임실지역까지는 단순한 문화권의 확산이 아닌 대가야가 영역을 확보한 것으로 보는 견해

---

67 기문 지역을 남원 서부 지역, 임실 남동부 지역, 장수군 산서면과 번암면이라는 광역적인 구역을 설정한 견해(곽장근, 1999, 앞의 책, 281~287쪽)도 있다.

68 백승옥, 2017, 「가야 '연맹체설'의 비판과 '지역국가론' 제창」, 『쟁점 대가야사 : 대가야의 국가 발전 단계』, 고령군 대가야박물관 · 대동문화재연구원.

69 이건용, 2020, 「남원 청계리 청계 고분군 출토유물 연구」, 『남원 청계리 · 월산리 고분군 역사적 가치와 의미』, 전라북도 · 남원시 · 군산대학교 가야문화연구소, 53~54쪽.

70 김재홍, 2012, 앞의 논문, 116~117쪽.

[71]가 제시되었다.

하지만 월산리 M5호분에서는 청자계수호와 초두가 출토되었고, 그 시기는 5세기 중 · 후엽으로 추정된다. 청자계수호는 가야의 독자적인 사행과 연결시키기도 하나[72] 백제에 의한 사여[73]로 보기도 한다. 또한 M1-A호에서 출토된 금은상감귀갑문환두도는 무령왕릉 환두대도의 영향[74]임을 볼 때 백제와의 교류를 무시할 수 없다. 두락리32호분에서 출토된 의자손수대경과 금동신발은 백제의 영향[75]이며, 위세품과 연결시킬 수 있다. 남원 두락리 M5호분에서 출토된 은제 목걸이, 은제 구슬, 유리구슬, 탄목구슬 등이 무령왕릉 출토품과 관련[76]이 있다는 최근의 성과도 있다.

물론 이 지역에서 출토된 대부분의 유물이 가야토기라는 점에서 대가야의 영향력은 인정된다. 하지만 백제 또한 이 지역에 정치적 영향력을 확대시키고 있는 것을 엿볼 수 있다. 실제 백제토기는 5세기 말 남원뿐만 아니라 합천 · 옥전 · 고령 등에 나타나 6세기 1/4분기 급격히 증가하여 임실, 진안, 하동, 합천, 고령, 진주 등 광범한 지역에 분포한다.[77] 이처럼 아영 일대에 5세기 말 6세기 초 백제와 대가야가 혼합된 상황을 보인다. 고고학의 이러한 현상에 착안하여 우륵의 12곡과 연관시켜 고령과 합천은 직접 지배권역, 거창과 함양은 간접 지배, 남원 두락리, 월산리고분군, 장수 삼고리 고분군을 비

---

71 김세기, 2017,『대가야 고대국가론』, 122~125쪽.

72 李軍, 2017,「계수집호에 관련된 문제 및 한국의 고대 가야고분에서 발견된 의의」,『전북 가야를 선언하다』, 전라북도 · 남원시 · 장수군 · 호남고고학회, 73쪽.

73 김규정, 2020,「남원 월산리 고분군 발굴조사 성과」,『남원 청계리 · 월산리 고분군 역사적 가치와 의미』, 전라북도 · 남원시 · 군산대학교 가야문화연구소, 86쪽.

74 김규정, 2020, 앞의 논문.

75 박순발, 2012,「계수호와 초두를 통해 본 남원 월산리 고분군」,『운봉고원에 묻힌 가야무사』, 국립전주박물관 · 전북문화재연구원.

76 국립전주박물관, 2012,『보존처리 성과전』백제와 가야의 교류.

77 홍보식, 1998,「백제와 가야의 교섭」,『백제문화』27, 258쪽.

롯한 합천, 진주, 의령, 함안, 창원, 고성, 순천, 여수는 교류권으로 보기도 한다.[78] 그렇다면 기문으로 비정되는 남원의 고고학 발굴 현황 역시 이러한 혼재된 상황을 반영한 것이 아닐까 생각된다.

아울러 『양직공도梁職貢圖』 방소국旁小國에 나오는 반파叛波·탁卓·다라多羅·전라前羅·기라斯羅·지미止迷·마연麻連·상기문上己文·하기문下枕羅에서 상기문의 실체를 확인하기도 한다. 하지만 상기문의 상과 하침라의 하를 대비되는 개념으로 보아 위쪽의 기문, 아래쪽의 침라로 해석한 견해[79]도 있다. 침라의 경우 제주도로 비정하거나[80] 강진[81] 혹은 해남[82]으로 보기도 한다. 이는 근초고왕 때 정벌의 대상이었던 침미다례忱彌多禮와 문주왕 2년(476)과 동성왕 20년(498)에 보이는 백제에 복속하는 탐라耽羅는 시기적으로 달리 보아야 하기 때문에 신중한 검토가 필요하다. 다만 웅진 천도 이후 침라(탐라)가 복속하기 때문에 방소국에 열거되었을 가능성이 있다. 요컨대 상기문이라는 국가의 실체를 확인하기 어려운 것이다.[83]

이상을 고려할 때 3기문의 실체는 불분명하다. 다만 기문이 섬진강 중류를 중심으로 하고, 광역적인 지역을 지칭하였을 가능성은 크다.

끝으로 기문의 위치 비정과 관련해서는 남원의 옛 지명인 고룡古龍도 언급된다.[84] 고는 '기'와 통하고, 룡의 훈인 밀이 물(문)과 통하기 때문이다. 또한

---

78 이형기, 2019, 「대가야의 權力集中過程에 대한 試論」, 『민족문화논총』 75, 94쪽.

79 이용현, 2020, 앞의 논문, 27쪽.

80 三品彰英, 1962, 『日本書紀 朝鮮關係記事考證』 上, 吉川弘文館, 154쪽; 李鎔賢, 1999, 「『梁職貢圖』 百濟國使條の「旁小國」」, 『朝鮮史研究會論文集』 37, 187~188쪽.

81 李丙燾, 1976, 『韓國古代史研究』, 博英社, 512쪽; 노중국, 2011, 「문헌기록 속의 영산강 유역-④~5세기를 중심으로-」, 『百濟學報』 6, 13쪽.

82 李道學, 1995, 『백제 고대국가 연구』, 一志社, 349~352쪽; 강봉룡, 1999, 「3~5세기 영산강 유역 '옹관고분사회'와 그 성격」, 『역사교육』 69, 역사교육연구회, 63~101쪽.

83 경남 하동에 韓多沙(하동읍), 小多沙(하동군 악양면)의 예도 참조된다.

84 今西龍, 1970, 앞의 논문, 389쪽.

섬진강 중류에 해당하며, 운봉고원을 넘어 가야로 진출하는 통로가 되기 때문에 당시 정황과도 일치한다. 남원시 산곡동에 있는 교룡산성도 고룡과의 관련성이 언급되고 있기 때문에 기문의 위치로는 현재의 남원 시내가 가장 타당할 것으로 생각된다.

다만 남원 시내와 운봉고원 동쪽인 아영 일대를 같은 권역으로 볼 수 있는 지는 의문이다. 6세기 전반 아영 일대는 백제와 가야의 유물이 혼재된 상황이 나타나고, 이후에는 가야의 색체가 짙어진다. 이러한 고고학적 상황을 고려하면 기문이 백제에 속하였다는 문헌과 상치된다. 따라서 현재의 남원은 운봉고원을 중심으로 동쪽과 서쪽을 구분해야 하며, 기문은 운봉고원 이서인 남원 시내로 보는 것이 합리적이다. 백제는 이를 거점으로 해서 섬진강 하류 지역과 남강 유역으로 진출을 시도하였으며, 아영 일대와 남강 유역권에 보이는 백제 위세품은 이를 분명하게 보여주는 것이다.

Ⅳ. 백제의 섬진강 하류 유역 확보

백제는 기문을 장악한 이후 점차 남하하여 섬진강 하류 지역인 대사를 확보하였다. 이에 관한 사료는 아래와 같다.

E-① 반파伴跛는 자탄子呑·대사帶沙에 성을 쌓아 만해滿奚에 연결하고 봉후烽候와 저각邸閣을 설치하여 일본에 대비했다. 다시 이열비爾列比·마수비麻須比에 성을 쌓아 마차해麻且奚·추봉推封에까지 뻗치고, 사졸과 병기를 모아서 신라를 핍박했다. 자녀를 약취하고 촌읍을 약탈하였다. 흉적이 가는 곳에 남는 것이 드물었다. 무릇 포악하고 사치스럽고 괴롭히고 업신여기고 살상이 너무 많아 상세히 적을 수가 없었다.

(『일본서기』17 계체천황繼體天皇 8년 3월조)

② 백제 사자 문귀장군 등이 돌아가기를 청하였다. 이에 조칙을 내려 물부련物部連을 딸려서 돌아가게 하였다. 이 달에 사도도沙都島에 이르러 전해 들으니 반파인伴跛人이 한을 품고 독을 머금어 강한 것을 믿고 포악하다 하였다. 그런 까닭으로 물부련物部連이 수군 5백 명을 거느리고 대사강帶沙江으로 직행했다. 문귀장군은 신라로부터 떠났다.

(『일본서기』17 계체천황繼體天皇 9년 2월조)

③ 물부련物部連이 대사강에 6일 동안 머물고 있었는데, 반파伴跛가 군대를

이끌고 와서 공격했다. 압박해서 옷을 벗기고 위협해서 물건을 약탈하고 머무는 처소를 모두 불질렀다. 물부련物部連 등이 겁을 먹고 놀라 도망갔다. 겨우 목숨만 건져 문모라汶慕羅에 정박했다.

(『일본서기』 17 계체천황繼體天皇 9년 4월조)

④ 가을 9월 백제가 주리즉차州利卽次 장군을 물부련에게 딸려 보내 기문의 땅을 준 것에 대하여 감사를 표했다. 별도로 오경박사 한고안무漢高安茂를 바쳐 박사 단양이와 교대할 것을 요청하였다. 요청에 의해 교대하였다.

(『일본서기』 17 계체천황繼體天皇 10년 9월조)

⑤ 백제왕이 하다리 국수 수적압산신에게 말하길 "무릇 조공하는 사신은 항상 섬의 (해안과 맞닿는) 굴곡을 피하느라 매번 풍파에 시달리오. 이로 인하여 가지고 가는 것들이 젖어 모두 손상되고 색이 죽게 되오. 청컨대 가라의 다사진多沙津을 신이 조공하는 나루의 길로 삼았으면 하오." 라고 하였다. 이에 압산신이 들은 대로 청을 아뢰었다. 이 달 물부이세연부근物部伊勢連父根과 길사로吉士老 등을 보내 나루를 백제왕에게 주었다. 이에 가라왕이 칙사에게 일러 말하길 "이 나루는 관가를 설치한 이래 신이 조공하는 나루였소. 어찌하여 갑자기 바꾸어 이웃 나라에게 주다니 원래 봉해진 땅에 어긋나지 않소."라고 하였다. 칙사 부근父根 등은 이로 인하여 면전에서 주기가 어려워 큰 섬으로 물러났다. 따로 녹사錄史를 보내어 결국 부여(백제)에게 주었다. 이러한 연유로 가라는 신라와 한편이 되어 일본에 원한이 생겼다. 가라왕加羅王이 신라왕녀新羅王女를 취해 자식을 낳았다. (중략) 신라는 가는 길에 도가刀伽 · 고파古跛 · 포나모라布那牟羅의 3성城과 북경北境 5성城을 취해 갔다.

(『일본서기』 17 계체천황繼體天皇 23년 3월조)

대사는 기문과 달리 백제의 진출 시기가 다르게 서술되어 있다. 앞의 사료

B-③에 의하면 기문과 함께 백제에 할양한 것으로 되어 있으나 위의 사료 E-①에 보이는 것처럼 계체繼體 8년(514) 3월에 반파가 자탄子呑과 대사에 성을 쌓아 왜에 대비하고 있다. 상치된 두 기사 중 대사는 아직까지 반파의 수중에 있을 가능성이 높다. 또한 사료 E-⑤에 의하면 다시 다사진을 주고 있기 때문에 백제의 대사 확보시기에 대한 면밀한 검토가 필요한 것이다.

위의 사료 E-①에 의하면 백제가 기문을 차지하자 반파는 자탄과 대사에 성을 쌓아 일본에 대비한 것으로 나온다. 위의 기사에 보이는 반파가 일본에 대비한다는 기사는 역시 일본 중심의 시각을 거둬내면 백제에 대비한 것으로 보는 것이 합리적이다. 반파는 이어서 이렬비와 마수비에 성을 쌓고 마차혜와 추봉에까지 세력을 뻗친다. 이중 자탄은 진주로 비정하는 견해[85]가 있다. 이열비는 경북 자인, 경남 의령, 경남 부림으로 비정된다.[86] 마수비는 삼가로,[87] 만해는 광양[88]으로 보기도 한다. 대체로 이 지역은 대사가 기준점이 되고 있으며, 자탄도 경남 진주로 비정되기 때문에 경남 서해안 일대로 추정된다. 이어 사료 E-②에 의하면 물부련이 대사강으로 들어갔지만 반파의 공격에 패하여 문라도에 정박하였다. 문라도는 최근 남해도로 보는 견해[89]가 참조된다.

반파와의 갈등 요인인 대사는 대부분의 연구자가 섬진강 하류인 하동 지역으로 보고 있다. 하동의 옛 지명인 한다소군韓多沙郡이라는 기록[90]이 이를

---

85 백승충, 1995, 『가야의 지역연맹사 연구』, 부산대학교 박사학위논문, 191쪽; 김태식, 1997, 「백제의 가야지역 관계사」, 『백제연구총서』 5, 63쪽.

86 동북아역사재단, 2013, 『일본서기 역주집』 2, 281쪽.

87 김태식, 1993, 앞의 책, 128~129쪽.

88 김태식, 1993, 앞의 책. 모루와 연결시켜 구체적으로는 광양시 진상면 일대로 보는 견해(정현주, 2021, 앞의 논문, 34쪽)도 있다.

89 이용현, 2020, 앞의 논문, 21쪽.

90 『三國史記』 34 地理1 河東郡條.

증명해주는 것이다. 반면에 대사帶沙와 다사多沙를 구별하여 대사를 곡성군 고달면 대사리 일대에 위치한 것으로 보는 견해[91]도 있다. 또한 광역적 권역으로 보는 견해[92]도 있다.

이들 견해 중 대사와 다사와의 음운학적 구별이 쉽지 않고, 반파의 입장에서도 항구의 확보가 중요하였다는 점을 고려하면 이를 선뜻 따르기 힘들다. 또한 임나 4현이 기문과 대사의 확보와 밀접하게 관련이 있는 것은 동의하지만 대사국과 이에 속한 4현으로 보는 것 역시 선뜻 납득하기 힘들다. 기문을 광역적인 지역으로 보고, 대사 역시 이에 대비한 광역적 지역으로 설명하여 추정이 계속되기 때문이다. 따라서 대사는 기존 입장처럼 하동 지역으로 보는 것이 온당하다.

대사를 다사와 동일한 지역으로 볼 경우 두 자료는 동일 사실을 전하지만 계통을 달리한 기사라는 것이 지배적이다.[93] 같은 지명이라도 표기에서 대사와 다사진으로 나오기 때문에 다른 계통일 가능성이 있는 것이다.[94]

문제는 두 자료에서 백제가 대사를 확보한 시기이다. 먼저, 앞의 사료 B-⑤에 보이는 기문에서 맞이하였다는 기사에 주목하여 516년 5월 대사를 점령한 것으로 보는 견해[95]가 있다. 하지만 이는 기문으로 간 것이지 대사를 확보한 것이 아니다. 그리고 사료 E-④의 기문을 준 것에 감사를 표한 기사를 참조하면 최소한 516년 9월까지는 대사를 확보하지 않는 것으로 보인다. 대사가 보이지 않기 때문이다. 대사를 통해 기문으로 오려 했으나 좌절된 것

---

91 郭長根, 1999, 앞의 책, 287~289쪽.

92 백승충, 2012, 앞의 논문.

93 이용현, 2020, 앞의 논문, 15~22쪽.

94 위의 사료 이외에 多沙城을 주어 왕복하는 길의 역으로 삼게 하였다는 『日本書紀』 神功紀 50年條의 기사도 참조된다.

95 위가야, 2016, 앞의 논문, 198~199쪽.

이다. 이후 기문에 이른 것은 감시가 소홀한 틈을 타서 기문에 도달한 것으로 보기도 하나,[96] 물부련은 다른 방향, 즉 확보한 임나 4현인 여수와 순천 일대에서 곡성을 거쳐 남원에 이른 것으로 보인다. 이를 통해서 역으로 백제는 대사를 확보한 후에는 대사에서 기문으로 이어지는 교통로를 이용하였음을 확인할 수 있는 것이다.

또한 대사의 확보시기를 사료 E-⑤의 기사를 신뢰하여 세체繼體 23년(529)으로 보기도 한다.[97] 그런데 간과할 수 없는 점은 이 기사의 내용이다. 이에 의하면 백제가 대사를 확보하였기 때문에 가야가 신라와 한편이 되었다고 하여 두 나라의 혼인을 서술하고 있다. 따라서 백제의 대사 확보 이후 신라와 가야의 혼인이 이루어졌음을 알 수 있다. 그런데 실제 신라와 가야와의 혼인은 522년에 이루어졌기 때문에 이 기사는 여러 사실이 축약된 것으로 보아야 한다.[98] 나아가 가야가 신라와 혼인을 한 것은 가야의 상황이 힘들어지자 신라와의 협력을 도모하였다고 생각된다.

그렇다면 가야의 힘들어진 상황은 무엇일까. 다름 아닌 백제의 동진東進에 대한 대처일 것이다. 물론 백제의 동진이 점진적으로 이루어지고 있었지만 그 결정적인 것은 아마도 대사의 점령일 가능성이 크다. 이러한 점에서 본다면 대사의 점령은 기문만 확인된 516년 9월에서 두 나라가 혼인을 한 522년 3월 이전이 될 것이다.[99] 이와 같이 사료 E-⑤의 기사는 기문을 이어 대사를 확보한 백제에 대한 가야의 반발을 정리한 것으로 보인다.

---

96 김태식, 1997, 앞의 논문, 67쪽.

97 李永植, 1995,「백제의 가야진출과정」,『한국고대사논총』7, 204쪽.

98 三品彰英, 2002, 앞의 책, 36쪽; 이용현, 2020, 앞의 논문, 24쪽; 정현주, 2021, 앞의 논문, 35쪽.

99 이에 대해서는 522년 이전으로 보는 견해(田中俊明, 1992, 앞의 책, 133~135쪽; 이용현, 2020, 앞의 논문, 25쪽)가 많다.

백제의 대사 확보는 매우 중요한 사실을 말해준다. 위의 사료 E-⑤에 의하면 백제는 다사진이 필요한 이유로 항해 중 섬의 굴곡에 따른 위험이 있기 때문에 대사를 교역 항구로 이용하겠다는 점을 들고 있다. 이는 백제가 대사를 확보하기 이전에 서남해안을 따라 이르는 항로를 이용하였음을 말해준다. 이러한 고충 때문에 백제는 경남 서해안으로 이를 수 있는 임나 4현을 확보하여 안정적 항해를 추구하고, 동시에 육로로 섬진강을 타고 내려오는 기문과 대사 지역을 확보하였다고 생각된다.

또한 섬진강 중류에 해당하는 기문을 먼저 장악하고 하류의 대사를 순차적으로 장악한 것은 백제가 섬진강 유역의 육로를 통해 점차 남하했다는 사실을 나타내준다. 이는 동시에 대가야가 섬진강을 통한 교역로를 상실하고, 대왜 교역항인 대사 지역마저 상실하였음을 의미한다. 이 때문에 대가야는 기문에 대한 회복을 기도하였고, 대사에서 완강히 저항하였던 것이다. 아울러 백제는 섬진강 하류 지역을 장악하기 위해 금강 상류를 통한 섬진강 상류 지역에서 남하하는 동시에 전남 동남 해안에서 동진하는 두 방향에서 진출을 시도하였음을 알려준다. 이러한 과정을 거쳐 전남 남해안 지역의 동편을 확보하고, 섬진강 하류 지역의 대사 지역을 장악하자 섬진강 유역에 대한 확보가 완료되었던 것이다.

이 무렵부터 백제는 섬진강 유역의 토착 세력을 제어하며, 직접 통치에 들어간 것으로 보인다. 섬진강 중류 유역인 초촌리 일대에서는 5세기 후반부터 백제계 유적이 등장한다. 특히 초촌리 고분은 200여 기의 백제계 굴식돌방무덤이 밀집되어 백제가 이 지역을 거점으로 삼았을 가능성이 크다.[100] 인접한 척문리산성에서는 백제의 귀족이 착용한 은제화형관식이 출토[101]되어 백

100 郭長根, 1999, 앞의 책, 177쪽.

101 洪思俊, 1968,「南原出土 百濟飾冠具」,『考古美術』1, 363~364쪽.

제와의 관련성은 입증된다. 6세기 초·중반 무렵으로 추정되는 은화관식의 출토는 백제의 6품 이상 고위 관리가 착용하는 위세품으로, 지방통치와 밀접한 관련이 있는 것으로 알려져 있다.[102] 이는 이 유적을 조성한 피장자가 백제의 의관제에 편입된 인물임을 확인해주고, 백제의 직접 통치와 연결시킬 수 있는 물적 증거이다. 따라서 백제는 섬진강 유역의 중류 지역인 남원을 장악하여 백두대간을 넘어 남강 수계로 이어지는 가야로 진출할 수 있는 기반도 마련하였던 것이다. 앞장에서 살펴본 것처럼 월산리와 두락리 등지에서 백제계 위세품이 출토되는 것도 이와 관련이 있는 것은 분명하다.

또한 남해의 남치리 1호분에서 역시 백제 은화관식이 출토되었다. 남해는 대사항의 입구에 해당하기 때문에 백제의 대사 확보와 관련이 있을 것이다. 따라서 대사 일대도 백제가 직접 지배를 시도한 것으로 보이며, 은화관식은 그 증거라 할 수 있겠다. 이는 1호분의 축조 기법이 초촌리 M3호분과 유사하다는 점에서 확인된다.[103]

이어 『일본서기日本書紀』 17 계체繼體 24년(530)조에는 근강모야신近江毛野臣의 횡포에 아리사등阿利斯等이 신라와 백제에 도움을 요청하자 출병한 두 나라가 유리한 지역을 점령하고 구예모라성久禮牟羅城을 쌓고 돌아갔다는 기사[104]가 보인다. 구례모라성은 대구 달성군 서남부 비슬산 서남록, 경남 칠원, 경남 영산, 김해와 창녕 사이의 낙동강 북안, 창녕·밀양 사이의 낙동강 동안, 함안 구성리산성 등으로 비정된다.[105] 이 중 근강모야신이 도착한 곳이

102 李南奭, 1990, 「百濟 冠制와 冠飾」, 『百濟文化』 20, 10~19쪽. 氏는 은화관식의 피장자를 6세기 초반 중앙에서 직접 파견한 지방관으로 본다.

103 하승철, 2017, 「남해 남치리 백제고분의 출현과 그 배경」, 『백제학보』 19, 183~195쪽.

104 『日本書紀』 17 繼體天皇 24年條.

105 동북아역사재단, 2013, 앞의 책, 295쪽, 주 184.

창원 웅천이었고, 아리사등이 안라 출신의 수장층에 붙여준 칭호라는 점[106]에 주목하면 안라 인근 지역에서 찾는 것이 좋을 듯하다.

또한 『일본서기日本書紀』 17 계체繼體 25년 12월조 분주分註에서는 백제본기를 인용하면서 군사가 안라로 나아가 걸탁성乞乇城을 쌓았다는 기사[107]가 보인다. 걸탁성은 안라로 나아갔다는 점에 주목하면 안라 주변임이 분명하다. 이에 진주 혹은 함안의 서쪽 지역, 구체적으로 함안의 포덕산성으로 보기도 한다.[108] 이를 통해 백제는 점차 대사에서 동진하여 진주 내지는 함안 일대에까지 이르고 있음을 알 수 있다. 특히 성을 조영하였다는 것은 지배를 위한 것으로 백제의 이 지역에 대한 영유 의도로 볼 수 있다.[109]

『일본서기日本書紀』 19 흠명欽明 4년(543)조에 보이는 임나의 하한下韓에 있는 백제의 군령과 성주를 일본에 귀속시키라는 기사[110]는 백제가 섬진강 유역으로 진출하여 군사를 주둔시켜 직접적인 통치를 하였다는 가장 확실한 증거가 된다.[111] 따라서 백제는 6세기 이후 섬진강 유역을 영역화하고, 점차 동진하고 있음을 알 수 있다. 이는 단기간에 이루어진 것이 아니라 근초고왕 때의 복속, 동성왕 때의 교통로 확보, 무령왕과 성왕 때의 기문과 대사를 확보하는 과정을 거치며 단계적으로 완성하였던 것을 보여준다.

---

106 정재윤, 2015, 「아리사등 일라를 통해본 6세기 한일 관계」, 『백제학보』 15, 63쪽.

107 『日本書紀』 17 繼體天皇 25年條.

108 동북아역사재단, 2013, 앞의 책, 297쪽.

109 장미애, 2020, 앞의 논문, 80쪽.

110 『日本書紀』 19 欽明天皇 4年條.

111 이에 대해서는 남해안 항로를 안정적으로 유지하기 위한 목적에서 가야 지역에 군령과 성주를 파견하였던 것으로 보는 견해(장미애, 2020, 앞의 논문, 78쪽)가 있다.

V. 맺음말

지금까지 백제의 섬진강 유역 진출에 대해 살펴보았다. 그 결과 백제는 기문과 대사를 장악하고 점차 동진을 하여 남강 유역인 경남 서해안까지 점진적으로 이르고 있음을 알 수 있었다. 이에 본문의 내용을 요약하여 결론에 대신하고자 한다.

먼저, 2장에서는 웅진 천도 이후 체제를 정비한 동성왕 때부터 금강 상류 지역 교통로를 확보하였음을 알 수 있었다. 이는『일본서기日本書紀』15 현종천황顯宗天皇 3년조 기사에서 확인된다. 백제와 기생반숙네紀生磐宿禰가 충돌한 내용을 전하고 있는 기사가 작성된 시기는 동성왕 9년(487)에 해당한다. 이때 충돌한 이림과 대산성은 이림이 고구려 땅이며, 이림과 대산성은 인접해있고, 백제의 동쪽 길과 나루와 관련된 지역이라는 점이 위치를 파악하는 핵심 요소이다. 이러한 조건에 해당하는 곳으로는 낙동강설, 전북 동북지역, 대전, 청원 일대가 언급되고 있으나 고구려와 임나 즉 가야와 통할 수 있는 곳을 만족시켜야 한다. 이를 통해서 백제가 최소한 가야로 진출할 수 있는 기반을 마련한 것으로 보았다. 또한 479년 대가야의 중국 남제 사행은 백제의 위축과 가야의 팽창을 단적으로 보여주는 것으로 이후 백제가 사행길인 섬진강 유역을 장악함으로써 가야의 사행은 1회에 그치고 만다.

다음으로 3장에서는 백제의 섬진강 중류 지역 진출에 대하여 살펴보았다.

백제는 기문 확보 이전에 임나 4현을 먼저 확보하였다. 이를 분석한 결과 임나 4현은 기문과 대사 확보와 밀접한 관련이 있으며, 대체로 전남 동남 해안 일대인 광양과 순천 및 여수 일대로 비정된다. 기문은 낙동강설이 있으나 기문하가 섬진강으로 보이기 때문에 성립할 수 없다. 또한 기문의 위치 비정은 『한원翰苑』 번이부蕃夷部 백제조百濟條에 보이는 기문하, 『신찬성씨록新撰姓氏錄』 좌경左京皇別下 길다련조吉田連條에 보이는 기문에 대한 묘사, 『삼국사기三國史記』 32 잡지雜志1 악지樂志 가야금조加耶琴條에 보이는 상기물과 하기물, 『양직공도梁職貢圖』 방소국旁小國에 나오는 상기문을 근거로 남원 · 임실 · 장수 일대를 비정한다. 그러나 사료에 대한 비판이 선행되어야 하며, 이 지역을 모두 국가로 보는 것은 신중할 필요가 있다. 기문을 광역적 지역권으로 추정하는 것은 동의하지만 이를 개별 국가의 실체로 볼 수는 없는 것이다. 그렇다면 기문의 중심은 역시 섬진강과 관련된 남원 서안 일대로 봄이 마땅하며, 백제는 기문을 확보한 이후 섬진강 하류로 이르는 동시에 운봉 고원을 넘어 점차 남강 유역권으로 진출할 수 있는 계기를 만든 것으로 보인다. 이는 남원 아영면 일대에서 백제계 위세품이 출토되는 고고학적 성과와도 일치한다. 아울러 기문의 점령 시기는 513년으로 보았다.

끝으로 4장에서는 백제의 섬진강 하류 유역 장악에 대하여 살펴보았다. 백제의 대사 확보를 전하는 사료는 다른 계통의 두 사료가 혼재되어 있어 혼선을 빚은 것으로 보인다. 먼저, 대사는 곡성이나 광역적 구역으로 보았으나 경남 하동으로 보는 것이 온당하다. 다음으로 확보 시기는 기문에 이른 515년에 주목하였으나 정황에 맞지 않는다. 또한 529년 기사도 신라와 가야의 혼인을 야기시켰다는 점에 주목하면 522년 3월 이전이어야 한다. 따라서 대사의 확보는 515년 9월 이후, 522년 3월 이전임을 확인할 수 있었다. 다음으로 대사에 진출한 것은 백제가 대왜對倭 항구를 확보한 것을 의미하며, 이는 대가야가 섬진강 교역로와 이 일대에 대한 지배권을 상실하였음을 말해준다. 백제는 남해안과 섬진강을 통한 두 방향의 교역로를 확보할 수 있었던 것이다.

백제는 섬진강 유역을 확보하자 이 지역을 거점으로 삼아 지배를 시도하였다. 남원 초촌리와 남해 남치리의 은화관식을 이를 분명하게 보여주는 표지이다. 이후 함안 일대로 보이는 곳에 구례모라성과 걸탁성을 쌓고, 하한下韓에 백제의 군령과 성주가 있는 것도 확인된다. 백제가 섬진강뿐만 아니라 남강을 통해 점차 동진하고 있는 과정을 알 수 있는 것이다.

참고문헌

강봉룡, 1999, 「3~5세기 영산강 유역 '옹관고분사회'와 그 성격」, 『역사교육』 69, 역사교육연구회.

곽장근, 2006, 「웅진기 백제와 가야의 역학관계 연구」, 『백제연구』 44.

______, 2007, 「섬진강 유역으로 백제의 진출과정 연구」, 『호남고고학보』 26.

______, 2008a, 「섬진강 유역 교통로의 재편과정과 그 의미」, 『百濟와 蟾津江』, 전북문화재연구원.

______, 2008b, 「백제 간선 교통로의 재편성과 그 의미-섬진강 유역을 중심으로-」, 『백제문화』 39.

______, 2009, 「금강 상류지역 교통로의 조직망과 재편과정」, 『한국상고사학보』 66.

______, 2013, 「전남지역 마한 소국과 백제 : 임나사현과 기문의 위치」, 『백제학보』 9.

권오영, 2008, 「섬진강 유역의 삼국시대 취락과 주거지」, 『百濟와 蟾津江』, 전북문화재연구원.

今西龍, 1970, 「己汶伴跛考」, 『朝鮮古史の研究』, 国書刊行会.

김규정, 2020, 「남원 월산리 고분군 발굴조사 성과」, 『남원 청계리 · 월산리 고분군 역사적 가치와 의미』, 전라북도 · 남원시 · 군산대학교 가야문화연구소.

金秉南, 2006, 「백제 웅진시대의 남방 재진출과 영역화 과정」, 『軍史』 61.

김애경, 2000, 「6세기 백제의 가야 진출과 그 성격」, 『梨花史學研究』 27, 梨花史學研究所.

김영심, 2008, 「백제의 지방지배 방식과 섬진강 유역」, 『百濟와 蟾津江』, 전북문화재연구원.

김재홍, 2012, 「전북 동부지역 백제, 가야, 신라의 지역지배」, 『한국상고사학보』 78.
김주성, 2014, 「임나4현과 기문・대사의 위치비정 연구사」, 『초등교육연구』 25.
김현구, 2000, 「百濟의 加耶進出에 관한 一考察」, 『동양사학연구』 70.
金泰植, 1985, 「5世紀 후반 大加耶의 발전에 대한 研究」, 『韓國史論』 13, 서울대학교.
______, 1993, 『加耶聯盟史』, 一潮閣.
김태식, 1997, 「백제의 가야지역 관계사」, 『백제연구5』.
박민경, 2016, 「백제 성왕대의 대왜관계-임나부흥회의를 중심으로-」, 『사림』 55.
박재용, 2017, 「백제의 대왜(對倭)교섭과 항로(航路)-⑤~6세기를 중심으로」, 『백제학보』 19.
박천수, 2006, 「임나4현과 기문・대사를 둘러싼 백제와 대가야」, 『가야, 낙동강에서 영산강으로』 제12회 가야사 국제학술회의, 김해시.
______, 2009, 「호남 동부지역을 둘러싼 大伽耶와 百濟」, 『한국상고사학보』 65.
박현숙, 2008, 「백제의 섬진강 유역 영역화와 가야와의 관계」, 『百濟와 蟾津江』, 전북문화재연구원.
백승옥, 2007, 「己汶・帶沙의 위치비정과 6세기 전반대 加羅國과 百濟」, 『5~6세기 동아시아의 국제정세와 대가야』, 고령군 대가야박물관・계명대학교 한국학연구원.
______, 2020, 「반파국 위치 재론」, 『전북사학』 58.
백승충, 1995, 『가야의 지역연맹사 연구』, 부산대학교 박사학위논문.
______, 2000, 「6세기 전반 백제의 가야진출과정」, 『百濟研究』 31.

______, 2012, 「'임나 4현'의 위치 비정」, 『역사와 경계』 85.

신수진, 2016, 「5세기 후반 가라국의 성장과 대산성 전투의 성격」, 『한국사연구』 172.

양기석, 2007, 「5世紀 後半 韓半島 情勢와 大加耶」, 『5~6세기 동아시아의 국제정세와 대가야』, 고령군 대가야박물관 · 계명대학교 한국학연구원.

______, 2008, 「섬진강에 깃든 百濟의 숨결」, 『百濟와 蟾津江』, 전북문화재연구원.

延敏洙, 1990, 「六世紀前半 加耶諸國을 둘러싼 百濟 · 新羅의 動向」, 『新羅文化』 7, 동국대 신라문화연구소.

위가야, 2016, 「백제의 기문·대사 진출과정에 대한 재검토-⑤13년 국제회의의 실상을 중심으로-」, 『사림』 58.

이근우, 1997, 「웅진시대 백제의 남방경역에 대하여」, 『백제연구』 27.

______, 2007, 「백제의 대외교류 ; 熊津時代 百濟와 加耶」, 『백제문화』 37.

이도학, 2020, 「가야사 연구의 쟁점과 반파국」, 『전북학연구』 2.

이동희, 2008, 「섬진강 유역의 고분」, 『百濟와 蟾津江』, 전북문화재연구원.

李永植, 1995, 「百濟의 加耶進出過程」, 『韓國古代史論叢』 7, 駕洛國史蹟開發研究院.

李鎔賢, 1997, 「五世紀における加耶の高句麗接近と挫折-顯宗三年紀是歲條の檢討」, 『東アジアの古代文化』 90; 2007, 『가야제국과 동아시아』.

이용현, 2020, 「기문 · 대사의 위치와 그 위상」, 『전북사학』 59.

이형기, 2019, 「대가야의 權力集中過程에 대한 試論」, 『민족문화논총』 75.

장미애, 2020, 「6세기 백제의 가야 진출에 대하여」, 『한국고대사연구』 97.

全榮來, 1985, 「百濟南方境域의 變遷」, 『千寬宇先生 還曆紀念 韓國史學論叢』, 정음문화사.

田中俊明, 1992, 『大加耶聯盟の興亡と「任那」』, 吉川弘文館.

정재윤, 2008, 「섬진강 유역 진출에 대한 고찰」, 『百濟와 蟾津江』, 전북문화재연구원.

______, 2015, 「아리사등 일라를 통해본 6세기 한일 관계」, 『백제학보』 15.

정현주, 2021, 「5~6세기 가라국과 백제의 섬진강 유역 쟁탈」, 『역사와경계』 118.

주성지, 2003, 「웅진시대 백제의 蟾津江 水系 진출」, 『慶州史學』 22, 慶州史學會.

千寬宇, 1991, 『加耶史硏究』, 一潮閣.

최인선, 2008, 「섬진강 유역의 백제산성」, 『百濟와 蟾津江』, 전북문화재연구원.

홍보식, 1998, 「백제와 가야의 교섭」, 『백제문화』 27.

홍성화, 2014, 「기문(己汶), 대사(帶沙) 지명 비정에 대한 일고찰」, 『사총』 82.

______, 2016, 「『일본서기(日本書紀)』 소위 "임나(任那) 4현(4縣) 할양" 기사에 대한 고찰」, 『사총』 87.

종합토론

백제는 언제 섬진강 유역으로 진출하였나

좌장 권오영(서울대학교)

토론 김낙중(전북대학교) 박현숙(고려대학교)
정재윤(공주대학교) 성정용(충북대학교)
곽장근(군산대학교) 위가야(성균관대학교)

“백제는 언제 섬진강 유역으로 진출하였나” 토론문

곽장근(군산대학교)

1. 섬진강 유역에서 정치체, 혹은 정치권력의 발생을 보여주는 물질적 증거는 무엇인가?

- 현지 주민들이 말(몰)무덤으로 불리는 5개소의 분묘유적이 섬진강 중류지역에서만 확인됐고, 남원 입암리 말무덤 학술발굴을 통해 말무덤의 실체가 마한의 분구묘로 밝혀졌고, 섬진강 중류지역에 위치한 남원 사석리는 마한부터 백제까지 묘제의 변천과정이 연속적으로 입증됐고, 5세기 전후부터 6세기 초엽까지 정치 중심지를 이루고 있었음.

- 봉화는 정치체의 존재를 대변해 주는 고고자료로 섬진강 유역에는 임실 봉화산 등 20여 개소의 봉화가 섬진강 상·중류지역에 산재된 것으로 밝혀졌으며, 임실 봉화산과 장수 봉화봉 학술발굴에서 장수군 가야계 분묘유적 출토품과 동일한 가야토기만 출토되었으며, 지금은 봉화대와 봉화시설, 봉화구, 봉화군의 주거공간 등의 성격도 심층적으로 파악되었음.

2. 섬진강 유역에서 삼한단계 이후 성장하던 고대 정치체의 실상을 어떻게 파악할 것인가? 예를 들어 마한의 한 구성분자로 볼 것인가? 아니면 변한의 구성분자? 이것도 저것도 아닌 제3자?

섬진강 중류지역 5개소 말무덤 관련 분묘유적이 남원 사석리로 통폐합됐을 것으로 추정되고 있으며, 주구와 지상식 매장시설 등 마한의 묘제가 지속적으로 계승됐지만, 가야세력의 연속적인 발전과정이 유적과 유물로 확인되고 있지 않으며, 가야 관련 고고자료도 특정 시기 혹은 특정 지역에서만 일부 확인되었음.

3. 섬진강 유역 정치체의 발전 수준은 어느 정도인가? 양직공도 방소국의 의미는? "방"이란 주변성이 강조되는가? 아니면 "국"이란 정치단위가 강조되는가?

전북 동부지역에서 가장 활발한 정밀 지표조사가 섬진강 유역을 대상으로 실시됐음에도 불구하고 여전히 가야 중대형 고총 등 섬진강 유역 정치체의 발전 수준, 양직공도 방소국의 존재를 암시해 주는 고고자료가 드러나지 않고 있으며, 마한부터 백제까지의 연속적인 발전과정이 남원 사석리·초촌리·척문리 등 섬진강 중류지역 백제계 분묘유적에서 확인되었음.

4. 고령 대가야의 정치적 발전수준은 어느 정도인가? 영역국가단계에 접어들어 호남 동부를 영역화한것인가? 아니면 그 직전 단계인가?

- 섬진강 유역을 중심으로 전북 동부지역은 삼국시대 유물 박물관을 방불케 할 정도로 다양성과 역동성으로 상징되고 있으며, 가야세력이 백제에 정치적으로 복속 혹은 멸망될 때까지도 본래의 지역성과 정체성을 그대로 유지했고, 대가야 관련 부분은 대가야양식 토기로 확인됐지만, 대가야양식 토기의 비율은 높지 않고, 가야세력의 등장부터 6세기를 전후한 시기까지 다양한 양식의 가야토기가 혼재된 조합상을 나타냄.

전북 동부지역에서 110여 개소의 가야 봉화가 그 존재를 드러냈고, 현재까지 10여 개소의 가야 봉화 학술발굴에서 장수군 가야계 분묘유적 출토품과 동일한 가야토기만 출토됐기 때문에 향후 가야 봉화로가 경북 고령 대가읍까지 복원 혹은 연결되지 않는다면 대가야의 전북 동부지역 영역화가 성립할 수 없을 것으로 사료됨.

5. 섬진강 유역에서 강렬하게 표현되는 가야적 색채는 어디에서 비롯된 것인가? 대가야의 진출? 재지세력의 모방?

전북 동부지역에서 교역망 허브 역학을 담당했던 곳이 섬진강 유역으로 가야적 색채는 대가야의 진출보다 사통팔달했던 교역망을 이용한 재지세력의 교류와 교섭 혹은 재지세력의 모방이었을 개연성도 배제할 수 없으며, 임실 금성리 출토 유개장경호도 대가야양식을 모방한 재지계로 판단되며, 섬진강 하류지역 구례 용두리 유적 출토품도 재지계가 대부분을 차지하고 있음.

6. 섬진강 유역의 물질문화를 재지계, 백제계, 대가야계, 소가야계, 아라가야계, 신라계로 구분한다면 각각의 의미는 무엇일까?

신라계, 대가야계, 재지계를 제외하면 가야 소국들이 백제의 중앙과 교류를 하려면 섬진강 유역을 통과하는 교통로, 즉 교역망을 이용해야 했기 때문에 당시 백제와 가야의 문물교류 산물로써 금강 혹은 남강유역에서 확인된 신라계는 섬진강 유역에서 확인되고 있지 않음.

7. 섬진강 유역을 상, 중, 하류로 나눌 때 사서에 등장하는 정치체와는 어떻게 연관될까?

- 임실 등 섬진강 상류에 상기문, 남원시와 장수군 번암면 등 섬진강 중류에 중기문, 섬진강 하류에 하기문이 있었던 것으로 비정됐지만, 가야 정치체의 존재를 증명해 주는 고고자료가 드러나지 않고 있으며, 남원 입암리·사석

리·초촌리로 이어지는 마한부터 백제까지의 연속적인 발전과정이 유적과 유물로 입증되고 있음.

섬진강 유역에서 기문국 등 가야 정치체의 존재를 비정한지 한 세기가 지났지만 그것을 증명해 주는 고고자료가 발견되지 않는다면, 섬진강 유역에서 백제의 진출 혹은 백제와 가야의 역학관계를 올곧게 규명하려면 인식전환이 요망됨.

8. 섬진강 유역 정치체의 발전과 그 한계, 주변세력과의 관련성을 고려할 때 영산강 유역과 무엇이 같고 무엇이 다른가?

영산강 유역과 달리 섬진강 유역은 5세기를 전후한 시기에 남원 입암리 등 5개소의 말무덤 분묘유적이 일시에 자취를 감춘 뒤, 5세기 이후에는 영산강 유역 묘제의 연속적인 발전과정이 지속되고 있지만 유물의 조합상은 백제를 중심으로 가야, 영산강 유역 유물이 공존하는 조합상을 보임.

9. 백제에게 섬진강 유역은, 대가야에게 섬진강 유역은 어떤 의미(중요성)을 갖는 곳일까?

- 백제가 대부분 가야 소국들과 교류하려면 반드시 섬진강 유역을 통과하는 교통로 혹은 교역망을 이용해야 하고 섬진강 유역에 대한 백제의 관심과 관할이 중요했기 때문에 한성기 정치 중심지가 웅진기 늦은 시기부터 이동됐을 개연성도 배제할 수 없음.

- 대가야가 섬진강 하구 다사진으로 진출하는데 이용했을 것으로 본 대가야 섬진강 루트는 당시 교통로 혹은 교역망으로 이용됐을 가능성이 높지 않고, 오히려 다른 루트(고령-합천-삼가-단성-하동)를 이용했을 개연성이 높은 것은 섬진강 하류와 여수, 순천, 광양 등이 섬진강 상·중류보다 가야 소국들과 역동적인 교류 및 교섭이 확인되고 있기 때문임.

- 섬진강 유역으로 백제의 진출 시기와 루트를 복원하기 위해서는 한성기, 웅진기·사비기로 나누어 당시 간선교통로 혹은 교역망의 재편과정과 그 루트가 심층적으로 복원되어야 할 것으로 판단됨.

섬진강 유역에서 정치 중심지로 알려진 남원 사석리 등 남원시 서부권에서 백제 정치 중심지의 이동과 그 역사적인 배경도 섬진강 유역에서 백제의 국가전략을 이해하는데 중요한 핵심 요소임.

10. 기타: 이외에도 말씀하시고 싶은 주제와 내용이 있으면 자유롭게 표시(장문보다는 핵심만)해 두시고 토론시간에 말씀해 주십시오.

- 섬진강 유역에서 백제와 가야의 역학관계를 규명하기 위해서는 산성 및 가야 봉화의 분포양상과 그 역사성을 면밀히 정리 분석해야 할 것으로 판단되며, 任實 城尾山城과 烽火山, 長水 烽火峰 烽火 학술발굴에서 장수군 가야계 분묘유적 출토품과 상통하는 가야토기가 출토되어 그 중요성을 더욱 높여주었음.

- 일제강점기부터 多沙와 帶沙를 동일지역으로 본 견해가 대부분을 차지하고 있는데, 서로 각각 다른 지역을 가리킬 개연성도 배제할 수 없으며, 南原市 帶江面 沙石里 일대가 고고자료로 帶沙였을 가능성과 관련하여 섬진강 유역의 역사성을 복원하는데 중요한 부분을 차지하고 있음.

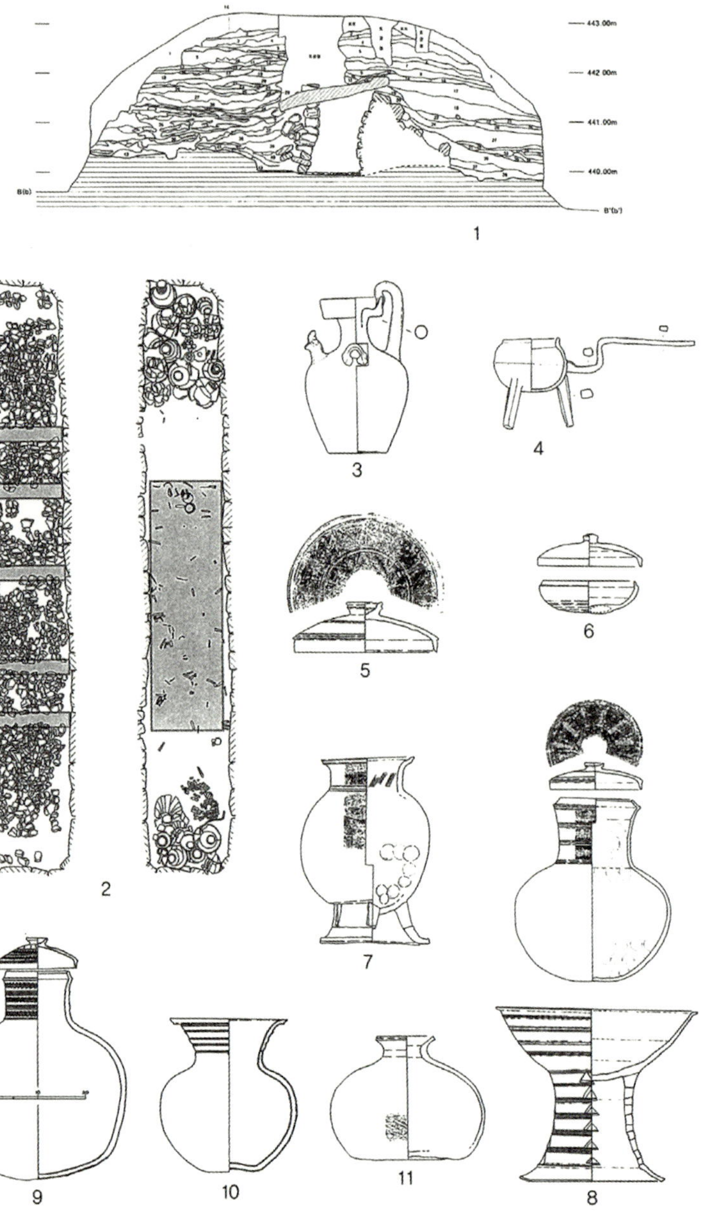

1:남원 월산리 M5호분 봉토 축조기법, 2:M5호분 바닥시설, 3: M5호분 출토 청자계수호, 4: M5호분 출토 초두, 5~8: M5호분 출토 토기, 9: M1-A호분 출토 장경호,10: M1-G호분 출토 광구장경호, 11: M5-1호분 출토 병형토기

"백제는 언제 섬진강 유역으로 진출하였나" 토론문

박현숙(고려대학교)

1. 섬진강 유역에서 정치체, 혹은 정치권력의 발생을 보여주는 물질적 증거는 무엇인가?

고대 정치체의 발생을 보여주는 물질적 증거로 인구, 성(도성), 고분, 취락 유적 등 다양한 지표들을 생각해 볼 수 있다. 그러나 섬진강 유역과 관련해서 인구나 성(도성) 에 대한 연구 성과를 통해 정치체를 논하기는 어렵다.

가야사의 경우, 묘제와 토기 등의 문화권을 중심으로 범고령권, 함안권, 김해・부산권, 고성・진주권으로 구분한 연구도 있는데, 토기 등은 이동성이 커서 정치권역 지표로는 어려워 보인다.

따라서 섬진강 유역의 경우 고분과 취락 유적에 주목해 볼 수 있을 것이다. 三韓의 國邑은 다수의 邑落 가운데 중심적인 기능을 수행하는 大邑落으로서 지배층의 거주처, 공동 창고, 회의장이나 광장, 제의 공간, 특수한 생산시설 등을 갖추고 있고, 점차 토성이나 토루도 축조했을 것으로 추정하고 있다. 마한의 경우도 고분뿐만 아니라 취락에서의 변화 양상이 중요시되고 있다. 고총고분 출현 시점에 거점 취락(광주 동림동)에서는 충적지를 개발하여 대형의 건물지, 다수의 창고, 도로 등 경관 변화가 시작되었다는 연구들이 있기 때문이다. 따라서 고분과 취락 유적을 통해 섬진강 유역 정치체의 발생에 대해 논의해 볼 수 있을 것이다.

2. 섬진강 유역에서 삼한단계 이후 성장하던 고대 정치체의 실상을 어떻게 파악할 것인가? 예를 들어 마한의 한 구성분자로 볼 것인가? 아니면 변한의 구성분자? 이것도 저것도 아닌 제3자?

섬진강 유역에서 삼한단계 이후 성장하던 고대 정치체의 실상을 마한 세력이냐? 변한 세력이냐?로 명료하게 정리하기는 어려운 문제이다. 『삼국지』 권30, 한전 마한조에서는 馬韓 50여국에 대해 다음과 같이 기록하고 있다.

有爰襄國·牟水國·桑外國·小石索國·大石索國·優休牟涿國·臣濆沽國·伯濟國·速盧不斯國·日華國·古誕者國·古離國·怒藍國·月支國·咨離牟盧國·素謂乾國·古爰國·莫盧國·卑離國·占離卑國·臣釁國·支侵國·狗盧國·卑彌國·感奚卑離國·古蒲國·致利鞠國·冉路國·兒林國·駟盧國·內卑離國·感奚國·萬盧國·辟卑離國·臼斯烏旦國·一離國·不彌國·支半國·狗素國·捷盧國·牟盧卑離國·臣蘇塗國·莫盧國·古臘國·臨素半國·臣雲新國·如來卑離國·楚山塗卑離國·一難國·狗奚國·不雲國·不斯濆邪國·爰池國·乾馬國·楚離國·凡五十餘國 大國萬餘家 小國數千家 總十餘萬戶…

마한 50여개 국은 보통 경기, 충청, 전라지역에 비정되고 있다. 그런데 섬진강 유역은 전통적으로 마한 50여개 국의 비정에서 제외되어 있다. 최근에 마한 50여개 국 가운데 일부를 임실, 곡성, 순천에 비정한 연구[1]가 나오고 있다.

한편, 『삼국지』 권30, 한전 변진한조에는 다음과 같은 기록이 있다.

已柢國 · 不斯國 · 弁辰彌離彌凍國 · 弁辰接塗國 · 勤耆國 · 難彌離彌凍國 · 弁辰古

---

1 박순발, 2013, 「유물상으로 본 백제의 영역화 과정」『백제, 마한과 하나되다』, 한성백제박물관, 126~128쪽.

資彌凍國・弁辰古淳是國・冉奚國・弁辰半路國・弁樂奴國・軍彌國・辰彌烏邪馬國・如湛國・弁辰甘路國・戶路國・州鮮國・馬延國・弁辰狗邪國・弁辰走漕馬國・弁辰安邪國・弁辰瀆盧國・斯盧國・優由國이 있다.

변진한 20여개 국에 대해서는 밀양, 함안, 고성, 산청, 창원, 김해, 김천, 함안, 부산 등으로 비정하고 있다.[2] 연구 성과들에서 거의 의견일치를 보이는 곳은 弁辰彌離彌凍國(경남 밀양), 弁辰古資彌凍國(경남 고성), 弁辰甘路國(경북 김천), 弁辰狗邪國(경남 김해), 弁辰安邪國(경남 함안), 不斯國(경남 창녕), 斯盧國(경북 경주)의 7개국 정도이다.

한편, 『삼국지』 외에 『삼국사기』와 『삼국유사』등에서도 삼한시대 변・진한 지역에 존재했었던 것으로 보이는 국명들이 산견된다. 音汁伐國(경주시 안강), 悉直國(강원 삼척), 押督國(경북 경산), 比只國(경남 창녕), 多伐國(대구), 草八國(경남 초계), 于尸山國(울산), 居柒山國(부산 동래), 伊西國(경북 청도), 骨伐國(경북 영천), 召文國(경북 의성), 甘文國(김천시 개령면), 沙伐國(경북 상주) 등이다.

이와 같이, 섬진강 유역은 진변한 지역 비정에서도 제외되고 있는 양상이다. 고고학적으로도 3세기 중반에서~4세기 중후반 무주, 장수, 진안과 운봉고원은 문화의 공백지대라해도 무방할 만큼 관련 유적 흔적이 거의 발견되지 않는다고 한다.[3] 이는 상당한 규모의 세력집단이나 정치체가 당시에 존재하지 않았을 가능성을 시사한다. 4세기 후반~5세기 후반쯤 되어야 백제와

---

2 鮎貝房之進, 1937,『雜攷 第七輯 上卷』, 朝鮮印刷株式會社, 53~54쪽; 李丙燾, 1976,『韓國古代史硏究』, 博英社, 274~276쪽; 千寬宇, 1991『加耶史硏究』, 一潮閣, 97쪽.

3 김승욱, 2019,「호남지역 마한과 백제, 그리고 가야의 상호관계」『호남고고학보』63, 22~26쪽.

가야 관련 고분이 나타나기 시작한다는[4] 것이다.

따라서 3세기 중반에서 4세기 중후반의 섬진강 중류 유역은 지리적으로 마한에 가까웠을 것으로 보이나, 섬진강 수계(상류,중류,하류)에 따라 상류나 하류의 양상은 달랐을 것으로 보인다. 섬진강 유역에서 성장한 정치체들을 일괄하여 마한이나 변한 어디에 속했다고 단정하기는 어려워 보인다.

3. 섬진강 유역 정치체의 발전 수준은 어느 정도인가? 양직공도 방소국의 의미는? "방"이란 주변성이 강조되는가? 아니면 "국"이란 정치단위가 강조되는가?

섬진강 유역을 어느 시점에서 바라보느냐에 따라 그 정치체의 발전 수준은 달라질 것으로 보인다. 삼한 단계에서 논의하자면, 삼한 사회는 國(韓國) 안에 國(諸國)이 있는 특수한 구조로 이루어져 있었다. 부여나 고구려가 단일한 '국'을 이루고 있던 것과 달리, 삼한은 70여 개의 諸國들이 복합되어 있던 중층적인 구조였다. 삼한의 國에는 '大國'과 '小國'의 구분이 있었고, 대국은 '초기국가(early state)'로 발전한 양상을 보이는 반면, 소국은 제정일치 단계의 군장사회로 이해된다.

『삼국지』 동이전에 따르면 부여와 고구려에는 국왕과 더불어 다양한 지배기구와 관제가 확인되는 반면, 옥저와 동예에는 大君長이 없었고 渠帥가 각기 별도로 읍락민을 統主했다고 한다. 삼한의 경우에도 수십 개의 小國이 존재했고, 각 小國에는 여러 읍락을 통괄하는 主帥가 출현했으나 각 읍락을 강력하게 제어하지는 못했다고 한다.

섬진강 유역에도 대국과 소국의 위치했을 것이다. 고총 고분의 양상이 뒤

4 김승욱, 2019, 위의 논문, 26쪽.

늦게 나타나고 주도적인 발전양상을 보이지 못한 지역은 소국 정도의 발전 양상을 보였을 것으로 판단된다.

「양직공도」에도 旁小國이라는 표현이 보인다. 「양직공도」에 "旁小國有 叛波 卓 多羅 前羅 斯羅 止迷 麻連 上巳文 下枕羅 等附之" 라고 기록되어 있다. 백제 중심의 기록에서는 방소국이 백제의 주변부이겠지만, 섬진강 유역 국가의 입장에서 본다면 '國'이라는 정치 단위가 강조되었을 것이다.

4. 고령 대가야의 정치적 발전수준은 어느 정도인가? 영역국가단계에 접어들어 호남 동부를 영역화한것인가? 아니면 그 직전 단계인가?

대가야 지역은 초기국가에서 고대 영역국가로 발전하는 과정이었다고 판단된다. 가야지역은 대개 고총고분이 축조되고 고유의 토기 양식을 지닌 현상을 통해 이해되며, 대표적으로 대가야 고지인 고령지역과 아라가야의 고지인 함안지역을 들 수 있다. 『일본서기』에서도 두 나라의 수장을 다른 지역과 달리 왕으로 칭하고 있다. 고총화 현상은 그 자체가 경제력, 기술력, 정치권력 등 계층적 관계를 내포하므로, 가시화된 지배체제를 상징하는 측면이 강하다고 생각된다.

그러나 호남 동부 지역에 대한 대가야의 영향을 영역화라고 표현하는 것이 적합한지에 대해서는 의문이다. 고대 국가 간의 정치적인 복속 관계는 ① 일시적 토벌 ② 자기세력화 한 후 상호선린 관계 유지 ③ 자기세력화 한 후 상하관계 유지(자치권 인정, 공납적 관계) ④ 자치권을 박탈하고 자국의 행정구역으로 편입 단계(영역화) 등 다양한 양상이 있으며, 유물과 유적의 동질성은 ①~④ 모든 단계에서 나타날 수 있기 때문이다. 또한 백제와 신라 사이에 위치한 대가야의 호남 동부에 대한 영향력은 정치적인 관계이외에도 경제적인 관계 등 당시의 활발한 교류 양상을 통해 생각해 볼 수 있을 것이다.

6. 섬진강 유역의 물질문화를 재지계, 백제계, 대가야계, 소가야계, 아라가야계, 신라계로 구분한다면 각각의 의미는 무엇일까?

4세기 후반~5세기 후반 이후 섬진강 유역은 중류와 하류의 마한계 문화가 쇠퇴하고, 백제와 아라가야, 소가야의 문물이 유입되는 양상을 보인다고 한다. 문화 요소의 혼재 현상은 어떤 정치체로 특정하기 어려운 문물의 유입이라고 생각된다. 섬진강 유역이 6세기 중반 백제로 편입되기 이전에 마한, 백제, 대가야, 아라가야, 소가야의 문화요소가 혼재하는 것은 활발한 정치 · 경제적 교류 양상을 보여주는 것이며, 이 지역이 문화적 점이지대이자 관문으로서 중요했음을 보여주는 것이라고 생각된다.

9. 백제에게 섬진강 유역은, 대가야에게 섬진강 유역은 어떤 의미(중요성)을 갖는 곳일까?

백제에게 섬진강 유역은 가야로 진출하기 위한 기지이며, 이를 통해 신라의 침입을 방어하기 위한 중요한 길목이고, 왜와의 교류를 위한 중요한 교통로였다고 생각한다.

6세기 중반 이후 羅濟 양국의 정세와 고고학적 유물의 출토 상황으로 볼 때, 신라는 565년 대야주 설치를 전후로 한 시점에 전라북도 남원시 운봉읍 지역까지 진출하였던 것으로 보인다. 신라는 운봉고원을 장악함으로써 백제의 경남 서부지역으로의 진출을 막고, 백제는 섬진강 수계 유역에 축성하여 백제 內地로 진출할 수 있는 신라의 침입에 대비하였다. 이러한 대치 상황에서 7세기 초 신라는 대내외적인 상황을 이용하여 운봉 지역에 4성을 축조하여 소백산맥 이서지역으로의 진출을 시도하자, 백제는 무왕 3년에 4만 병력을 동원하여 신라를 공격하였다(아막성 전투).

신라의 4성 축조 및 백제 영역 침범은 백제의 남원-장수 간의 교통로와 섬진강 하류 지역으로의 교통로 활용에 피해를 주었던 사건으로, 이는 백제 내지로의 진출로 및 다양한 공격루트의 확보·섬진강 수계권 진출·백제의 對倭 교통로 차단을 목적으로 한 신라의 점진적인 진출 준비였다. 신라는 아막성 전투의 승리로 백제의 소백산맥 이동지역 진출을 저지하는 한편, 그를 바탕으로 남원과 임실 등의 전북 동부지역 및 백제 내지로 진출할 수 있는 우위를 마련하는 계기가 되었다.

“백제는 언제 섬진강 유역으로 진출하였나” 토론문

위가야(성균관대학교)

○ 섬진강 유역에서 삼한단계 이후 성장하던 고대 정치체의 실상 문제

섬진강 유역의 서안(전남 동부 지역사회)의 경우에는 5세기 이후 가야의 영향력을 확인할 수 있는 고고자료가 출토되는 것으로(ex. 순천 운평리) 알려져 있습니다. 그런데 이렇게 가야의 영향력이 확인되는 것을 곧바로 가야(대가야)의 영역으로 치환하여 이해할 수 있을 것인가에 대해서는 여러 선생님들의 문제제기가 있었고 저 또한 비슷한 문제의식을 가지고 있습니다.

이러한 문제의식은 마찬가지로 가야의 영향력이 확인되는 장수와 진안 지역의 정치체를 최근의 동향처럼 가야라고 부를 수 있는가에 대한 의문으로 이어지는데요. 5세기 가야의 영향력이 확인되는 것이 그 지배자 집단의 구성이 바뀌는 것을 의미하지 않는다면 과거 아마도 마한사회의 구성원으로서 독자성을 유지해왔거나 또는 백제의 영향력 아래에 있었을 장수와 진안 지역의 정치체를 가야라 호명할 수 있을지 의문이 들기 때문입니다. 같은 논리라면 5세기 이전에는 이 지역을 ‘장수백제’, ‘진안백제’라 호명할 수도 있는 것 아닐까요? 이는 물론 백제와 대가야의 국가적 성격의 차이 문제와도 연결되는 문제이기 때문에 좀 더 논의가 필요할 것이라고 생각합니다. 이번 학술대회에서 제가 여러 선생님들의 고견을 듣고 싶은 부분입니다.

○ 양직공도 방소국의 의미 문제

양직공도에서 '방(旁)'과 '소국(小國)'은 모두 백제의 입장에서 부여된 기준이 아닐까 합니다. 즉 해당 기록에서는 '방'과 '국' 모두 주변성이 강조되는 것이라 할 수 있다는 말입니다. 양직공도의 '방소국'과 관련해서는 '부지(附之)'라고 서술한 맥락에 주목할 필요가 있다고 생각하는데요. 이는 앞서의 '방소국'과는 달리 양의 입장이 반영된 서술일 가능성이 있다고 생각하기 때문입니다. 즉 백제가 데리고 함께 조공하였거나 또는 주변의 소국이라고 소개한 국들을 양의 입장에서는 '백제에 부용한 나라'라고 여겼던 것이 '부지(附之)'라는 서술로 나타난 것이 아닐까 합니다.

또한 해당 기록에서 백제가 '방소국'을 담로의 대상과는 별개로 여기고 있음에 주목할 필요가 있습니다. 백제가 반파와 상기문 등의 '방소국'을 자신의 영역이 아닌 세력권 아래의 '국'으로 파악했음을 알려주는 대목으로 여겨지기 때문입니다.

○ 백제와 대가야에게 섬진강 유역이 가지는 의미

백제의 이른바 임나4현 및 기문·대사 진출은 섬진강 교통로를 장악하는 데에 그 목적이 있다고 여겨집니다. 그렇다면 백제에게 섬진강 교통로를 장악하는 것이 어떠한 의미를 가지는가를 이해할 필요가 있는데요. 대가야가 전남 동부 및 섬진강 유역의 지역사회에 끼친 영향력이 섬진강 교통로의 장악에서 비롯되었다고 볼 수 있다면 백제가 섬진강 교통로를 장악하는 것이 곧 대가야의 해당 지역에 대한 영향력을 빼앗는 것을 의미할 수 있고, 479년 남제 조공을 통해 한반도 남부에서 나름의 위상을 가지는 제3세력으로 등장한 대가야 세력을 견제하는 동시에 제압하려는 백제의 의도가 내재된 행동이 섬진강 교통로의 장악이 아니었을까 생각합니다. 일본서기에 기록된 왜와의 교통 문제는 어쩌면 표면적 명분이 아니었을까요.

○ 기타

479년 가라국의 對남제 조공이 과연 가라국의 독자적인 행동이었는지, 아니면 백제의 중개를 거친 결과였는지에 대해 좀 더 논의가 필요할 것이라 생각합니다. 특히 장경모본 왜국사조에서 479년 왜가 남제에 사신을 보냈던 것으로 여겨지는 기록이 있음을 생각할 때, 가라국의 사행과 왜와의 관계를 생각할 여지는 없을지 논의해보고 싶습니다.

"백제는 언제 섬진강 유역으로 진출하였나" 토론문

성정용(충북대학교)

- 막스 베버는 정치를 "국가의 운영 또는 이 운영에 영향을 미치는 활동"이라 한 바 있는데, 정치는 이러한 국가 영역 뿐 아니라 모든 인간 관계에 내재된 권력 관계로 보기도 한다. 그런 점에서 정치체(polity)란 일반적으로 '정치적 권위의 행사를 통해 조직된 사회'라는 의미를 담고 있다고 할 수 있는데, 이러한 정치적 영향력을 행사하고 주고받기 위해서는 '일정 수준' 이상의 조직화된 사회 집단이 필요할 것이다. 고고학적으로는 대개 일정 규모 이상의 취락이나 고분(물론 취락이나 고분의 전체 가 조사되었다는 전체 하에) 또는 그 수가 적더라도 다른 성원을 압도하는 주거나 고분의 존재, 혹은 域外 교역을 주도할 수 있는 집단의 존재 등이 이를 보여주는 것으로 해석할 수 있을 것이지만, 이를 일률적으로 규정하기는 쉽지 않다. 섬진강 상류의 임실 석두리 취락과 고분군, 순창 구미리유적, 중류역의 남원 세전리와 곡성 대평리, 구례 용두리유적 등은 이 지역 정치체의 존재를 분명히 보여주는 예가 아닐까? 섬진강 유역에서 정치체의 발생이 언제부터인지 논하기는 쉽지 않으나, 60여기가 조사된 보성 죽산리고인돌군의 존재는 청동기시대부터 이 지역 단위 정치체의 형성과 성장을 보여주는 예로 생각된다. 한편 인근의 초기 마구가 출토된 보성 현촌유적 토광묘와 같이 역외 교류를 시사하는 초기철기단계유적들이 지역 정치체의 성장인지 이주의 결과인지 확언하기는 어려우나, 일단 지역 단위 정치체의 모습을 보여주는 것은 분명하다. 이들이 문화적으

로는 중·서부지역과 유사하다 할지라도 이들을 굳이 정치체로서 마한이나 변한과 관련시켜야 할까? 이는 기원 이후에도 마찬가지이며, 기록에 남지 않은(혹은 기록자에 의해 채택되지 않은) 각 지역에 있는 다양한 지역 단위 정치체들의 모습을 고려할 필요가 있다.

- 섬진강 유역에서도 지역 단위 정치체의 성장은 단속적으로 이루어졌다고 생각된다. 다만 단위 정치체의 성격은 그 성장의 결과물로서 보이는 취락과 고분군 규모, 출토유물 양상 등을 고려할 수밖에 없는데, 남원 월산리와 같이 섬진강 유역에서 지역 내외적으로 월등한 격차를 보이는 예들이 과연 있는가 생각할 필요가 있다.

- 대가야와 같은 정치체의 성격은 중심지 및 주변 지역의 양상을 종합적으로 고려해야할 것인데, 중심지의 경우 소위 국가단계 정치체의 모습을 보여줄 수 있는 고고학적 요소로는 초격자를 보이는 핵심고분과 궁궐, 위계성을 보여주는 행정 시설(건물), 차별화된 위신재의 존재의 존재 등등을 생각해 볼 수 있을 것이다. 지산동 44호분과 같이 능선 위에 조영된 초대형 고분들은 대가야 권력의 집중도를 보여주는데 부족함이 없으나, 다만 소위 왕릉으로 추정되는 고분들이 별도로 독립된 능원역을 형성하는 모습을 보이는 것은 아니라는 점에서 대가야 국가 권력 성장의 일정한 한계를 보여주는 것이 아닐까 한다.

- 이와 관련하여 지역 정치체 권력의 성장을 보여주는 스케일 가운데 하나가, 해당 지역에서 형성된 물질문화가 다른 지역에 어느 정도 강도로 확산(전파)되었는지 여부일 것이다. 두 지역에서 유사한 물질문화가 나타날 경우, 물질문화의 집중도와 정형성, 기술적 완성도 등이 높은 지역이 중심지가

될 것이다. 이 중심지의 물질문화가 다른 지역에 나타나는 메커니즘도 주민 이주, 두 정치체 사이의 단순 교류, 신속 관계의 정립에 의한 포괄적인 물질 문화의 전이 등 다양하다. 토기와 같은 중심지 물질문화가 다른 지역에서 현지 문화를 기반으로 극히 일부(1~2점?)만 그대로 나타나는 경우 교류에 의한 반입의 가능성도 고려해볼만하다. 물론 반입품이 절대 다수를 점하는 등 중심지문화가 그대로 이식되어 있는 경우는 이주나 혹은 강도 높은 지배-피지배관계의 형성을 생각해볼 수 있다. 이와 달리 중심지의 물질문화와 제작 기술이나 형태 등에서 포괄적으로 유사하지만 지역에서 생산된 듯한 모습을 보이는 경우 어떻게 해석할 수 있을까? 섬진강 상류지역의 경우 중심지로 상정할 수 있을만한 문화적 독자성과 자체 형성과정을 보여줄만한 것이 있을지 의문이다. 단순한 모방일까 아니면 기술을 포함한 생산체제가 이식되면서 나타날 결과일까?

- 백제·대가야·소가야·아라가야·신라 등 다양한 물질문화가가 나타나는 것에 대해 기본적으로 재지세력 즉 현지 정치체를 빼놓고 설명할 수는 없다. 만약 중앙문화가 완전히 이식되어 있는 경우라면 이주나 혹은 직접 지배를 위한 중앙 세력의 파견 등을 얘기할 수 있으나, 그러한 정도가 아니라면 결국 현지 정치체가 백제·대가야 등 다른 정치체들과의 다양한 상호작용의 결과로 나타난 것으로 봄이 합리적일 것이다. 아마도 섬진강 유역에 다른 어떤 지역보다 다양한 물질문화가 나타난다는 것은 그만큼 이 지역이 갖고 있는 중요성(지정학적 요인이 가장 클까?)을 대변하는 것이자 현지 정치체 자체 성장의 한계를 보여주는 것은 아닐까? 김낙중선생이 언급한 양속 관계는 결국 현지 정치체들의 생존 투쟁의 결과물일 것이다.

- 백제에 있어 섬진강 유역이 더 중요하게 부가된 것은 아무래도 웅진기

이후로 생각된다. 백제가 한 때 한강유역까지 다시 진출하였다고 하지만, 고구려 때문에 금강 이북의 지배권은 불안정하고 소백산맥 동쪽은 엄두도 낼 수 없는 상태에서 호남 지역은 백제에게 남아 있는 필수적인 뒷마당일 수밖에 없다. 남북으로 이어지는 섬진강라인은 가야와 신라세력이 백제 뒷마당으로 진출하는 것을 막아주는 역할을 하는 동시에 대야성 전투에서 보듯 백제가 영남지역으로 진출할 수 교두보내지 거점 역할을 할 수 있는 곳으로 생각된다. 물론 왜와의 통로를 확보하는 문제도 의미가 있었을 것인데, 한성기부터 백제와 왜를 이어주던 해안 라인도 만약 섬진강하구가 다른 세력에 의해 점유되면 그 불안정성이 높아질 수밖에 없다. 또 대가야 역시 신라에 의해 동쪽으로의 확장이 막혀 있는 상태에서 서쪽으로의 진출은 불가피할 수밖에 없었을 것 같다. 5세기 후반 이후 백제의 약화와 맞물린 대가야의 성장 속에 6세기 전반에 남원을 축으로 백제와 대가야가 섬진강일대에서 부딪치는 것은 피할 수 없는 숙명 아니었을까?

종합토론 1부

조영훈(한성백제박물관 백제학연구소장) : 지금부터 제18회 쟁점백제사 학술회의 오후 종합토론을 시작하겠습니다.

유튜브 중간 채팅을 통해서 질문을 주시면 저희가 2부 종합토론 진행 중 정리해서 좌장 선생님께 드리겠습니다.

종합토론은 서울대학교 국사학과의 권오영 교수님께서 좌장을 맡아 진행해 주시겠습니다.

토론에는 군산대학교 사학과의 곽장근 교수님, 고려대학교 역사교육과 박현숙 교수님, 충북대학교 고고미술사학과의 성정용 선생님, 성균관대학교박물관의 위가야 선생님께서 참여해 주시겠습니다.

그러면 좌장 권오영 선생님께 진행을 부탁드리겠습니다.

좌장 권오영(서울대학교) : 예. 종합토론 좌장이라기보다는 사회를 맡은 권오영입니다. 지금 1시 3분인데 원래 계획대로 하면 5시 30분까지 4시간 27분 정도 토론을 진행하게 되어 있습니다. 오전부터 들으신 분들은 아시겠지만, 상당히 복잡한 문제도 많고 또 이게 해결이 될 수 있는 부분도 있고 또 도저히 해결이 안 될 수 있는 부분도 있고 해서 상당히 오늘 진행이 어려울 것으로 생각이 됩니다. 저 같은 사람이 왜 진행을 맡았나 하니 제가 사실 이 분야에서 제 나름의 견해가 없습니다. 그렇기에 불편부당하게, 무색무취하게 진행할 수 있지 않을까 해서 저에게 사회를 맡기신 것 같습니다.

한성백제박물관 쟁점백제사 특징은 아시는 분들은 다 아시겠지만, 고고학과 문헌사학이 함께 어우러져 진행합니다. 그래서 제가 오늘 발표자와 토론자 선생님들께 미리 부탁을 드리는 것은 '나는 고고학이니까 문헌에 관해서는 이야기하지 말라.'라든지 '나는 문헌을 갖고 연구하니까 고고학 자료는 얘기를 꺼내지도 말라.' 이런 자세는 원래 이 쟁점백제사에서는 통용되지 않습니다. 물론 각자 자신의 분야가 있기에 다른 분야에 대한 이야기할 때는 자료의 구사나 방법론에서 한계가 있겠죠. 그렇더라도 안 하는 것보다는 낫기 때문에 서로 그렇게 융합된 이야기들을 하겠습니다.

그리고 사전에 이 주제에 대해서 제가 아홉 가지의 질문을 미리 다 토론자 선생님들께 드렸습니다. 그래서 거기에 대한 답이 이미 나와 있고 지금 저희가 보고 있는 자료집에도 나와 있고 아마 한성백제박물관의 홈페이지에 접속하면 다 자료를 볼 수 있죠? 그래서 지금 한성백제박물관에서 제공하는 학술자료집을 보시면 오늘 발표했던 내용만이 아니라 토론자들의 아홉 가지 질문 내용이 다 기록되어 있습니다. 그래서 그 내용을 보면서 이야기를 하겠습니다. 그런데 그 부분은 제가 관심이 있는 부분을 갖고 이야기한 것이기 때문에 어떻게 보면 조금 핵심에서 벗어날 수도 있을 것 같습니다. 그래서 오늘 토론자로 오신 선생님들께 좀 자유롭게 제가 던진 질문 이전에 하실 이야기들을 하시게 한 이후에 아홉 가지 제가 중요하다고 생각했던 질문들, 그리고 오전에 발표를 들으면서 제가 부랴부랴 점심시간에 정리를 해봤습니다.

김낙중 선생님과 정재윤 선생님의 발표 내용이 서로 부합되는 측면도 있고 또 그렇지 않은 측면도 있어서 이에 대한 내용 정리를 제가 조금 전에 했기 때문에 그것은 홈페이지에는 없겠지만 그 내용까지 해서 토론은 크게 세 부분으로 하겠습니다.

하나는 여기 토론자로 오신 선생님들이 정말 자유롭게 발표자에 대해서 질문하고 싶은 것이 하나의 부분이 되겠고 두 번째는 제가 아홉 가지의 질문을 던졌던 것에 대한 답변과 토론. 이것이 두 번째가 되겠고 마지막 세 번째는 오늘 오전 발표를 들으면서 제가 느끼기에 두 분의 발표자가 첨예하게 차이가 나는 부분들. 그래서 이렇게 세 가지로 진행하겠습니다.

그래서 일단은 저희가 점심시간에 미리 다 이야기를 했지만 위가야 선생님께 처음에 말씀하실 기회를 드리고, 여유 있게 두 분 발표자에 대해서 하시고 싶은 말씀을 좀 자유롭게 해 주시기 바랍니다. 성균관대학교의 위가야 선생님 부탁드립니다.

위가야(성균관대학교) : 네. 성균관대학교박물관에서 공부하고 있는 위가야입니다. 처음에 저한테 이야기하라고 하셔서 어떻게 말씀을 드려야 할지 고민이 되는데요. 그냥 저는 이 섬진강 유역이라는 부분에 대해서 논문을 하나 정도밖에 쓰지 않았지만 지금 이 학술대회 주제는 '백제는 언제 섬진강 유역으로 진출하였나.'라고 하는 주제인데요. 그런데 백제라고 하는 주체를 생각하지 않고 그냥 섬진강 유역을 주로 놓고 이야기를 하자면 '섬진강 유역은 무엇인가?'부터 생각을 해봐야 하지 않을까 하는 생각이 듭니다. 그러니까 나중에 말씀하시겠지만 우리가 일반적으로 생각했을 때는 마한이라고 생각하는 영역에 속해있는 것 같기도 하고, 그런데 또 변한과의 경계에 있는 것 같기도 하고, 또 나중에 5~6세기가 되면 가야의 세력권으로 들어간 것 같기도 하고요. 그런데 또 백제에게 점령당하는 지역인 것 같기도 한데, 최근에는 이 지역을 상대적으로 가야라고 부르는, 그러니까 가야에 포함해서 생각하고 있는 경향이 있다는 생각이 들거든요. 그런데 과연 이 지역을 가야라고 부를 수 있을것인가 하는 생각이 들었고 또 하나는 가야라는 것을 어떻게 봐야 할 것인가도 한번 생각해 볼 필요가 있을 것이라고 생각합니다.

일반적으로 백제사를 하는 사람들, 신라사를 하는 사람들, 또 한국 고대사를 공부하는 사람들이 백제가 아니고 신라가 아닌 지역을 너무 쉽게 가야라고 가리켜서 이야기하고 있는 것은 아닐까 생각이 들고 그랬을 때 가장 실제로 가야일지 아닐지 모르겠는데, 가야라고 쉽게 생각하고 있는 지역이 이 섬진강 유역이 아닌가 하는 생각이 듭니다. 그래서 그런 부분을 오늘 토론에서 여러 선생님께도 여쭤보고 선생님들 생각도 듣고 저도 다시 이야기를 드릴 수 있으면 좋겠다는 생각을 이번 발표를 들으면서 먼저 했습니다.

좌장 권오영 : 예. 아주 근원적인 질문이십니다. 사실 이 질문에 대한 본격적인 토론은 오늘만이 아니라, 사실 오늘은 어떻게 보면 도입 단계고 앞으로도 계속 이어질 것 같은데요. 일단 위가야 선생님께서 질문하셨는데, 두 가지입니다. 한국 고대사에서 섬진강 유역이 갖는 의미에 대한 포괄적인 대답을 듣고 싶다. 또 하나는 우리가 너무 지나치게 신라, 백제를 빼고 난 나머지 부분을 다 가야라고 뭉뚱그려버리는데 그러한 인식이 어떻게 통용될 수 있느냐. 이런 부분을 정리하지 않으면 오늘 본격적인 논의가 가능하지 않다는 문제의식에 저도 동의를 합니다.

위가야 선생님, 두 가지 질문인데 발표자가 두 분 계시니까 하나씩 해 주시면 좋겠어요. 어떤 질문을 어떤 선생님에게 한다고 정리해 주시면 좋겠습니다.

1. 한국고대사에서 섬진강 유역이 갖고 있는 의미

위가야 : 먼저 김낙중 선생님께 섬진강 유역이라는 것은 어떤 지역이었을까를 여쭤보고 문헌사를 하신 정재윤 선생님께 가야라는 의미에 대해서 여쭤보면 어떨까 싶은데요.

좌장 권오영 : 두 개의 질문을 두 분 발표자에게 하나씩 배분했습니다.

김낙중(전북대학교) : 섬진강 유역이 가야로 일부 인식되고 있는 것은 아마도 가야와 관련된 유물들이 산발적으로 보이고 또 순천에 고총이 일부 보이는 것 때문에 그 인식이 생긴 것으로 생각되는데 제가 앞서 발표한 내용에서처럼 사람의 생활과 직접적으로 관련된 일상용기들, 예를 들면 취사와 저장, 배식 이런 일상과 관련된 그릇을 어떤 것을 쓰느냐의 관점에서 보면 섬진강 상류부터 하류까지 주거의 양상에서는 일부 차이가 있어요. 그러니까 호남 서부지역에 가까운 쪽은 서부지역과 마찬가지로 주거형태도 같습니다. 섬진강 중류 이남으로는 경남 서부지역의 양상과 비슷하게 원형 주거지도 쓰이는데 제가 하동 일대의 취락을 살펴보니까 생활용기들은 그릇의 기본적인 형태는 (마한과) 비슷하지만 문양을 내는 방법이나 자주 보이는 그릇의 형태에서 분명하게 차이가 보이더라고요. 그래서 기본적으로는 섬진강 유역은 기본 바탕이 되는 것은 마한으로 보는 것이 적절하고 거기에서 백제와 소가야, 대가야가 나중에 영향을 미치는 과

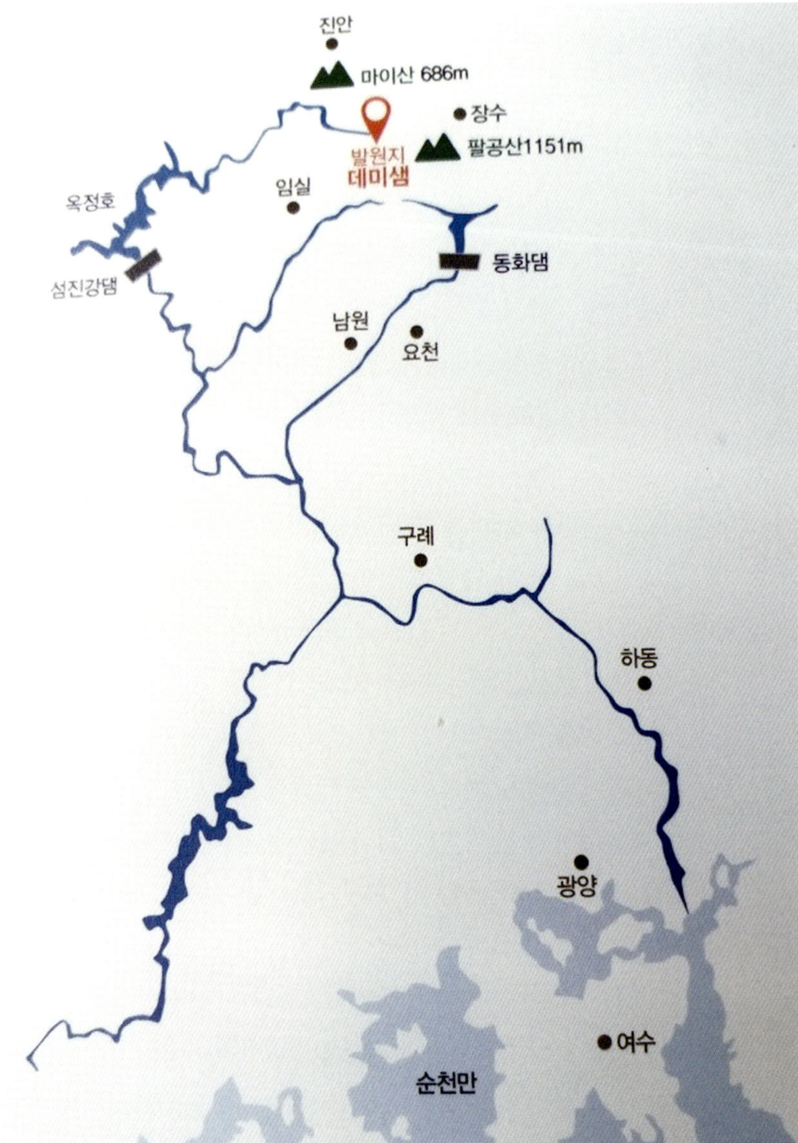

〈그림 1〉 섬진강 수계

정을 파악하는 것이 중요하다. 그러니까 기본적인 바탕은 저는 마한으로 여기는 것이 맞다고 생각하고 있습니다.

좌장 권오영 : 잠깐만요. 거기에 대해서도 분명히 하실 필요가 있는 게 섬진강 유역의 기층문화가 마한적이라는 것인지 섬진강 유역의 정치체가 마한에 속한다는 것인지는 구분할 필요가 있을 것 같습니다.

김낙중 : 저도 마한을 정치체나 국가 그런 개념으로 쓰는 것은 아니고 기층의 문화로서 얘기하는 겁니다.

좌장 권오영 : 그러면 섬진강 상류부터 중류, 하류까지의 기본적으로 4세기 이전의 물질문화는 마한적인 색채가 기본에 깔려 있다. 이렇게 이해하면 되겠습니까?

김낙중 : 그렇습니다. 5세기까지도 거의 변화가 없다고 봅니다.

좌장 권오영 : 5세기까지도요? 위가야 선생님, 그 답변에 대해서 흡족하십니까?

위가야 : 네.

2. 가야란 무엇인가

좌장 권오영 : 일단 그 정도로 만족을 하시고 그다음에 두 번째, 가야는 무엇인가 하는 질문에 대해 정재윤 선생님께 답변을 부탁드리겠습니다.

정재윤 : 갑자기 가야 질문을 받아서 이제 가야(?)할 것 같네요. 사실 가야를 어떻게 정의하기가 힘들죠. 일반적으로 삼한 중에 마한에 관한 자료를 살펴보면 아까 김낙중 선생님께서 '마한이 있었고 진한이 있고 변한이 있다.'라고 하셨죠. 그런데 변한은 진한의 서쪽으로 보통

낙동강을 경계로 삼는데요. 그쪽을 가야라고 하면 마한과의 경계는 어디냐를 가지고 논란이 될 수가 있습니다. 일단 쉽게 얘기하면 '마한이 아닌 곳이 변한이다.' 이렇게 이야기를 할 수도 있겠는데요. 그렇다고 하여도 물질자료 아니면 정치체를 가지고서 어떻게 판단해야 할 것인가 하는 굉장히 어려운 문제에 봉착하게 됩니다. 이 지역에서 물질자료는 가야와 백제가 혼합된 형태로 나타나기 때문에 논자에 따라서는 이것을 가야로 하기도 하고 또 마한 내지는 백제라고 하기도 하는데요. 저는 명쾌하게는 말씀을 드릴 수가 없습니다. 지금 단계에서는 어떻든 백제가 마한 지역을 복속하고 이후에 점진적으로 지배를 하기 시작하는데 물질자료만 가지고서 또 백제다, 가야다 구별하기가 힘듭니다. 왜 그러냐면 사실은 기문 지역만 하더라도 물질자료로써 명쾌하게 구별이 되지 않기 때문에 현재로서는 명쾌하게 답을 할 수가 없다는 게 제 정답입니다.

좌장 권오영 : 예. '정답'이라고까지 못을 박으셨습니다. 사실 이게 좀 동떨어진 논의가 아니라 어떻게 보면 오늘의 본질적인 내용입니다. 우리가 삼국시대를 생각하면서 이렇게 역사지도를 보면서 선을 가지고 백제, 신라, 가야를 그어버리잖아요. 그런데 신라건, 백제건 간에 애초에 시작했던 지점에서 점점 커지는 것인데 그 세력이 미처 가지 않았을 시기. 예를 들어서 백제의 힘이 아직 미치지 못한 전라남도 지역 그다음에 신라의 힘이 아직 미치지 못한 소백산맥 일대 이런 세력들도 우리는 4세기부터는 선을 긋고 싶어 하는 욕망에 빠지게 되는데, 그래서는 안 된다고 하는 것이 위가야 선생님의 생각이죠.

왜 그 문제가 중요한가 하면 섬진강 유역도 언젠가는 백제가 되고 언젠가는 가야가 되고 언젠가는 신라가 되지만 애초부터 그렇게 타

〈그림 2〉 가야 여러 나라들의 위치(이영식 안)

고난 운명은 아니라는 것이죠. 그래서 백제, 신라, 가야에 속하지 않으면서도 섬진강 유역에서 어떤 자체적인 성장을 밟고 있었던 정치체들이 있는데 그들을 우리가 지금의 우리의 관점으로 '얘가 가야냐, 얘가 백제냐?'라고 얘기하는 것은 지나치게 가혹하다는 위가야 선생님의 뜻으로 받아들였고요.

3. 4~5세기 섬진강 유역의 고대 정치체

여기에 대해서는 충북대학교 성정용 교수님이 아홉 가지의 질문 이외에도 이런 질문이 나올 것을 예상하셨는지 고대의 정치체에 대해서 정리하신 게 있거든요. 이 부분을 화면에 띄워주시면 성정용 선생님이 이 토론에 임하면서 고대 정치체에 대한 견해를 밝히실 것 같습니다. 제가 미리 소개는 드렸지만, 충북대학교의 고고미술사학과의 성정용 교수님. 부탁드리겠습니다.

성정용(충북대학교) : 예. 성정용입니다. 정치체 문제를 먼저 다루려고 하실 줄은 몰랐습니다. 그런데 사실 정치체에 대한 얘기는 결국 단위 지역에, 어느 지역이든 거기에 사는 사람들이 있을 텐데 그 사람들이 얼마나 정치화되고 그들이 모여서 결속력을 보이고 하느냐의 문제일 것 같아요. 그래서 이런 지역 정치체의 존재를 어떻게 상정할 수 있을까. 그리고 이 지역 정치체들이 어떠한 운동력을 가지고 자기들 나름대로 발전한 모습을 보일 수 있을까. 이런 문제에 대해 우리가 생각을 많이 해봐야 한다고 생각합니다.

그런데 과연 섬진강 유역에서 자체적으로 그런 변화의 모습을 보여주는 정치체들이 있을까요? 김낙중 선생님이 아까 5세기대 섬진강 유역의 고고학적인 모습이 마한 문화와 관련이 있다고 말씀하셨는데, 사실 저도 똑같이 그렇게 정치적인 측면보다는 문화적인 영역에 있다고 생각합니다. 그런데 그 정치체들이 내부적으로 4세기 이후에 어떤 운동력, 성장력을 보여주는 데가 혹시 있는지 김낙중 선생님한테 여쭤보고 싶습니다. 4~5세기에 섬진강 유역에서 내부적으로 정치체의 성장 모습을 보여주는 곳이 있는지요?

김낙중 : 섬진강 유역에서 정치체의 성장을 고고자료로 어떤 것을 선택해서 살펴볼 것인가가 중요할 텐데, 저희가 볼 수 있는 것은 고분의 대형화라든지 취락 규모의 확대라든지 여러 가지가 있을 텐데, 사실 5세기대까지 섬진강 유역에서 예를 들면 영산강 유역처럼 고분이 점점 커져가는 양상이라든지 이런 게, 무덤 자체가 4~5세기는 확인된

게 거의 없고 취락 규모도 그렇게 규모가 커져가는 양상을 판단할 만큼의 양상이라든지 아니면 취락 간의 위계가 확인된다든지 취락 내에서 변화가 보이는 게 분명하지 않아서 정치체의 형성, 이런 것을 논의하기는 아직 어려운 단계라고 생각합니다.

성정용 : 그리면 아직 4~5세기 단계에는 섬진강 유역에서 정말 정치적 권위의 행사를 할 수 있는 조직화된 단위의 정치체는 없었다고 생각하고 계시는 건가요?

김낙중 : 그러니까 모든 취락이나 지역 단위로 정치조직이 있을 것이라 생각되죠, 사회가 운영되려면. 그런데 우리가 일반적으로 생각하는 국가 단위나 아니면 그에 준하는 단위의 정치체를 생각하기는 영산강 유역이나 이런 곳에 비해서는 그 양상이 덜하다. 그런 정도로 이해하고 있습니다.

성정용 : 제가 이렇게 여쭤봤던 것은 저희가 고대 국가 중심지 이런 쪽의 시각에 너무 치우쳐 있지 않은가 하는 생각이 들어서 그런 것이었습니다. 왜냐면 한 중심지에서 백제든 신라든 강한 권력을 갖는 곳이 자기들의 관심, 집중도에 따라서 지역 정치체들과 상호 관계를 맺을 수 있는데 섬진강처럼 멀리 떨어져 있는 지역이라면 자기 나름대로 운동력을 가지고 있는 게 있을 것이라 생각하는데 그게 고고학적으로 현재 잘 보이지 않는다고 해서 그 지역 정치체의 모습을 거의 없는 것처럼 그려도 좋을 것인가 이런 문제였습니다.

좌장 권오영 : 제가 정리 좀 하겠습니다. 성정용 선생님께서 그 정치체 발전

에 대해서는 조금 길게 정리해놓으셨는데 그것을 다 얘기하지는 않으셨고 지금 제가 보기에는 그런 것 같아요. 섬진강 유역에서 1~4세기에 사람들도 있고 집단도 있고 공동체도 있고 이게 뭔가 정치체로 발전해 나아가는데 그것을 아직은 백제와 가야와 신라가 삼파전을 벌이는 아직 이런 단계가 아닌데 그럼 그 세력들은 어느 정도 수준에 올라와 있느냐? 여기에 대한 질문이었다는 말이죠. 그런데 두 분 다 고고학을 전공하시는 입장에서 그럼 그 지역 정치체의 발전 수준을 보여줄 수 있는 고고학적인 물질적인 뚜렷한 증거가 무엇이 있느냐?

김낙중 선생님은 고분의 경우를 보더라도 고총화 되어가는, 아니면 어떤 지배자의 출현이 아주 강하게 보이는 이런 양상은 보이지 않는다는 것이고. 물론 말씀 안 하셨지만 여기서 자체적인 세력이 성을 쌓는 것도 보이지 않죠. 그다음에 어떤 취락의 규모가 갑자기 커지거나 아니면 취락 내부에서 수장층들이 따로 자신들의 주거를 갖거나 이런 모습도 안 보이고. 우리가 오늘 본격적으로 얘기가 나올지는 모르지만 섬진강 유역의 토기를 연구할 때 가야적인 것 백제적인 것은 이야기하지만 과연 섬진강 유역 양식 토기라고 말할 수 있는 것이 성립이 되느냐 안 되느냐 등등, 영산강 유역이나 아니면 경주 지역이나 아니면 백제 중앙에 비해서 약간 다른 모습을 보이는 것은 누구나 인정할 수 있을 것 같습니다. 이것을 달리 표현하자면 지역 정치체 발전의 낙후성, 이렇게 표현해도 괜찮겠습니까?

성정용 : 아마 그렇게 말씀을 할 수도 있을 것 같기도 한데요. 다만 저희가 생각하고 싶은 게 고흥 안동 고분 같은 경우 이미 그 이전에 5세기 전반부터 상당한 위세품을 갖고서 위신재를 만들었는지 아니면 흔히

얘기해서 백제로부터 받았는지는 모르겠습니다마는, 어쨌든 한 시점에 상당히 그런 앞서간 모습을 보이고 있거든요. 그런데 이런 모습을 보여주는 게 하나의 측면은 자기 내부 성장의 결과, 자기 정치체의 운동성 이런 것도 있지만 또한 상호작용도 있을 수 있다는 겁니다. 좀 더 강력한 외부에 있는 정치체가 그쪽 지역에 관심을 가졌을 때 그 지역을 어떻게 하냐에 따라서 이 지역에 있는 정치체도 그것에 상응해서 성장할 수 있다는 거죠. 양면성을 갖고 봐야 하는데 저희가 흔히 지역 정치체 자체만 중요시하든가 또는 거꾸로 중앙과 지방이 성립되면 중앙 것만 오로지 얘기해서 지방의 정치체는 갑자기 중앙에 예속된, 아무런 자생력이나 운동력이 없는 것처럼 보이든가 이렇게 양분하는 게 문제가 아닌가 싶어서 그런 말씀을 드렸던 겁니다.

좌장 권오영 : 네, 아주 중요한 지적이십니다. 오늘 우리 주제가 어차피 백제가 주체가 되고 섬진강 유역이 대상이 되는데 이것도 어떤 한 면은 제대로 볼 수가 있지만 이렇게만 너무 지나치게 빠지다 보면 섬진강 상류, 중류, 하류에서 성장하던 지역 정치체들 그 자체에 대한 성장 과정을 놓치는 것이 많을 수밖에 없거든요. 그래서 이 문제는 처음에 학회를 기획할 때부터 섬진강 유역 정치체에 초점을 둘 것이냐 아니면 그들을 대상으로 할 것이냐? 이런 논의를 했습니다. 그래서 김기섭 관장님 등등을 포함해서 논의하다가 어차피 이 자리는 한성백제박물관이고 쟁점백제사이기 때문에 백제 입장에서 다루기는 하지만 그래도 섬진강 유역의 자체 정치체의 발전 과정에 대한 고민은 계속해야 한다고 해서 김낙중 선생님에게 그 부분을 부탁드렸던 것이죠. 그래서 선부르게 이게 국가냐 아니냐, 이게 백제

권이냐 가야권이냐. 이것을 떠나서 이 지역에서의 정치체의 발전 과정을 쭉 추적해왔던 것인데요.

성정용 선생님, 아까 잠깐의 말씀 중에 아직 현저하게 보이지 않는다고 하더라도 너무 제가 아까 심한 표현을 썼지만 '낙후' 이런 쪽을 생각하기보다는 조금 더 여지를 두자는 말씀이었던 것 같습니다. 그런데 그렇다고 하더라도 지금의 자료로 봤을 때는 만약에 영산강 유역과 비교한다면 차이가 있는 것 같아요. 그런 점에서는 아까 성정용 선생님이 말씀하신 대로 외부세력과 이른 시기의 만남, 이것이 자체적으로 어떤 성장의 계기가 되는데 영산강 유역이 상대적으로 섬진강 유역보다는 외부세력과의 다양한 교섭이 조금 더 이른 시기부터 조금 더 격렬하게 벌어졌고 섬진강 유역은 역시 백제나 가야나 좀 대충 성장하고 난 이후부터 본격적으로 여기서의 관계가 전개되는 것이 아니냐 이런 생각을 해 보았습니다. 이것은 다시 또 뒤에 논의할 기회가 있으니까요.

성정용 선생님이 두 분에 대해서 질문하고 싶은 것은 그 정도면 되겠습니까?

성정용 : 예.

좌장 권오영 : 그다음에 고려대학교 역사교육과의 박현숙 교수님께서 두 분의 발표자에 대해서 국한하지 마시고 오늘 발표 내용에 대해서 질문해 주시기 바랍니다.

박현숙 : 섬진강 유역의 정치체에 대해서는 그 동안 그리 심각하게 고민해보지 않다가, 권오영 교수님께서 아홉 가지 토론 질문 중에 하나로 넣

어 봐서 토론문을 쓰기 위해 고민해보았습니다. 기존 연구사들을 찾아보니까, 섬진강 유역 정치체들은 딱히 마한 54개국에도 들어가지 않은 것 같고요. 또한 변·진한 24개국에도 들어가지 않은 것 같고…. 조금 모호한 부분이 있었습니다. 물론 지명 비정이 다 안 되어서 그런 부분이 있을지 모르겠지만요.

그렇게 생각하다 보니까, 왜 『삼국지』 위서 동이전에서 딱 마한, 진한, 변한 이 셋으로 나누었을까? 무엇을 기준으로 그렇게 나누었을까? 하는 궁금함이 또 들었습니다. 마찬가지로 『삼국사기』도 고구려, 백제, 신라 삼국으로만 나누다 보니까, 거기에 들어가지 않는 세력들은 기록에 남을 수 없게 되었습니다. 그 지역에 분명히 정치체는 있었을 텐데, 그 지역의 성격을 어떻게 규정할 것인지 막막했습니다. 왜 마한, 진한, 변한으로 한반도 남부를 그렇게 셋으로 딱 맞아 떨어지게 나누었을까? 하는 궁금함이 생겼습니다. 그래서 지금과 같은 문헌 기록으로는 섬진강 유역의 정치체를 찾는다는 것은 상당히 어렵겠다는 생각이 들었습니다.

또 한편으로 정재윤 선생님이 이 섬진강 유역을 문헌으로 정리하면서 『일본서기』에 많이 의존해서 검토하셨는데, 사실 480년대, 5세기 정도의 기록이니까 믿을 수 있겠지만…. 또 『일본서기』 초기기록 같은 경우는 여러 사료 비판의 문제가 있어서 믿기 어려운 기사도 있고, 후대의 역사가 소급되었다는 기사도 있습니다. 기생반숙녜의 기사도 부정적으로 보는 분들도 많은데, 『일본서기』를 정리해서 백제의 섬진강 유역 진출을 밝힘으로써, 오히려 『일본서기』의 기록을 전적으로 신뢰하는 방향으로 가고 있는 것이 아닌가 생각되었습니다. 그렇다면, 그것도 또 굉장히 어려운 문제가 있겠다는 생각이 들었습니다. 두 분 발표자께서 잘 정리해 주셔서 크게 질문할 것은 없지만, 궁금한 한두 가지 질문을 드리겠습니다.

우선 김낙중 선생님께 질문을 드립니다. 김교수님께서 이 지역은 기본적으로 마한의 문화를 베이스로 한다고 했습니다. 그런데 가야 같은 경우는 소가야 문화, 아라가야 문화, 대가야 문화 이런 색체가 보인다고 하면서, 이 지역은 왜 그냥 마한 문화라고 통틀어서 얘기하시는지 궁금했습니다. 사실 마한도 여러 정치체가 있는데, 왜 고고학에서는 '마한' 이렇게 하나로 묶고, 가야 문화는 이렇게 섬세하게 나누어서 얘기하는지요? 사실 마한 54개국도 분명히 많은 차이가 있었을 텐데요. 그 부분이 궁금했습니다. 또한 성곽이 없다고 했는데, 마한조에 '마한에는 성곽이 없다.'는 기록이 보여서, 성곽이 없는게 마한적 특성이 아닌가 하는 생각을 해 보았습니다. 다른 질문 하나는 백제가 섬진강을 진출한 게, 상류에서 중류, 그리고 하류로 내려간 것인지? 아니면 하류에서 중류, 상류로 올라간 것인지 궁금합니다. 왜냐하면 임나 4현이나 접근성을 보면, 특히 왜와의 관계를 보면 하류로 먼저 접근하지 않았을까 하는 생각이 들어서입니다. 그래서 고고학적 양상에서 그걸 어떻게 설명해야 될지 여쭙고 싶습니다.

그 다음에 정재윤 선생님의 발표와 관련해서는 기생반숙녜 기사에서 '임나에 걸터앉아 고구려와 통교했다.'고 하고 있는데, 이 기사의 임나를 어떻게 보시는지요. 그 다음에 마찬가지로 백제의 섬진강 진출을 상류에서 하류로 내려갔다고 보시는지, 하류에서 상류로 올라갔다고 보시는지요? 그 다음에 기문을 비정하는 데 있어서 중요한 게 '백제의 땅이었다.'라는 표현입니다. 그런데 '반파가 약탈해 갔다가 다시 달라' 이렇게 얘기를 했거든요. 그에 대해 조금 설명은 하셨지만.. 백제의 원래 땅이었다는 이 구절에 대해서 어떻게 생각하시는지 다시 한 번 부탁을 드립니다. 그리고 아까 보국대장군 479년 설명을 하면서, 대가야의 범위를 너무 넓게 표시하신 것이 아닌지 궁금합니다. 여러 가야가 있다고 했는데… 12가야 얘기도 있고, 6가야 얘기도 있고… 그런데 변·진한 12국을 생각하면, 12가야 정도는 있어야 할 텐데… 시간이 흐르면서 더 많은 가야로 분열되는 것인지, 아니면 그 12개가 통합되어 시간이 흐르면서 점점 더 영역이 커진 몇 개의 가야가 되는 것인지? 이런 문제들이 궁금합니다. 그래서 섬진강 유역의 정치체를 정리하다 보니, 우리가 모르는 게 너무 많구나 하는 생각이 들었습니다. 여기까지 질문 드립니다.

좌장 권오영 : 두 분이 답변할 여유를 드리려고 제가 정리하고서 얘기할게요. 그 동안에 두 분 발표자께서는 정리할 시간을 갖기를 바랍니다.

박현숙 교수님이 얘기를 안 하실 것 같더니 다 터트려 놓으셨습니다. 그래서 크게 세 가지 범주를 얘기하셨습니다.

하나는 우리가 근본적으로 갖는 공통적인 어려움. 즉, 삼한단계 이후의 경기, 충청, 전라, 경상 지역이 마한, 진한, 변한 70여 개국으로 빽빽하게 차 있는 것은 아니라는 것이 최근에 우리 학계의 많은 연구자가 마한, 진한, 변한 어디도 속하지 않는 세력들이 있는 것이 아니냐? 이런 부분들을 인식을 조금 더 강하게 하고 있는데 그 부분들에 대한 이야기를 처음에 하셨습니다.

두 번째는 우리 연구의 어려움을 이야기하셨습니다. 그래서 문헌을 가지고서 4세기 이전에, 5세기 이후에는 남제서도 있고 사료적 가치가 의문시되는『일본서기』현종기 기사가 있기는 하지만 그 이전 시기 섬진강 유역 정치체의 성격을 문헌으로 밝힌다고 하는 것은 어려움을 같이 동감을 하셨고요.

그다음에 저도 사실 뒤에 질문을 드릴까 했는데 『일본서기』 기사를 이용할 때 대개 계체·흠명기 같은 경우에는 그래도 좀 적극적으로 우리가 이용하려고 하지만 백제로 봐서는 동성왕대에 해당하는 현종 이 시기의 기사, 기생반숙네 이런 가문의 활약상에 관련된 것을 이용하는 것이 괜찮겠느냐. 이런 어려움에 대한 표현이었습니다.

4. 마한 영역의 세분화 필요성과 백제가 섬진강 유역에 진출하는 방향

그다음의 질문은 김낙중 선생님과 정재윤 선생님께 몇 가지씩 하셨어요. 일단 김낙중 선생님께 하신 질문부터 정리하자면 마한 지역도 충청도가 다르고 전라북도가 다르고 전라남도가 다를 텐데 왜 마한 연구자면서 섬진강 유역의 마한적인 요소를 얘기할 때는 마한을 통째로 얘기하느냐? 이게 전라북도 지역의 마한인지 영산강 유역의 마한인지 세분화할 필요가 있겠느냐 하는 예리한 질문입니다.

그다음에 또 하나는 이것은 조금 재밌기도 하지만 이쪽 지역에 성곽이 없는 것도 마한적인 특징으로 볼 수 있겠느냐 하는 것이 두 번째 질문이고.

세 번째는 정재윤 선생님께도 해당하는 똑같은 질문인데 백제가 섬진강 유역에 진출하는 방향이 근본적으로 위에서 아래냐, 아래에서 위냐. 내륙이냐, 바다를 통한 것이냐. 이 세 가지입니다.

김낙중 선생님이 그에 대한 답을 해 주시고 정재윤 선생님은 조금 뒤에 준비해 주시기 바랍니다.

김낙중 : 제가 이해한 질문하고 조금 다른데요. 어쨌든 마한 54개국 또 변·진한 각각 12개국과 관련해서 그런데 마한은 예를 들면 영산강 유역

이나 섬진강 유역까지도 포함해서 5세기까지 국을 구분할 만한 기준이, 고고학적 자료가 뚜렷하지 않습니다. 여기가 물질자료로 어느 정도의 단위를 이루는 뚜렷한 국 단위의 정치체라고 구분하기는 어려운데 그것은 사실 가야도 마찬가지예요. 5세기초까지는 토기 자료나 이런 것을 봐서는 김해 금관가야 일부만 빼고는 나머지 지역은 토기 양상이나 이런 것이 거의 유사합니다. 그러니까 영남 공통 양식이라고 부를 정도로 비슷해서 사실 이 토기가 함안 지역에서 많이 생산돼서 함안 양식이라고도 하지만 그 유통이라든지 분포 범위가 영남 권역에 미치기 때문에 우리가 아라가야, 소가야 이런 것은 대부분 다 5세기 중·후엽 이후에 지역색이 확실히 나타나는 것이기 때문에 그 단계에서나 가야에서도 이게 이름을 앞에 붙일 정도로 가능해진다고 보고 있습니다. 그에 비해서 마한 권역이라고 하는 곳은 그런 정도의 지역색이 발현하기 이전에 백제의 영향력이 미쳤기 때문에 그런 정도로 어떤 지역권이나 지역 양식을 구분할 정도로 나타나는 것 같지 않습니다.

앞의 질문 중에 '하류와 상류 어느 쪽이 먼저 백제가 영향을 미치기 시작했을까'와 관련돼서는 일반적으로 고대 사회에서는 길이라는 것이 내륙의 길보다는 바닷길을 먼저 이용했고 그게 훨씬 더 유용하기 때문에 백제도 마찬가지로 낙랑·대방이 멸망하고 고구려가 남진정책을 쓰면서 가야, 왜와 교류하는 과정, 즉 4세기 중엽 이후에 연안항로를 크게 이용을 하죠. 그런 과정에 고흥 안동 고분이라든지 이런 데에서 먼저 백제 금동관 같은 위세품이 등장하는데 나중에는 그 연안항로 말고도 영역의 확대라든지 내륙 루트의 필요성 이런 것 때문에 강에 대한 영향력을 확대하는 과정이 나타난다고 봅니다. 그런 차원에서는 해안에 가까운 하구 쪽에 먼저 영향을 미

〈그림 3〉 고흥 길두리 안동 고분 출토 금동관

치는 것이 자연적인 현상이다. 그 현상은 영산강 유역에서도 같이 보인다고 생각을 합니다. 강도 물론 하류 쪽에서 먼저 시작하지만 면적으로 또 선적으로 오려면 백제 중앙에 가까운 상류 쪽에서부터 백제와 관련된 현상이 먼저 나타나겠죠, 중상류에서는. 그런 정도로 생각을 하고 있습니다. 섬과 관련된 것은 마한의 섬이라는 것을 우리가 확인한 사례가 없기 때문에 얘기하기는 어려운 것 같습니다.

좌장 권오영 : 박 선생님, 그 정도면 되겠습니까? 김낙중 선생님에 대한 질문에서는 더 필요한 게 없어요?

박현숙 : 김 교수님이 설명하면서, 5세기까지는 마한의 경우 다양하게 나눌 정도로 뚜렷한 것이 나타나지 않는다고 말씀하셨잖아요. 그러면 섬진강 유역도 5세기 전까지 그렇게 뚜렷하게 나타나지 않는 게 일반적인 양상이 아닌가 하는 그런 생각이 들었습니다. 오히려 5세기대에 가서야 가야, 백제, 신라 이렇게 다양한 양상이 나타나는 것이 섬진강 유역의 특징이 아닌가 하는 그런 생각이 들었습니다.

좌장 권오영 : 김낙중 선생님이 말씀하신 것에 대해서 제가 박현숙 선생님에 이어서 다시 한번 반론하자면, 그런데 이른바 마한권이라고 하는

충청, 전라 서부 이쪽에서 보이는 옹관묘들은 지금 섬진강 유역에서는 보이지 않죠. 그런 면에서는 마한 문화가 물질적인 기반에 깔려 있다고는 하지만 전체적인 것이 깔린 것은 아니고 그중에 일부가 깔린 것은 아닙니까?

김낙중 : 마한을 시·공간적으로 정해놓고 얘기하기가 어렵지 않습니까. 점진적으로 변하는 모습을 보이는데 크게 봐서 섬진강 유역하고 충청도, 전라북도, 영산강 유역 이렇게 점진적으로 시기에 따라서 변화하는 양상은 보이는 거죠. 예를 들어서 한성기까지는 만경강 유역까지는 거의 비슷한 양상을 보이다가 백제 물질문화가 확실히 드러나는 게 보이고 전라북도 서남부나 영산강 유역은 옹관이라든지 제형분의 사다리꼴이 발전하는 모습, 그에 비해 섬진강 유역은 여전히 기층적인 토기류라든지 이런 일상 용기 측면에서는 구분이 가지 않지만 자체적인 무덤 양식이라든지 이런 게 보이지 않는, 그렇게 크게 권역 구분을 할 수 있는데, 그것이 어떤 『삼국지』 위지 단계의 국과 마한의 소국과 연결시켜 얘기하기는 어렵다는 측면에서 말씀을 드렸습니다.

좌장 권오영 : 예. 그 정도로 하겠습니다. 그래서 주거, 조리 이런 생활의 측면에서는 섬진강 유역이나 영산강 혹은 금강, 만경강 하류 이런 쪽에 차이가 없는데 하여튼 묘제 면에서도 제형분이나 목관묘 이런 것들은 비슷하지만 약간의 차이도 있습니다. 제가 다시 또 여쭤보겠지만 곽장근 선생님이 뒤에 그러실 거예요. "사실은 어디에 있습니다" 이렇게 나오실지도 모르지만 지금까지 봐서 현저하지 않은 것도 약간의 차이가 아닌가 싶습니다.

5. 『일본서기』 현종기에 나오는 기생반숙네 기사 중 임나 부분 문제와 백제가 섬진강 유역에 진출하는 방향, 기문이 원래 백제의 옛 땅이라는 의미

그다음에 정재윤 선생님에 대해서 아까 박현숙 선생님이 드린 질문이 네 가지입니다. 아까 얘기했던 대로 『일본서기』 현종기에 나오는 기생반숙네 기사에서 임나의 부분. 이게 어디를 말하는지에 대한 본인의 생각을 이야기해달라. 그다음에 두 번째는 아까 김낙중 선생님이 말씀하신 질문에 대답과 마찬가지로 백제의 섬진강 유역 진출 방향에 대한 부분. 그다음에 세 번째는 기문이 원래 백제의 옛 땅이었다고 하는 표현이 무엇을 의미하느냐? 그리고 네 번째, 대가야권의 범위를 너무 넓게 잡은 것이 아니냐 하는 것은 사실 정재윤 선생님의 생각이 아니라 그런 사람도 있다는 것이었죠. 그러면 안 된다는 것이니까, 네 번째는 그렇고요. 답변 부탁드리겠습니다.

정재윤 : 감사합니다. 사실 박현숙 선생님은 『일본서기』 한국 관계 기사 연구라는 책을 내면서 꼼꼼히 보셨기 때문에 여러 고민이 녹아 있는 질문이라고 생각합니다. 기생반숙네 기사도 『신찬성씨록』을 비판할 때와 똑같이 기씨의 전승이 삽입이 된 것이다. 여기에 대해서 액면 그대로 믿지 않고 어떻게 정리된 이 자료의 원 자료로 접근할 것인가 하는 문제를 고민했습니다. 그런데 대체적으로 충돌 기사를 보니까 당시 동성왕이 금강 상류지역을 장악하고 영산강 유역으로 진출하던 시기와 맞아떨어지기 때문에 대체적으로 이 기사의 개략적인 방향은 신뢰할 수 있다는 면에서 저는 백제의 금강 교통로 장악이라는 타이틀을 정한 겁니다. 저도 마찬가지로 선생님처럼 이것을 그대로 믿어서는 안 된다고 생각합니다.

〈그림 4〉 섬진강과 금강 수계

두 번째, 하류에서 중류냐, 중류에서 상류냐의 문제인데요. 통상적으로 백제가 서남해안을 갈 때는 하류를 장악하고서 내륙 쪽으로 들어오는 양상인데 섬진강 같은 경우는 금강 상류를 통해서 섬진강 중류를 장악하고 또 하류로 나가면서 또 운봉고원을 넘어서 남강 쪽으로 진출하는 양상입니다. 그래서 대사를 둘러싸고 반파와 부딪히고 있기 때문에 저는 중류에서 하류로 나갔다고 말씀을 드리고 싶고요.

세 번째, 기문의 땅인데 이게 사실은 굉장히 복잡합니다. 대체로 연구자들의 견해를 종합해보건대 원래 백제의 땅이 아니라 백제가 기문을 확보하기 위해서 한 구절이라고 보는 게 많은데요. 저는 한편으로는 아까부터 계속 마한의 이야기가 나오는데 마한과 관련된 문제라고 생각합니다.

우리가 마한, 진한, 변한이라 부르는데 해결하기 어려운 문제의 화두를 제가 던질지 모르는데 과연 마한, 진한, 변한이라는 것이 어떤 구별이냐가 궁금합니다. 정치체의 구별인가, 지역적 구별인가, 종족적 구별인가, 아니면 중국에서 편의상 구분한 교역체 단위의 구별인가 즉 이 네 가지의 구분으로 볼 수가 있거든요. 우리가 일반적으로 마한이라고 하지만 마한에 속한 백제 같은 경우에도 마한과는 또 다른 측면이 보이지 않습니까. 섬진강 유역도 그렇고 영산강 유역도 그렇게 나타나기 때문에 우리가 마한 문화라고 총칭할 수 있는 표지는 없다. 따라서 마한은 54개국이라 기록되었지만 다양성이 특징이라고 이야기를 할 수가 있겠는데요. 그런 면에서 백제가 마한의 맹주국이 됐고 마한의 이런 여러 나라들을 복속을 시켜나갔을 때 당연히 여기에 대한 기득권을 가지면서 자기의 땅이라고 이렇게 이야기한 것이 아닌가. 이렇게 답변을 드리고 싶습니다.

아까 권오영 선생님께서 마지막 질문인 대가야의 범위를 넓게 잡았지만, 지배나 세력권으로 볼 수는 없고 교류 정도로 볼 수 있다. 교류로 보는 경우에 대가야의 영향력이 광범위하게 나타나기 때문에 가라는 대가야로 봄이 마땅하다. 그런 차원에서 지도를 그린 것입니다. 오해의 소지가 있었습니다.

좌장 권오영 : 박현숙 선생님께서 별로 만족하지 않으실 것 같은데요. 질문이 제가 보니까 조금 도망치신 게 많은데 그냥 넘어가시겠습니까, 아니면 다시 한번 하시겠습니까?

박현숙 : 나중에 다시 얘기가 나오면 하겠습니다.

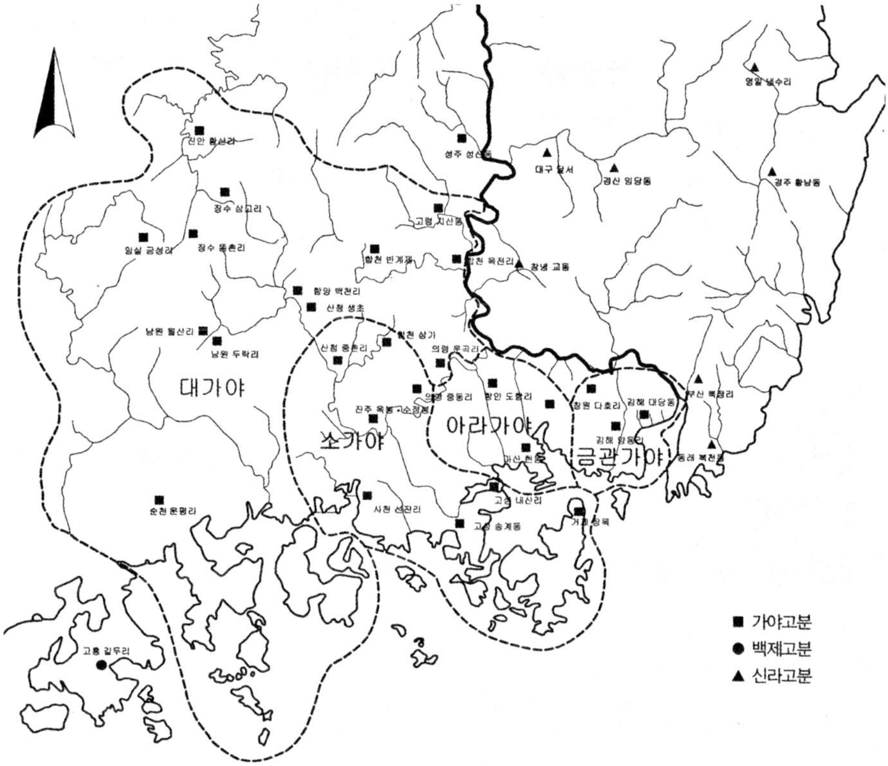

〈그림 5〉 가야의 네 권역(박천수 안)

좌장 권오영 : 저는 못 넘어가겠는데요. 기생반숙네가 나오는 그 기사에 임나가 그 임나4현에 나오는 섬진강 유역으로 보시는 그쪽인지 아니면 가야 쪽인지 정도만 이야기해 주셨으면 좋겠습니다.

정재윤 : 이 부분은 어물쩍 넘어가려고 했는데, 일단 사실은 임나를 가야로는 등치는 시킬 수가 있을 텐데 문제는 이 임나가 어디냐? 그래서 저는 통상적으로 당시 가야 여러 나라에서 5세기 후반에 섬진강 유역으로 그리고 금강 상류지역으로 뻗어나가는 세력이 대가야일 가능성이 크기 때문에 임나를 대가야로 볼 수도 있다. 그런데 548년

흠명기를 보면 마진성이 나오고 안라가 고구려와 통하고 있습니다. 이런 기사를 볼 때 안라일 가능성도 있다. 그렇기 때문에 이것을 딱 대가야다, 안라다. 이렇게 제가 단정적으로 이야기를 하기 힘들어서 그냥 가야라고 총칭했습니다.

좌장 권오영 : 제가 이 말씀을 굳이 드린 이유는 지금 유튜브를 보시는 분 중에 오해하시는 분들이 계실까 봐 말씀을 드립니다. 우리 역사에 관심이 많으신 분들이 연구자들이 임나라는 용어를 쓰는 것 자체가 마치 임나일본부설을 추종하는 것으로, 그것은 절대 가능하지 않은, 오해이자 그것은 왜곡이고 이것은 날조이고 혹세무민입니다. 임나라고 하는 표현 자체는 『일본서기』에도 있고 또 우리 국내 측 사료에도 있습니다. 그래서 임나라는 표현을 쓰는 것이 임나일본부를 주장하는 것은 결코 아닌데, 제가 예측컨대 오늘 유튜브 끝나고 나면 아마 한성백제박물관 홈페이지에 '임나일본부설을 증명하는 학술대회 했느냐?' 이런 얼토당토않은 이야기가 나올까 봐 이야기를 미리 합니다.

임나라고 하면 가야 지역을 넓게 보는 경우도 있고 김해나 고령이나 혹은 함안으로 좁혀 보는 경우도 있고 오늘 나오는 임나 4현이라는 것은 『일본서기』에 나오는 표현이에요. 이것은 아마 결론적인 이야기지만 섬진강 유역에 있었던 정치체를 말할 가능성이 있는데 이 자리에는 임나일본부, 혹은 임나를 전라도 지역의 광역으로 설정했던 말송보화末松保和, 즉 쓰에마츠설을 주장하고 따르는 사람은 한 명도 없습니다. 그래서 이 부분은 제가 분명히 이야기했습니다. 그래서 오해 없으시면 좋겠고, 이것을 가지고 이 학술대회의 의미를 왜곡, 호도시키는 일은 없을 것으로 생각합니다.

또 하나는 대가야의 범위에 대해서는 아까 얘기하신 대로 그런 입장이 아니라는 거죠. 그러니까 고령계 토기가 나온다고 다 대가야의 영역으로 만들어 놓는 학계 일부의 견해에 대한 반대이기 때문에 그 부분은 박현숙 교수님이나 두 분이 같은 입장일 것이라 생각합니다. 역시 그 부분에 대해서 박현숙 선생님이 분명히 입장을 정리하시겠습니다.

박현숙 : 정재윤 선생님께서 말씀을 안 하셔서 따로 묻지 않으려고 했는데, 권오영 선생님께서 말씀하셔서 그런데요. 임나 4현을 만약에 섬진강으로 본다면… 어쨌든 대가야로 본다면, 백제 이전에는 섬진강 유역이 가야의 세력이었다는 것을 인정하게 되는 상황이 된다는 거죠. 그런데 대가야로 볼 경우에는, 고령을 중심으로 해서 어쨌든 섬진강 유역까지를 설명해야 하는 부분이 있고요. 만약에 고령으로 보면, 오히려 이림이나 이런 것을 설명하기는 괜찮지만… 섬진강 유역과 관련해서 또 기문을 설명하려면 모순이 생긴다는 것입니다. 그래서 우리가 『일본서기』의 어느 부분을, 그러니까 기준을 세워서 어느 부분을 믿고 아닌 것들은 쳐내야 하는데… 이 기사도 만족시키고 다른 기사도 만족시키려면 지명 비정을 절대로 하기 어렵다는 것입니다. 그래서 그런 부분과 관련해서, 오늘 섬진강을 논의하니까 모든 것을 섬진강에 놓고 얘기하는데… 그러면 사료상으로는 사실 굉장히 혼돈이 생기기 때문에, 그런 부분에 있어서 어느 한 부분이라도 명확히 해야 그 과정을 설명할 수 있지 않을까 하는 그런 생각이 들었습니다.

정재윤 : 특별한 말씀은 없었고요. 아마 박현숙 선생님이 발표해도 저와 똑

같은 질문을 받을 것으로 생각이 듭니다.

좌장 권오영 : 네. 그게 그만큼 고대사 연구자들이 갖는 어려움입니다. 문헌 기록을 가지고서 5~6세기의 섬진강 유역에 대한 얘기를 하기가 참 어렵고 결국은 사건 중의 일부라도 기록해놓은 것이 『일본서기』의 관련 기사거든요. 그런데 그 기사라는 것이 우리가 나름대로 엄밀하게 사료비판을 해서 본다고 하더라도 그중에 오류도 있을 수가 있고 그래서 조금 더 냉정하게 5세기 이전 기사는 인용하지 말자는 것이 박현숙 교수님의 입장인 것 같고요. 5세기, 즉 현종기 기사도 분명히 잘못되어 있는 부분은 있는데 그 중 일부는 당시 상황을 반영한 게 아니냐. 이런 미묘한 차이들이 있습니다. 물론 그 뒤에 6세기 가서도 그것을 액면 그대로 믿을 수는 없는 것이 터무니없는 표현이 많죠. 그래서 그런 표현은 다 잘라버리고 실상이 무엇인가를 찾아내는 것이 우리 역사학자들의 몫이기도 한데 이 부분은 또 뒤에 토론시간이 있거든요. 그래서 그때 다시 하는 것으로 넘기겠습니다.

아까 제가 소개를 하다 말았지만, 군산대학교 곽장근 교수님께서 오늘 오전 발표 두 분에 대해서 한 말씀해 주시기 바랍니다.

6. 기문의 위치를 섬진강 중상류로 비정하는 고고학적 증거

곽장근(군산대학교) : 예. 정재윤 선생님께 먼저 질문을 하고 싶은데요. 섬진강 유역으로 백제의 진출은 엄연히 역사고고학의 범주 내에 속해있거든요. 그래서 아무리 안정적인 문헌의 기록 자료가 남아 있다고 하더라도 문헌에서 요구하는 내용이 고고학 자료, 즉 유적과 유물로 고증 또는 증명이 안 된다고 한다면 과연 그 논의 자체가 동의받기가 어렵지 않을까. 엄연한 문헌고고학의 범주에 속하기 때문입니다. 그래서 우선 선생님이 말씀하신 기문의 위치를 섬진강 중상류로 비정하고 계시는데, 그렇다면 그것을 증명해 주는 고고학 자료, 즉 유적과 유물에 대한 설명이 좀 필요할 것 같습니다.

사실 513년부터 515년까지 백제와의 3년 전쟁은 사실 백제와 가야의 우호관계가 다 끝나고 백제로 봐서는 정치적인 진출이거든요. 가야의 복속 또는 지배의 개념을 강하게 띄고 하는 진출의 과정인데 그런 가야의 정치체의 소국으로 평가받고 있는 기문을 섬진강 중상류로 비정을 하는데 있어서 그 문헌의 내용, 고고학 자료로 설명을 부탁드립니다.

또 하나는 과연 섬진강 유역에서 백제의 정치중심지 이동이 없었을까. 선생님의 논지 자체는 전체적으로 사비기의 내용을 충분히 이해하고 계신 것 같습니다. 물론 사비기로 봐서는 딱 맞는 말씀입니다. 그리고 고고학 자료로 뒷받침이 되어야 한다는 부분이 있는데 우리가 과연 한성·웅진기 때의 섬진강 유역 정치중심지를 고민해 봤는지 궁금합니다. 아무튼 격동의 6세기 초 문헌에 등장하는 기문의 위치 비정과 섬진강 유역에서 백제 정치중심지의 이동과 관련하여 설명을 부탁드립니다.

김낙중 선생님 발표를 잘 들었습니다. 정말 방대한 분량의 고고학 자료를 아주 일목요연하게 잘 정리해 주셔서 앞으로 섬진강 유역 논의 활성화에 크게 기여 할 것 같아 큰 감사를 드립니다. 토론자는 발표자의 논지를 공감을 하면서 4~5세기 마한의 영역으로서의 인식에 대해서도 공감합니다. 그런 것은 유적과 유물로 분명히 증명·고증이 되고 다만 선생님께서 말씀을 안 하신 그럼 마한 단계의 다른 조직이 없을까 하는 부분에 대해서는 저는 그 지역에서 고고학을 하기 때문에 지표조사를 해보면 외람되지만 제가 쓰는 용어가 아니라는 말무덤, 현재 주민들이 말무덤이라고 그래요. 그런데 말의 어원은 우두머리, 족장, 추장. 즉, 왕을 가리켜요. 달리 우리말로 왕무덤이라고 해도 될 텐데 우리의 관심 부족으로 경제 사업을 하는 과정에 전부 없앴고 남원시 금지면 입암리에 말무덤이 한 기가 남아 있어서 발굴을 해보니까 마한 분구묘예요. 그런데 4개소 관련 분묘유적에서 아까 성정용 선생님이 말씀하신 무덤의 대형화는 충분히 설명이 되는 것 같고요. 그분들이 일관되게 이야기하세요. 저쪽에서부터 이쪽으로 쭉 오면서 무덤이 커졌다. 말무덤이다. 겨울에는 거기에서 눈썰매를 탔다. 그런 구체적인 말씀을 하시는데 그런 부분이 아직은 고고학적으로 주목을 못 받기 때문에 그 지역에 기반을 뒀던 마한 세력의 발전과정이 조금은 설명이 안 되고 있지만 조금 더 관심을 가지면 될 것 같은데 그런 말무덤이 갑자기 사라져요. 4개소의 분묘 중에서 7기 정도에서 갑자기 사라져요. 그리고 또 하나의 말무덤이 있는데 그게 남원시 대강면 사석리예요. 거기는 8기가 일단 있는데 거기에 있는 무덤도 현지 주민들이 말무덤이라고 그래요. 그래서 중간에 있는 3호분, 가장 위에 있는 8호분을 발굴했죠. 그런데 상당히 유의미한 결과를 얻었죠. 전체적으로 마한의 묘제를 계승하면서도 지상식의 백제 석실 그다음에 8호분의 경우에는 관대시설, 석실 규모가 전라북도에서 두 번째 커요. 즉, 무왕이 잠들어 계시는 대왕묘 다음으로 상당히 규모가 큰 의미 있는 성과를 거두었는데, 사석리의 역사적 성격을 어떻게 보시는지 하고요. 또 하나는 8호분에서 관대 시설이 확인됐는데 관대 시설이 갖고 있는 의미가 없지 않을까 하는 생각도 가지고 있거든요. 그래서 간략하게 두 가지 부탁을 드립니다.

좌장 권오영 : 제가 정리를 좀 해드리겠습니다. 상당히 전문적인 내용이기 때문에 여기 계신 분들은 다 이해를 하시겠지만 시청자분들을 위해서 정리를 해드리겠습니다.

곽장근 선생님이 정재윤 선생님에게 질문을 드린 것은 두 가지이지만 실상은 하나입니다. 즉, 기문의 위치를 섬진강 중상류로 비정하는데 그것에 대한 고고학적인 증거가 분명치 않다. 그와 함께 사비기에 대한 이야기는 설명할 수가 있겠는데 한성기 말, 웅진기에 섬진강 유역의 정치체의 상황이 사비기와 위치적으로 같다고 하는 보장이 어디 있느냐? 이동했을 수도 있다. 결국 이 이야기는 제가 파악하기로는 기문을 상기문, 중기문, 하기문 셋으로 나눈 것에 반대하고 기문을 세 개의 국에 해당되는 정치체가 아니라 그 의미를 지역으로 보았던 입장에 대한 반론으로 저는 생각을 합니다. 발표자께서 기문에 대한 입장을 다시 한번 정리해 주시기 바랍니다.

정재윤 : 예. 감사합니다. 선생님의 고민은 충분히 이해가 가고요. 그런데 일단 먼저 선생님이 제 논지를 조금 잘못 이해하신 것 같아요. 일단 제가 「양직공도」에 나오는 방소국의 아홉 개 중에서 상기문, 하침라가 나오는데 지미, 마련과 함께 이 네 개 지역은 백제권으로 봤습니다. 그리고 사라 즉 신라가 있고요. 그리고 가야권 네 개 나라가 나오는 거죠. 그래서 상기문은 위에 있는 기문, 하침라는 아래에 있는 침라. 이렇게 봐서 선생님이 보는 것처럼 기문을 가야로 설정한 것이 아닙니다. 또 마찬가지로 섬진강과 남강의 문제로도 연결이 되는데 선생님께서 남강을 기문으로 보고 있기 때문에 그 이동 방향에 따라서 이렇게 가야로 설정한 것이 아닌가. 저하고는 조금 관점이 차이가 난다는 거죠.

그다음에 한성 · 웅진기의 내용은 왜 없냐? 당연히 우리가 지금 정치체를 이야기하고 백제의 진출이라는 관점에서 봤을 때 이 지역에 정치체가 있는 것은 분명하지만 이것을 가지고서 백제와 관련시켜서 이야기할 수 있느냐 하는 것 때문에 저는 동성왕대부터 잡았던 것입니다. 한성기에는 백제의 흔적이 드러나지 않는다는 것이죠.

7. 섬진강 유역 대형고분(말무덤)의 성격과 영산강 유역 석실과의 관계

좌장 권오영 : 예. 이제 서로 연구자들끼리의 입장차이가 드러났습니다. 아까는 5세기 중엽, 후반 이전까지는 섬진강 유역에서 의미 있는 정치체의 발전 현상이 보이지 않는다. 혹은 조금 지체가 되어 있다는 입장이 아니냐면서 제가 속으로, 아마 여기에 대한 곽장근 선생님의 반론이 나올 것이라고 예상을 했고 여지없이 반론이 나오면서 김낙중 선생님께 다시 질문이 돌아갔습니다.

5세기 이전에 이 지역에서 말무덤이라고 부르는 대형고분이 대형화하는 추세가 있다. 조금 늦은 단계에 해당 되겠지만 그와 함께 남원 사석리의 횡혈식석실묘 같은 경우, 아까 김낙중 선생님 발표하실 때 약간 이야기를 했어요. 영산강 유역에서 보이는 구주계, 왜계 석실의 냄새가 조금 난다 하고 지나가셨는데 그 부분을 지금 지적하셨습니다. 그래서 섬진강 유역에서 말무덤이라고 부르는 대형고분의 고총화 내지 영산강과 관련이 있는 석실의 성격에 대해서 입장을 밝혀라. 이런 입장인 것 같습니다.

김낙중 : 예. 우리가 보통 취락을 기준으로 했을 때 마한계 취락이라고 하고 그런 무덤과 관련해서 제가 사례로 든 것은 곡성 대평리 한 사례인

데, 마한의 무덤으로서 선생님께서 말무덤을 얘기하시고 2007년 논문에서도 말무덤을 마한의 무덤으로 보면서 근초고왕의 남정과 함께 이런 것들이 사라졌다고 말씀을 하신 적이 있습니다. 그런데 이 말무덤은 현재 관점에서 조사가 두 사례가 됐죠. 입암리 고분하고 남원 사석리 고분군이 조사가 됐는데 그 조사 결과만 보면 제가 보기에는 지역적으로 순창과 남원 서부 등 영산강 유역과 가까운 쪽에 지역적으로 한정이 되어 있고 또 입암리 고분군이나 사석리 고분군은 시기가 4세기대가 아니고 대부분이 영산강 유역에서 석실분이나 이런 것들이 등장하는 5세기 말, 6세기 전엽 정도로 제가 판단하고 있기에 시기적으로도 한정되어 있다. 지역적으로, 시기적으로 한정이 되어 있어서 이것을 가지고 섬진강 유역의 일반적인 마한 무덤으로 보기는 어렵고 또 이게 시기적으로도 근초고왕의 남정과도 맞지 않는 지역, 시기적으로 한정된 일부 지역의 특징적인 무덤이다. 즉, 5세기 중엽~6세기 초에 섬진강 유역에 백제, 가야 등 여러 지역의 요소들이 등장할 때 영산강 유역에서 유행한 석실을 받아들이고 있는 지역 세력의 성장 과정의 한 요소로 볼 수 있다고 생각합니다. 그리고 그러한 세력은 사비기까지도 세력을 유지한 것으로 봐요. 아까 3호분에서는 백제 계통의 석실과 함께 백제 토기가 등장하고 있고 또 8호분에서 관대 보이는 것도 백제적인 요소라고 볼 수가 있겠죠. 석축 관대는 공주 송산리의 무령왕릉보다 조금 앞선, 그러니까 웅진기에서 늦은 단계의 석축의 관대가 등장하고 또 능산리에서도 확인이 되고 또 영산강 유역의 구주계 석실에서도 백제적 요소가 등장하면서 함평 신덕 고분의 석실에서도 이런 관대가 보이기 때문에 그런 것들은 백제적 요소로 볼 수가 있을 것 같습니다.

정리를 해보면 말무덤을 섬진강 유역의 일반적인 마한의 무덤으로 보기는 조금 어렵지 않나. 일부 지역적, 시기적으로 한정된 것으로 보고 지역적으로 가까운 영산강 유역과의 관계 속에서 일부 지역에 등장한 것이 아닌가 이렇게 저는 나름대로 그렇게 생각하고 있습니다.

좌장 권오영 : 예. 거기에 대해 답변해 주시죠.

곽장근 : 예. 마한 단계의 4개소 말무덤하고 사석리는 엄연히 매장 시설이 달라요. 마한 단계의 4개소 말무덤의 매장 시설은 토광묘. 사석리의 경우에는 횡혈식 석실분이거든요. 엄연히 차이가 있고요. 사석리의 경우에도 남쪽 기슭에 자리를 잡았는데 아래에서 위로 올라가면서 일단 봉분이라고 있을 때 봉분의 크기가 조금 커지는 양상을 뚜렷하게 보이고 있고요. 그래서 발굴 대상 고분을 정할 때도 중간에 고분 하나, 제일 위에 있는 고분 하나를 정해서 발굴했는데 시기적인 선후관계가 조금 있는 것 같은데 다만 선생님이 말씀하신 3호분 주구에서 나왔던 배신이 평저를 이루는 개배는 매장 시설 내부의 부장 유물이 아닌 주구 내에 쓸려 들어간 퇴적층 내에서 출토된 수습 유물이고요. 매장 시설에서 나온 유물은 상당히 안정적으로 시기 편년이 가능하다는 말씀 정도 드리겠습니다.

좌장 권오영 : 그러면 곽장근 선생님은 사석리 고분 축조 세력 피장자에 대해서 어떤 복안을 갖고 계십니까?

곽장근 : 저는 개인적으로 "마한의 계기적인 묘제의 연속성과 발전 과정, 변천 과정 등이 설정이 되지 않을까"라고 생각하고 있습니다. 남원 사

〈그림 6〉 남원 사석리 8호분

석리 8호분이 가장 위쪽에 있으면서 분묘유적의 하한을 의미하고 있다고 한다면 역시 웅진기 단계까지의 이야기를 사석리 고부균이 담고 있지 않을까. 그러면 조금 전에 말씀드렸던 4개소 말무덤과 관련된 마한의 분구묘와 남원 사석리 고분군이 서로 계기적으로 쭉 이어지는 발전 과정 속에 있다고 이해하고 있습니다. 그러다가 사비기가 되면 역시 정치중심지가 남원 사석리에서 척문리·초촌리 일대로 이동했을 것으로 생각하고 있습니다.

좌장 권오영 : 그 부분에 대해서는 김낙중 선생님도 큰 이견은 없지 않나요? 남원 지역에서 말무덤으로 불리는 무덤에서 발전하는 과정에서 사석리 석실분이 등장하고 사비기에 가서 초촌리·척문리의 석실로

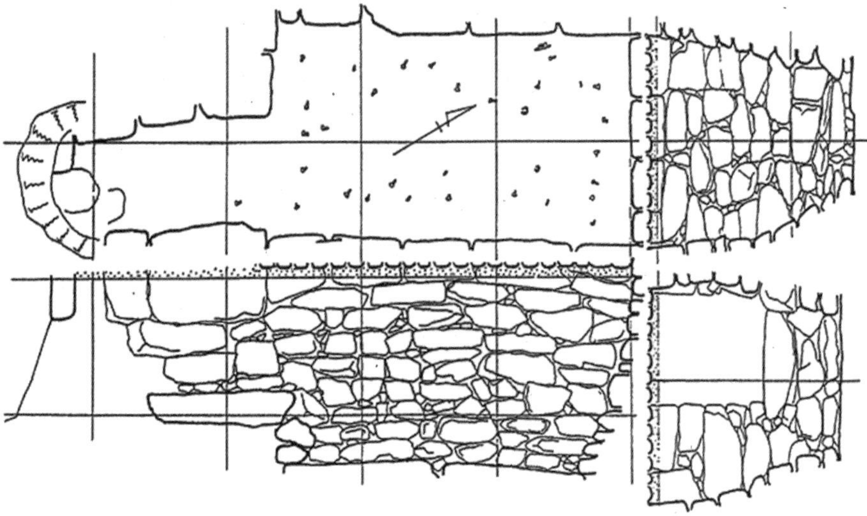

〈그림 7〉 남원 초촌리 고분군의 석실

간다.

김낙중 : 예. 그 부분에 대해서는 이견이 없는데요. 한 가지 아직 납득이 안 되는 것은 말무덤 중에 이른 시기 것은 매장 시설이 토광묘이고 그것들은 마한의 무덤이다, 이렇게 이해하는 것은… 말무덤이라는 것은 봉분이 있는 무덤을 얘기하잖아요, 지금까지도. 그런 것이 발굴조사가 돼서 예를 들면 4세기 이전으로 확인된 사례가 아직 없고 말무덤 중에서 발굴돼서 토광묘가 나온 것은 제가 알기로는 입암리 고분이 유일한데 입암리 고분의 토기를 보면 영산강 상류지역에서 전방후원분, 그 뭐죠 광주 월계동 고분 이런 데에서 나온 것과 유사하기 때문에 시기적으로 이렇게 올려보기가 어려운 것들이어서…. 예를 들면 4세기~5세기 전반 단계의 마한 취락과 관련된 말무덤이라고 얘기하는, 고고학으로 제가 확인한 바로는 아직 사례는 없는 것 같습니다.

좌장 권오영 : 자, 이 문제는 우리가 남원 지역의 고분에 대한 이해가 없는 상태에서 두 분 이야기만 듣다 보니까 우리가 어떤 의미 있는 나름대로의 생각을 하기가 어렵기 때문에 이 정도로만 정리하겠습니다. 남원 지역의 말무덤과 사석리 고분과 초촌리, 척문리로 이어지는 이 묘제의 변화가 하여튼 뭔가 중요한 키워드를 보여줄 수 있다는 정도로만 인식하고 우리가 오늘만 하고 끝나는 것은 아니니까요. 또 다음번 과제로 넘어가겠습니다.

그래서 오늘 토론 중에서 제가 생각했던 1부, 즉 토론자 선생님들이 좀 자유롭게 질문을 던지는 이 부분을 일단 마무리 지을까 하는데 혹시 빠진 게 있습니까? 왜냐면 그다음부터 가면 제가 짜 놓은 아홉 개의 틀을 갖고 이야기하셔야 하기 때문에 그 전에 '이것은 꼭 내가 해야 하겠다.' 하는 게 있으면 말씀해 주시죠.

그러면 토론 중에 휴식시간을 마음대로 할 수 없는 게 한성백제박물관이 짜 놓은 시간 내에 움직여야 해서 3시까지는 꼼짝없이 이렇게 마스크를 쓰고 질식의 위험성도 있는데 3시까지는 진행을 하겠습니다.

종합토론 2부

1. 섬진강 유역에서 정치체 혹은 정치 권력의 발생을 보여주는 물질적 증거는 무엇인가

좌장 권오영 : 두 번째는 제가 아홉 가지 질문을 던졌는데요. 일단 위가야 선생님부터 아까 말씀하시고 너무 오랫동안 기다리셔서 충분히 체력을 회복하신 것으로 알고 제가 아홉 가지 질문 중에서 하나씩 위가야 선생님부터 순서대로 이야기를 들어볼까 합니다.

첫 번째 질문은 '섬진강 유역에서 정치체 혹은 정치권력의 발생을 보여주는 물질적 증거는 무엇인가?'라고 제가 질문을 던졌는데 여기에 대해서 위가야 선생님은 답변을 안 하신 거죠. 그러면 첫 번째 질문은 위가야 선생님은 넘어가도록 하고요. 그러면 성정용 선생님께서 아까 하시던 얘기에 좀 이어서 여기 발표문에는 나와 있지 않을 텐데요. 성정용 선생님이 생각하시는 섬진강 유역에서 정치체 혹은 정치권력의 발생을 보여주는 물질적 증거는 뭐라고 생각하느냐에 대한 답변을 말씀으로 해 주시기 바랍니다.

성정용 : 아까 처음에 김낙중 선생님과 이야기하면서 얘기가 조금 나왔는데요. 사실 정치체의 모습을 보여주는 게 고고학적으로는 그렇게 많지 않습니다. 고고학적으로 정치체를 보여줄 수 있는 것이 취락의 규모 또는 지금 저희가 가진 제일 중요한 고분의 크기와 기수, 밀집도 이런 것들일 텐데요. 사실 이런 게 어느 시대부터, 어느 단계부터 나타났을까 이렇게 한다면 저는 오히려 섬진강 자체만을 본다면 그 일대를 포함해서 청동시대 단계부터 쭉 그 지역의 정치체들이 형성되는 과정을 봐야 한다고 생각하는데 제가 그쪽 지역의 전반적인 것을 다 알고 있는 게 아니어서 전부 말씀드리기는 어렵습니다만, 거기 자료에 써놓은 게 있습니다.

보성 죽산리 고인돌이 60여 기가 되죠. 이 정치체의 규모나 그런 정치력이 어느 정도일지는 모르겠지만 최소한 이런 정도 단계부터는 일단 이 일대에 정치체라고 불릴 수 있는 것이 형성된 것이 아닌가 하고 생각을 합니다. 그런데 이런 정치체가 과연 그다음에 어떻게 변했을까 했을 때 아까 마한 얘기가 계속 나왔지만 저는 김낙중 선생님께서 써놓은 50쪽에 보면 '섬진강 유역은 5세기까지 마한의 일부'였다, 또 아까 곽장근 선생님께서도 '마한의 묘제'다. 이런 얘기를 많이 하셨는데요. 이렇게 하게 되면 혹시 마한이라는 어떤 정치체와 관련된 영역 내지는 거기에 속하는 관련된 이런 것으로 오해하기 쉽다는 생각이 듭니다.

처음부터 논의됐던 것이지만 그 지역에 있는 정치체들이 계속 이전부터 자기들이 갖고 있는 운동력에 따라서 나름대로 형성되어 왔을 텐데 이것을 또 어떤 마한의 중심지라고 한다면 기원전과 후가 많이 다를 텐데요. 기원전에는 아마 금강 주변 어디였을 것이고 기원후에는 목지국 땅이 어디였을지 잘 모르겠습니다만 그런 중심지와 관련시켜서 자꾸 생각을 할 수밖에 없게 되어 있거든요. 그래서 저는 오히려 이런 정치체들이 형성되는 모습을 보여주는 유적들이 아까 김낙중 선생님께서 말씀하셨던 유적 가운데 석두리 취락이나 고분군, 순창 구미리 유적 그리고 남원 세전리, 곡성 대평리 이런 지역들이 정치체의 존재를 보여주는 것이기는 합니다만, 마한이나 이런 것들과 관계시켜서 얘기하는 것은 조금 자제해야 하는 것이 아닐까. 그래야 그 지역 정치체의 실상을 저희가 파악할 수 있는 것 아닐까 이런 생각이 듭니다.

좌장 권오영 : 예. 지금부터는 토론자들이 방어하는 입장이고 토론자들의 견해에 대해서 발표자들이 얘기하시는 거니까 두 분 선생님이 마음 놓고 토론자들에게 지적해 주시기 바랍니다. 성정용 선생님의 이 견해에 대해서 두 분 중에 아무나 하시죠.

김낙중 : 저는 계속 마한을, 지금 얘기하는 것은 일상생활과 관련된 물질문화가 동일하거나 유사하다는 측면에서 말하는 것이고 소국이나 국가 단계의 정치체 수준에서 마한이라는 표현을 쓴 것은 아니라는 말씀을 드리겠습니다. 정치체라는 것도 수준이 다양하죠. 취락 단위 사회도 정치체라고 정의할 수는 있는 거죠. 그런데 우리가 보통 정치체라고 하면 적어도 소국, 고대국가 단위 정도로 얘기를 하는데 취락 단위에서도 얼마든지 정치조직을 구성하고 권위를 이용해서 사회를 유지하면 정치체라고 할 수 있을 것이라고 생각합니다. 어쨌든 제가 여기서 사용한 마한이라는 말은 그런 정치적인 의미보다는 문화적 의미로 썼다고 이해해 주시기 바랍니다.

좌장 권오영 : 그러면 성정용 선생님이 얘기하시는 정치체라고 하는 용어에 대해서 김낙중 선생님은 사실은 약간 다른 입장인 것 같아요. 그러니까 고인돌을 만들던 집단도 정치체라고 굳이 부르자면 부르지만, 우리가 여기서 다루는 정치체라고 하는 것은 조금 정치 쪽에 무게가 간다면 그런 것은 공동체의 지역집단 이런 것이지 정치체라고까지 부를 수 있겠느냐. 조금 그런 회의가 있는 것 같은데 맞나요? 제가 너무 예민하게 봤나요?

김낙중 : 정치체도 레벨이 여러 단계가 있다. 그러니까 제가 다루는 것은 보통 적어도 삼한단계의 소국이나 고대 국가 단계를 얘기할 때 정치체라는 용어를 자주 썼다는 얘기입니다.

좌장 권오영 : 예. 사실은 이게 같은 것 같지만 성정용 선생님은 입장 차이가 있습니다. 정치적인 운동력을 웬만큼 가져야 정치체라고 봐야 하는 것 아닌가 하는 입장이거든요. 거기에 대해서 간단하게 말씀해 주시죠.

성정용 : 저도 사실 그렇게 생각을 하는데 문제는 그 정치적 권력을 행사하는 단위가 어느 정도 될지 고고학자가 잡아내는 것이 상당히 어렵다는 데 문제가 있는 거죠.

좌장 권오영 : 예. 그 문제는 지금 끝나는 것이 아니라 역시 같은 취지의 질문을 박현숙 교수님이 하셨거든요. 그래서 그 입장은 박현숙 교수님 본인의 입장이 되는 거니까 발표해 주신다고 생각하시고 말씀해 주시기 바랍니다.

박현숙 : 충분히 정리되지는 못했는데요. 여기서 섬진강 유역에서의 정치체를 보여주는 물질적 증거 얘기를 하셨는데요. 시기에 따라서 다를 것 같습니다. 만약에 청동기 이후라고 한다면, 어쨌든 국가 발전 단계에서 군장사회 정도의 모습은 보일 수 있을 것 같은데요. 물질적 증거라고 하니까 자신은 없지만 보통 인구라든지, 성城이라든지, 고분이라든지, 취락 이런 지표들을 생각해볼 수 있을 것 같습니다. 고고학 연구자들의 논문들을 찾아보니까, 발굴 결과 고분과 취락 유적을 많이 주목하셨더라고요. 그런데 물질적 증거는 아니지만, 삼한전에 보면 마한의 대국은 1만여 호고, 소국은 수천 호이고, 또 변진의 대국은 4천~5천여 호이고, 소국은 600~700여 호라고 합니다. 그러니까 실제로 마한의 대국과 변진의 대국은 사이즈가 굉장히 다르다는 거죠. 마한의 대국은 변진 소국의 거의 스무 배나 됩니다. 그래서 우리가 정치체를 논의할 때, 정말 큰 정치체도 있고 작은 정치체도 있다고 보아야 할 것입니다. 섬진강 유역에서 고총고분이 안 나온다고 해서 그것을 '어떤 정치체가 없었다고 보기보다는 작은 사이즈의 정치체가 있었다.' 이런 식으로 이해하면 되지 않을까 하는 그런 생각을 해봤습니다.

좌장 권오영 : 공교롭게도 박현숙 교수님과 성정용 교수님의 입장이 비슷한 것 같아요. 그래서 김낙중 선생님 한 번 더 하시겠어요, 아니면 정재윤 선생님이 하시겠어요?

정재윤 : 저는 별 의견은 없고요. 정치 형태는 집단생활을 할 때부터 존재합니다. 이 집단을 어떤 단계에서 정치체로 규정할 수 있을 것인가가

문제입니다. 소위 말하는 국가 단계인가. 아니면 우리가 요즘은 많이 쓰지는 않지만 chiefdom 단계인가. 이런 고민이 있고요. 그런 면에서 예를 들어서 지금의 섬진강 유역의 일대의 장수군 인구를 봤더니 1개 군이 2만 명밖에 안 돼요, 현재 인구가. 물론 도시화가 진행됐다고는 하지만 지금의 인구가 예전의 백제시대 때보다는 많이 증대한 것은 분명합니다. 그런 것을 봤을 때 과연 여기에서 국가 단계의 정치체가 등장하고 주변에 영향을 끼치면서 발전할 수 있는 물적·인적 자원을 형성할 수 있을까. 이런 면에서 본다면 정치체라고 할 수가 없고요. 국가 단계에 이르렀다고 볼 수 없지만 또 한편으로는 그 나름대로 변한의 조그만 나라가 600~700가家라고 하니 이런 소규모 같으면 불가능한 것은 아니죠. 섬진강 유역의 정치체 권역이 어떻게 형성되었는가에 따라서 달라지기 때문에 뭐라고 이야기할 수는 없습니다.

좌장 권오영 : 예. 두 번째 질문으로 이어지는 부분인데 결국은 다 같이 갈 것 같습니다. 곽장근 선생님께서 이 부분에 대한 정리를 일단 해 주시고 곧바로 사실은 누 번째 질문이 이어지기 때문에 넘어가겠습니다.

곽장근 : 예. 제가 말무덤의 의미를 마한 단계로 구체적으로 말씀을 드렸는데 섬진강 유역만의 조사성과가 아닙니다. 전북 서부, 즉 서해안 일대를 조사해 보면 서부지역에도 말무덤이 상당히 많이 분포되어 있다는 것을 확인할 수 있습니다. 우리가 통상 마한의 핵심 거점세력을 해양세력의 꼽는 분들이 많이 계시는데 그렇다고 한다면 전북 서해안에 많이 산재되어 있는 말무덤들에 관심을 가져야 할 것 같습니다. 일부 부분적인 발굴을 해보면 역시 매장시설의 특징, 조사

내용은 마한과 관련된 내용입니다. 그리고 말무덤의 기수를 섬진강과 비교해 봐도 별 차이가 없습니다. 다만 전북에 있어서 고창은 예외로 분리해서 이해할 필요가 있고 나머지 지역에 있어서는 그렇게 큰 차이가 없다는 부분은 말씀을 드리고 싶습니다. 군산대학교 캠퍼스 내에 말무덤이 10기가 있습니다. 어렵게 예산을 확보해서 3기를 발굴했는데 역시 마한 분구묘입니다. 다만 섬진강에서 말무덤이 대부분 유실된 상황에서 구체적으로 계속 말씀을 드리면 적절치 않을 것 같습니다. 그렇지만 완주 상운리 고분군과 연계하여 섬진강 유역 말무덤의 역사성을 이해해도 중요할 것으로 생각합니다.

좌장 권오영 : 예. 곽장근 선생님은 아까 말씀하신 것에 이어서 말무덤을 유력한 근거로 대셨습니다.

저는 오늘 사회만 보기 때문에 제 입장은 가급적 자제하고 있습니다. 다만 여기서 한 가지만 제안 말씀을 드리겠습니다. 지금 청동기시대 이후의 정치력의 발전, 지역 집단의 확대는 다 누구나 인정하시는 거죠. 다만 그 중요성을 성정용, 박현숙 선생님처럼 조금 더 앞 시기부터 두는 입장하고 김낙중 선생님처럼 조금 뒤 시기에 두는 입장의 차이가 있습니다. 그런데 이것을 조금 더 넓은 차원에서 보았을 때, 섬진강 유역만이 아니라 고구려, 백제, 신라, 가야의 여러 중요 세력들을 보았을 때 분명히 이 지역에 아직 나오지 않은 물질적인 증거들이 있습니다. 이것은 지금 고총하고 위세품만 이야기할 수밖에 없지만 예를 들어서 수장 거관은 아직 여기서 안 나왔어요. 예를 들어서 평택의 세교라든지 세종의 나성리라든지 광주의 동림동. 이런 게 아직 안 나왔습니다. 이런 게 나와줘야 합니다.

그다음에는 축성도 백제나 가야나 신라의 지방을 지배하기 위한 축성이 아니라 이 자체적인 정치체가 발전하면서 성을 쌓는 단계가 있지 않습니까. 예전에는 가야에 축성단계가 없으니까 정치체가 없을 수도 있다고 하는데 요즘 와서 보면 김해, 고령, 합천, 함안 심지어 고성까지 다 웬만큼 성장하면 성을 쌓거든요. 그러니까 제가 말씀드리는 성은 백제가 이 지역을 지배하기 위한 성이 아니라 이 지역 정치체가 축성한 것을 찾아야 합니다. 그다음에는 조세 수취의 증거인 대규모 창고군이 필요합니다. 그 창고가 고상 창고 굴립주 건물로 쭉 나와 주지 않더라도 하다못해 플라스크형 수혈 같은 게 최근에 경기도 지역에서 많이 나오고 있지 않습니까. 그런 조세 수취가 됐건 아니면 여러 재화들을 보관했던 창고 이것도 안 나오고 있어요. 그다음에 위세품은 별로 없고 백제를 통한 혹은 중국제 혹은 가야계 위세품들이 나오지만 그것으로 그칠 것이 아니라 위세품들을 분여하는 시스템이 있습니까? 백제의 금동관과 청자 자기류를 통하거나 신라의 금동관과 허리띠, 신발을 통한 이런 시스템도 아직은 안 보이고 있거든요.

그다음에는 아까 제가 잠깐 말씀을 드렸지만, 이쪽 토기 연구할 때 백제계, 그것도 대개 지방이죠. 아니면 가야도 사실은 대가야라고 하지만 고령일 수도 있고 그게 합천일 수도 있고 함양일 수도 있고 산청일 수도 있고요. 소가야라고 해서 그게 진주, 고성이라는 보장이 없습니다. 소가야 토기라고 하더라도 그게 합천 삼가 쪽일 수가 있고 의령 쪽일 수도 있고 아니면 산청 쪽일 수도 있거든요. 그래서 이렇게 가야하고 백제의 중앙도 아니고 주변부 토기들이 나오는 것을 갖고 우리가 백제, 가야라고 얘기를 하지만 실제로는 그것은 백제 중앙도 아니요, 고령도 아니고 섬진강 유역에 가까이에 있는 백제 지방 내지 가야 세력 중의 어떤 것일 수도 있거든요. 그래서 그런 것을 봤을 때 제가 보기에 시급한 것은 섬진강 유역의 토기는 과연 어떤 식의 발전을 밟았느냐 이것부터 해줘야 하는 것이 아니냐. 그래서 저는 섬진강 유역의 정치체의 성격을 제대로 보기 위해서는 지금까지의 방법론 말고도 이런 것을 얘기를 해줘야 한다. 이런 생각이 들었고요. 자료가 없으니까 어쩔 수는 없지만 찾아봐야죠. 그래서 곽장근 선생님이 말무덤도 찾으실 때 플라스크형 수혈도 찾으시고 그다음에 얘기는 안 했지만, 또 하나 토기 가마 문제도 나중에 나오겠지만, 이 지역의 토기생산이 어떤 방식이었을지. 예를 들어서 굳이 도질 토기를 만드느니 그것은 그냥 가야 지역에서 싸게 사서 쓰자. 토기 유통망의 문제도 있거든요. 그래서 조금 그런 부분을 봐야 하는 것이 아니냐 하는 제 생각입니다.

2. 섬진강 유역 고대 정치체의 실상

그래서 첫 번째 질문이 곧바로 두 번째 질문으로 이어지기 때문에 제가 잠깐 끼어들었고요. 두 번째 질문이 바로 같은 내용입니다. 섬진강 유역에서 삼한 단계 이후 성장하던 고대 정치체의 실상을 어떻게 파악할 것인가. 지금 이미 이야기가 나오고 있습니다. 그래서 예를 들어 마한의 한 구성 분자로 볼 것이냐, 아니면 변한의 구성 분자이냐 아니면 이것도 저것도 아닌 제3자냐. 이런 질문을 제가 던졌는데 사실 이미 앞에 많이 나왔어요. 많이 나왔는데 위가야 선생님이 여기에 대해 말씀이 있는 것 같아서 조금 정리해 주시기 바랍니다.

위가야 : 정치체의 실상 부분에서 마한의 구성 분자로 볼 것이냐 변한의 구성 분자로 볼 것이냐는 말을 할 때 이 마한이나 변한이라고 하는 것

을 문헌적으로 볼 때는 아무래도 『삼국지』 위지 동이전에서 마한의 54국을 얘기하고 진·변한의 24국을 얘기하는 건데요. 『삼국지』 위지 동이전을 보면 마한의 국을 설명하기 전에 이 나라들이 산과 바다 사이에 산재해 있다는 기록을 하고 있거든요. '산과 바다에 산재해 있다'고 하는 표현이 무엇을 가리킬까 하는 생각을 잠깐 해본 적이 있었는데 중국에서 사람들이 배를 타고 쭉 가면서 한반도 쪽을 바라보면서 마을들이 있고 나라 같은 것들이 있는 것을 봤을 것 아니에요. 사람들이 모여 사는 것. 그렇게 되면 바다 쪽에서 바라봤을 때 산을 뒤에 놓고 여러 마을이 있는 것을 계속 보면서 '이 사람들이 이렇게 살고 있구나'라고 생각한 기록이 '이 산과 바다에 산재해 있다'는 기록은 아니었을까? 라고 생각했습니다.

그렇다고 할 때 섬진강 유역이라고 하는 것은 그러한 관찰에서는 좀 배제된 내륙지역이라고 생각을 한다면 일단 『삼국지』 위지 동이전이라고 하는 문헌 안에서는 마한도 아니고 변한도 아닌, 그러니까 문헌에서 배제되어 있는 어떤 지역이 아니었을까 하는 생각을 일단 해봤고요. 그렇기 때문에 좀 더 다른 연구, 그러니까 특히 발굴조사를 통한 그 지역의 독자적인 양식이나 이런 생각들이 찾아져야 하지 않을까 하는 생각을 했습니다.

또 한 가지는 5세기가 넘어가면서부터 보면 이미 많이 연구를 하셨다시피 조금 더 초기에는 소가야의 영향을 좀 받는 것 같고 뒤로 가면 대가야의 영역이라는 표현이 나올 정도로 대가야의 영향을 강하게 받는 모습들을 볼 수 있습니다. 상대적으로 주변의 강한 세력에 의해서 영향을 많이 받을 수밖에 없는, 좀 더 구심력이 강하지 않은 정치체들이 그 지역에 자리잡고 있었던 것일까 하는 생각이 듭니다. 그와 함께 또 하나는 거기가 내륙 교통로이기 때문에 이를 이용하고 싶어 하는 상대적으로 더 강력한 세력들이 좀 더 많이 진출하려고 했던 지역이었던, 그러니까 일종의 말 그대로 상대적으로 대상화된 지역이 아니었을까? 하는 생각도 해봤습니다. 그래서 저는 제3세력에 좀 더 가깝다고 생각합니다.

좌장 권오영 : 네. 여기에 대해서는 정재윤 선생님이 답을 해 주시는 게 좋을 것 같습니다. 마한이냐 변한이냐 이렇게 구분할 것이 아니라 이 지역의 정치체는 마한도 변한에도 속하지 않은 기록되지 않았던 세력일 가능성이 있다. 그와 함께 이 지역의 중요성이 부각되는 것은 어차피 이 지역이 갖고 있는 주변부적인 성격으로 인해서 주변세력이 강대해지고 나서 그들의 필요에 의해서 이 지역이 분쟁의 대상이 되면서 중요해지는 것이 아니냐 이런 말씀으로 파악했습니다.

정재윤 : 기본적으로 동의는 하는데요. 우리가 마한 54개국, 진·변한 이야기하는 것은 『삼국지』 위지 동이전의 기록을 통해서 이해하고 있고요. 거기에 따라서 위치 비정을 하다 보니까 일부 지역은 지금 누락이 됐다. 이렇게 이야기를 드릴 수가 있는데 일종의 중국의 관찰자적인 입장에서 이야기한 것이고, 그 기록 자체에 비정된 지역에 섬진강 유역이 빠졌느냐 안 빠졌느냐 이것은 별도이지만 그 자체를 가지고서 3지대로 바로 넘어가기에는 나름의 일리는 있지만, 선뜻 동의하기는 힘듭니다. 전체적으로 섬진강 유역 그리고 섬진강을 넘어서 그 동안인 운봉, 아영 일대 그리고 또 순천이랄까 광양 일대가 주목되고 발전하는데, 소위 말하는 백제와 가야의 접경이며, 나중에는 가야가 소멸하면 신라의 서진과도 밀접한 관련이 있기 때문에 그런 차원에서 이 지역이 부상하게 된 것이 아닐까요. 그리고 또

부상하게 된 세력을 보면 중요한 교통로를 따라서 부상하고 있기 때문에 주변 세력의 흡입력에 의해서 정치체가 발전하고 있는 양상이며, 이것을 가지고서 정치체로 구별하라고 하니까 참 힘든 상황이 아닌가 생각을 합니다. 원래 그 모습은 보이지 않고, 신라나 그리고 가야, 중국의 관점에서, 더욱이 또 오늘날 우리의 관점 속에서 그 정치체를 이해해야 하니까 조금 힘들지 않을까 생각이 됩니다.

좌장 권오영 : 두 분 입장이 큰 차이는 없을 것 같은데 제가 보니까 박현숙 교수님도 비슷하면서 조금 더 상세하게 말씀하셨기 때문에 박현숙 교수님이 먼저 말씀을 해 주시죠.

박현숙 : 질문을 하셔서 좀 찾아봤는데요. 삼국지 마한 50여 국에 대해서 어떻게 비정했는가 찾아보았더니, 보통 경기·충청·전라지역으로 비정을 했고요. 변·진한에 대해서도 찾아봤는데 실제로 변·진한 지역 비정에도 섬진강 유역은 빠져 있고 또 마한 지역 비정에도 빠져 있었습니다. 조선 후기의 한백겸은 『동국지리지』에서 변한의 구역에 대해서 지리산 일대라는 얘기를 했고, 안정복 선생님은 『동사강목』에서 '낙동강 이서 지리산의 서남이 변한 지방이다.' 이렇게 얘기를 해서, 조선 후기 학자들 견해를 보면 섬진강 유역을 변한 쪽에 넣은 것 같기도 합니다.

한편, 박순발 선생님은 2013년 논문에서 마한 50여 개국을 비정하면서, 기존 학자들은 마한 지역에 넣지 않은 임실, 곡성, 순천을 마한 지역에 비정하셨더라고요. 그리고 오늘 발표에서도 나왔지만, 섬진강 중류 유역 일대의 문화를 마한과 가까웠을 것이라고 하는 얘기들을 했습니다. 기존에는 섬진강 유역을 마한과 변·진한 사이의 공백지처럼 이해했는데, 요즘에는 마한과 가깝게 이해하는 경향이 있는 것 같습니다.

그런데 저는 섬진강 상류, 중류, 하류에 따라서 양상이 다 똑같았을까? 하는 궁금함도 있습니다. 그래서 취락하고 고분이 나온 연구들을 보니까, 하류 일대에서는 굉장히 밀집화 되어 있었습니다. 그래서 제가 어디서부터 진출했을까 하는 것을 여쭈어 본 것입니다. 섬진강 상류나 이런 쪽에서 잘 안 나타나는 것들이 하류에서 일찍 나타나고 있어서요. 그래서 섬진강 유역에서 성장한 정치체들을 일괄해서 마한이나 변한 어디에 속했다고 단정하기는 어려울 것 같습니다. 또한 그렇다고 독자 세력이었느냐? 독자 세력의 문제도 시기가 매우 중요할 것 같습니다. 어느 시점인지? 그리고 정치체도 어느 시점에서 나타났는지 하는 문제들이 중요한데, 지금으로서 저는 단정하기 어렵다고 생각합니다.

좌장 권오영 : 네. 세 분의 입장이 제가 이렇게 유도한 것은 아닌데 비슷하게 가고 있습니다. 그래서 곽장근 선생님이 말씀하신 것을 봤더니 이것과 조금 내용이 다른데 자료집 주신 것이 아니더라도 이 부분에 대해서 하실 말씀이 있으면 간단하게 해 주시죠.

곽장근 : 섬진강 유역에 지역적인 기반을 둔 세력 집단의 동향과 발전과정에 초점을 맞추어 정리해보면 마한부터 백제까지의 연속성, 즉 계기적인 발전 과정은 설명 가능합니다. 그 정도로 말씀을 드리겠고요.

저는 상중하를 나눌 때 역시 백제 중심에서 보게 되면 이것이 일관되게 목적지는 가야를 향했거든요. 가야를 가겠다는 의지가 강하지요. 그러면 섬진강 유역을 경유해서 목적지가 가야라고 한다면 상류에서 바로 가야 쪽으로 방향을 틀지요. 임실 월평리 산성은 구전으로도 삼한부터 성을 쌓아서 운영했다는 얘기가 전해지고 있고, 몇 차례 발굴 결과에 의하면 일단 최상층은 후백제 층인데 다시 아래로 2m 남짓 들어가니까 한성기 문화층이 나옵니다. 권오영 선생님께서 말씀하신 대로 생각을 좀 바꾸어서 새로운 도전에 관심을 갖게 되면 유의미한 자료가 섬진강 유역에서 안정적으로 많이 나왔습니다. 지금 말씀드린 그 이상의 구체적인 내용은 아직은 고고자료가 워낙에 부족해서 쉽지 않습니다.

좌장 권오영 : 지금 말씀은 두 번째 질문에 대한 말씀이 아니라 나중에 해 주실 말씀인데 미리 해 주셨네요. 그래서 그것은 뒤에 다시 듣도록 하고요.

마지막으로 성정용 교수님, 지금 그 부분만, 이 세력을 삼한 단계에서 마한·변한에 어떻게 위치 지을 것이냐 이 말씀만 좀 해 주십시오.

성정용 : 예. 제가 너무 독자성을 강조하는 것처럼 들릴 수 있을 것 같기는 합니다만, 기본적으로 저희가 초기철기 단계를 생각하시면 그때 마한의 고조선 준왕이 남천하여 거주하였다는 기사가 나오죠. 그때의 그런 마한의 물질문화가 혹시 점토대토기, 세형동검 단계라면 그러면 마한의 영역이 어디까지일까? 이런 원론적인 질문이 생길 수 있을 것 같습니다. 그래서 너무 마한 또는 진·변한 이런 것에 초점을 두고서 세력권을 구분하려고 하는 것은 지양해야 하지 않을까. 그렇다고 해서 제가 결코 섬진강 유역의 정치체들이 독자적인 운동력, 아까 얘기를 했지만 그렇다고 해서 그게 엄청난 수준으로 발전했다. 이런 얘기를 하려고 하는 것은 아닙니다. 다만 지역에 있는

집단들이 굳이 어디에 소속되어 있어야 한다는 강박관념에 벗어나자는 것이었습니다.

좌장 권오영 : 예. 아주 좋은 말씀입니다. 이 지역의 3~4세기 지역 정치체를 우리 머릿속에서 마한이냐 변한이냐 어딘가에 자리매김을 하지 않으면 미쳐버리는 것은 우리의 못된 습관이지 이 지역 정치체는 이 지역에 있는 것이죠. 그래서 오늘 이런 말씀을 쭉 들어보면 우리가 그 동안에는 마한, 진한, 변한 70여 개국을 서울, 경기, 충청, 전라, 강원 일부에 빠짐없이 다 일일이 배치하려고 해왔던 것은 이제는 좀 버릴 때가 되지 않았느냐. 중국 그 시기 사람들이 무슨 호구조사를 한 것도 아닌데 다니면서 특히 내륙지방 쪽, 아까 위가야 선생님의 말씀대로 주로 산과 바다로 이어지는, 윤용구 선생님이 누차 얘기했던 어떤 교통로 상에 접해 있는 세력들은 상세하게 기록됐을 것이고, 삼국지에 입전됐을 것이고 그렇지 않을 때에는 얘기를 통해 듣기도 했을 것이고 어떤 경우는 누락되기도 했을 것이고 이렇게만 해 주면 문제가 풀리거든요. 그러면 반드시 70여 개만 있는 것은 아니고 더 있을 수 있다. 『삼국사기』 신라본기를 보더라도 진한조에 나오지 않은 국명들이 나오잖아요. 그런데 우리는 그것을 억지로 맞춰보려고 했는데 이것만 풀어주면 이 지역의 정치체도 나름대로 연구할 수 있는 측면이 있다. 그런데 다 풀어주실 건가요?

성정용 : 또 반대로 그런 것도 있는 것 같네요. 박순발 선생님이나 천관우 선생님이 마한의 정치체를 비정하지 않았습니까? 『삼국지』 위지 동이전을 통해서 마한의 영역도 여러 가지로 생각을 해보고 있는데 제가 사는 지역이기는 합니다만, 충청북도 지역은 전혀 그 공간에 비

정이 안 되어 있습니다. 그런데 어느 분이 봐도 그쪽에 나오는 물질 문화를 마한이 아니라고 할 일은 거꾸로 없을 것 같고요. 또 굉장히 약한 정치체였다? 그러면 고분이나 취락의 집성도 조그만 취락 하나 발굴했을 때 최근에 나온 것은 송절동 같은 경우는 550기 정도가 나왔습니다. 3~4세기대의 취락인데요. 이런 정도의 취락 규모가 그러면 작은 정치체일 것이라 생각 하지는 않는데 저희가 생각하는 것은 마한의 영역 비정에는 다 빠져 있습니다. 반대도 있기 때문에 저희가 그런 데에서만 조금 더 자유로워지면, 조금 더 상상력이 풍부해지면 좋지 않을까. 저는 위가야 선생님이 처음에 말씀하셨던 것에 동감하는 바가 있습니다.

좌장 권오영 : 이외의 경우에도 충청도 지역에서 분명히 국의 형성과 발전을 보여줄 정도로 풍부한 고고학적인 자료가 나와 있음에도 불구하고 현재 마한 50여 국의 비정에는 어디에도 속하지 않는 세력이 있다는 말이죠. 그게 현실입니다. 그러니까 그게 또 나오면 기존의 국명을 비정한 것 다 바꾸고 그리로 대입하고 이런 것은 하지 않잖아요. 그래서 이제는 예를 들어서 진·변한적인 물질문화, 마한적인 물질문화가 뭔지는 대략 우리가 합의하고 있는데 이 중간적인 지역인 섬진강 + 서부 경남 지역을 엄밀하게 마한 정치권, 변한 정치권 이렇게 보기보다는, 어떻습니까? 이쪽하고 서부 경남지역하고도 좀 3~4세기 단계에 통하는 부분이 많지 않습니까. 주거지나 이런 부분에서? 그래서 이런 부분들은 어떻게 겹친다고 생각할까요? 아니면 서로 간에 중첩되지 않는 지역의 공백이라고 할까요? 이런 지역들이 한반도 중부 이남에 상당히 넓다고만 인정하면 우리가 조금 기존의 생각의 굴레에서 벗어나서 새로운 단계의 연구를 할 수 있지

않을까 했는데 정재윤 선생님이 반론을 하실 것 같습니다.

정재윤 : 지금 약간 겉돌고 있는 것 같은데요. 현재 문헌에서도 마한, 진한, 변한 78개국에 얽매이지는 않습니다. 한 시점만을 보여준 것이고 그리고 또 거기에 대해서 위치 비정을 했는데 그 위치 비정의 순서랄까. 이 부분도 현재까지는 대안이 없기 때문에 그 부분을 관성적으로 어디에 비정되고 있다 정도로 참조하여 이야기하는 거죠. 그 다음에 청주지역이나 다른 지역을 말씀하시는데 사실은 어느 지역이 부상하는 데는 1세기 단계와 4세기 단계가 차이가 난다는 거죠. 4세기가 단계가 되면 농업이랄까 관계농법이 서서히 발달하면서 생산력이 높아지고 또 행동 범위가 넓어지니까 교류 범위도 커지고 그러다 보니까 4세기 단계부터 세력의 통합이 이루어지고 그런 단계에서 어느 지역으로 통하는 루트가 부상한다. 그렇게 보니까 1세기에서 3세기 단계와 4세기에서 5세기. 또 5세기에서 6세기 단계가 이렇게 계속 조금 차별화될 수가 있다는 거죠. 그런 차별화된 전략 속에서 우리가 그 지역에 접근해야 한다.

예를 들어서 아영면 일대 같은 경우도 사실은 백제의 동진과 관련되고 그리고 또 대가야의 영향권 이런 것과 관련돼서 그 지역이 부상이 되고 또 거기가 핫코너로 떠오르는 것은 바로 교통로와 관련이 되고 자연스럽게 그 지역의 파이가 커지면서 정치체가 성장하는 것이 아닌가 이렇게 생각이 됩니다.

곽장근 : 운봉고원을 말씀하셔서 제가 조금 보충설명을 하겠습니다. 섬진강 유역 동쪽에 운봉고원이 자리하고 있습니다. 백두대간이 서쪽 자연 경계를 이루고 있는데 수계상으로는 남강 수계에 속합니다. 종

래의 지표조사 성과에 의하면 운봉고원 일대까지 말무덤 분포양상이 확인됩니다. 그리고 더 재밌는 것은 물론 정사는 아니지만 마한의 왕이 피난을 갔던 곳이 지리산 달궁계곡입니다. 구체적으로 한나라 소제, 즉 기원전 84년에 전쟁이 일어나니까 마한의 왕이 피난을 떠났는데 그 피난지가 지리산 달궁계곡이라고 합니다. 조선시대 서산대사가 쓴 『황령암기』에 나오는데, 고고학자는 그 기록을 근거로 달궁터를 찾기 위한 지표조사를 실시했습니다. 지리산 달궁계곡에 절골이 있는데 토성이 절터를 휘감고 있습니다. 왕궁이 문을 닫으니까 나중에 그 평탄지를 이용해서 절을 짓지 않았을까 생각이 듭니다. 운봉고원과 장수군 일원까지는 말무덤의 분포양상이 확인되고 있는데 조금 전 위가야 선생님이 말씀하신 것처럼 마한의 바다와 산을 말씀하셨는데 말무덤 분포양상을 지도에 표기해보면 서해안에 아주 집중되어 있습니다. 그리고 동부 산간지대에도 적지 않게 말무덤이 지표조사에서 확인됩니다. 비록 구전의 내용이지만 지표조사 통해 유의미한 자료도 확인되고 있습니다. 그렇다고 하면 마한과 변한의 경계도 말무덤의 분포양상을 통해 검토가 가능하지 않을까 생각합니다.

좌장 권오영 : 곽장근 선생님은 말무덤을 너무 사랑하셔서 모든 질문에 대한 답에는 이어서 말무덤이 끼어 있는데 말무덤은 중요하죠. 말무덤 얘기는 뒤에도 또 나오니까요. 그래서 정재윤 선생님이 말씀하신 대로 우리가 이 부분에 대해서 조금 더 유연한 자세를 취한다면 안 보이던 부분들도 보이지 않을까. 제가 걱정하는 건 이런 거예요. 마한이라고 하는 그 자체를 너무 딱딱하게 생각해서 이쪽은 마한이니까 마한적인 요소가 보이지 않으면 이상한 것이고. 이런 식보다는

이 지역 자체는 영남지역의 요소와 호남 서부지역의 요소가 중첩될 수도 있고 고유한 부분도 있고 또 섬진강 상류, 중류, 하류가 아까 김낙중 선생님 발표를 들어보니까 다 다양한 모습을 보이잖아요. 그래서 조금 풀어놓고서 보자. 이런 뜻이었습니다.

정재윤 : 일단 논의가 약간의 오해의 소지가 있을 것 같아서 제가 말씀을 드리는데요. 일단 저희 문헌사 입장에서는 조선 중기에 마한왕이 정착했다는 달궁에 대한 사료 검토를 거쳐야 그다음에 논의를 진행을 할 수가 있을 것 같습니다. 학술대회에서 선생님의 달궁유적을 찾으려는 노력. 그리고 선생님이 이제까지 이룩하셨던 많은 고고학적 성과는 대단히 존중하지만 또 한편으로는 그와 마찬가지로 문헌의 입장도 같이 병행을 하시면서 해야 서로 도움을 주면서 갈 수 있지 않을까 생각이 됩니다.

마찬가지로 말무덤이 나왔는데 선생님이 저희 백제사 연구자에게 굉장히 좋은 안내를 해 주셨고 저도 많이 배웠습니다. 그리고 그럴 개연성도 많고요. 저도 거기에 동의합니다. 그런데 또 한편으로는 문헌 하는 입장에서 말무덤 그 자체가 기준점이 되는 것이 아니라 같은 남원이라고 해도 동안과 서안의 문화적 양상이 차이가 있기 때문에 동안과 서안의 전체적인 문화적인 양상을 가지고서 종합적으로 논의를 해야 훨씬 더 좋지 않을까. 그럼으로써 또 선생님이 계속 심혈을 기울이시는 말무덤이랄까? 이런 것도 실체가 밝혀지지 않을까 이렇게 생각이 됩니다.

좌장 권오영 : 논의가 지금 달궁과 말무덤으로 잠깐 샜는데요. 시간이 6분 남아서 새로운 주제로 못 들어가니까 조금만 더 이야기하도록 하겠습

니다.

곽장근 : 전북 동부지역 말무덤 분포양상을 설명하는 과정에서 제가 조금 앞서갔다는 부분은 인정합니다. 다만 4세기대까지의 토기류 조합상은 섬진강 유역과 일맥상통합니다. 즉, 마한계, 백제계 토기만 함께 나온다는 부분도 발굴에서 어느 정도 확인되고 있습니다.

좌장 권오영 : 남원 달궁터에서요?

곽장근 : 운봉고원에서요.

성정용 : 말무덤 관련해서 고고학적 지표조사라고 하면 사실 여러 지역에 말무덤이라고 전해지는 것들이 많이 있습니다. 저희가 지표조사를 할 때 굉장히 중요한 지표가 있습니다. 유적을 찾기 위해서 고분군이 어디에 있는지 잘 모를 경우에 주민 분들한테 여쭤보면 "저기에 말무덤이 있습니다." 이렇게 각 지역마다 가면 다 말씀을 하세요. 그런데 그런 말무덤들이 조사를 해보면 고려 것도 있고요. 조선 것은 없습니다만, 최소한 고려시대 것까지도 말무덤으로 부르는 경우도 꽤 많이 있습니다. 그래서 말무덤들이 갖는 의미는 그 지역의 또 시기에 따라서 다양하게 되어 있기 때문에 그 말무덤이 곧 그 지역 단위 정치체의 수준을 보여주는 것만은 아니다. 이런 것을 저희가 고민할 필요가 있을 것 같아요.

저는 곽장근 선생님이 여러 군데 다니시면서 찾아놓은 고분군들을 굉장히 중요하고 의미 있게 생각합니다만, 다만 아까 남원 입암리라든지 이런 곳에서 보이는 고분군의 규모와 그다음에 전체적인 집중도가 어느 정도 단위 정치체의 수준을 보이는가와는 별개의 문제가 아닌가, 그것에 대한 엄밀한 평가는 단순히 그 자체의 크기가 아니라 주변과의 비교를 통해서, 다른 것과의 동시기 또는 앞과 뒤 시기의 비교를 통해서 어느 정도가 되는지 엄밀하게 추측해봐서 얘기할 수 있는 문제가 아닐까, 그런 생각을 하고 있습니다.

좌장 권오영 : 예. 곽장근 선생님의 얘기에 많이 집중되고 있는 두 가지, 달궁 문제는 오늘 다루지 않겠습니다. 이 문제는 다루게 되면 또 다른 얘기가 되니까요. 말무덤은 곽장근 선생님을 따라서 답사를 가보면 확실히 아주 의미 있는 고분군이 있고 그게 말무덤으로 불리는 것을 저도 인정하는데 이제 이쪽 지역 말고 다른 지역도 말무덤으로 불리는 지역이 많다는 성정용 교수님의 말씀에 저도 동의하는 게 화성의 유명한 마하리 고분도 말무덤으로 불리고 그랬거든요. 한반도 중부 이남에서 옛날에 오래된 무덤들, 심지어 조선시대 무덤 중에 봉토가 큰 것들도 말무덤으로 불릴 때가 있더라고요. 그래서 그것은 일반적인 양상일 수 있는데 섬진강 유역에서 말무덤이라고 불린 대상들이 갖는 특별한 의미가 있다는 것이 곽장근 선생님의 말씀이고 거기에 대해서 정재윤 선생님, 김낙중 선생님, 성정용 선생님은 일부는 동의하지만, 일부는 반대하는 차원이거든요. 그런데 이것으로 끝나는 문제가 아니라 지금까지의 얘기는 주로 마한, 변한의 삼한 단계였고 말무덤이 주인공이 된 그 시대는 지금부터니까 지금 2~3분 빨리 끝나는 것 같지만 2시 58분입니다. 그래서 3시 20분까지 차 한 잔 하시면서 쉬시고 3시 20분부터 다시 속개하겠습니다.

3. 「양직공도」의 방소국 문제

좌장 권오영 : 휴식 끝내고 이어서 계속 진행하겠습니다.

아까 말무덤 얘기하다가 마무리가 일단은 두 번째 질문까지 됐고요. 세 번째 질문은 사실은 계속 이어지는 이야기입니다. 세 번째 질문은 「양직공도」라고 중국의 남조 양나라의 훗날 원제로 등극하는 소역이라는 천재 화가가 형주자사로 있을 때 각국의 사신들의 모습을 그리고 그 나라의 상황을 쭉 적은 화첩이 뒤에 전해지고 다시 그려지면서 우리 손에 와 있죠. 그래서 거기에 보면 백제 주변에 방소국이라고 표현된 여러 정치체들이 있고 그런데 아까 정재윤 선생님께서 발표하셨다시피 그중에는 신라도 있고 가야의 여러 세력도 있고 호남지역에 있던 세력들도 있는데, 방소국이라고 했을 때 그 의미를 한번 보자. '방'이라는 것은 주변이라는 뜻이고 '소국'이라고 했을 때 어떤 식으로 그 표현이 사용됐을지. 여기에 대해서는 정재윤 선생님이 아까 이 부분에 대해서 발표를 하셨는데 여기에 대한 토론은 제가 보기에는 위가야 선생님께서도 하실 말씀이 있죠? 그래서 124쪽에 보시면 위가야 선생님이 '「양직공도」 방소국의 의미 문제'라고 해서 상세하게 얘기를 하셨습니다. 그래서 먼저 위가야 선생님의 말씀을 듣겠습니다.

위가야 : 「양직공도」에서 방소국이라는 표현이 등장하는데요. 그 방소국이 백제국기에도 등장하고 또 「양직공도」 안에서 활국이라고 하는 나라가 있습니다. 그런데 이 활국이라는 나라의 주변에 있었을 것이라고 생각되는 호밀단, 아발단, 주고가국 얘네들이 활방소국이라고 표현이 되어 있어요. 그래서 이 방소국이라고 하는 것은 결국에는 상대적으로 좀 더 큰 나라의 주변에 있는 나라이고 그 관계가 어떻

게 되느냐를 보여주는 게 백제국 같은 경우가 이 방소국이 있다고 하고 부지했다고 해서 그 나라에 부용했다고 표현하고 있는 건데요. 또 하나는 백제국사에 있는 방소국 관련 기록이 다른 나라의 방소국 관련 기사와는 다른 게 백제국사에서는 백제를 중심으로 두고 방소국들을 열거하는 형식이라면 다른 나라의 방소국, 「양직공도」에 기록되어 있는 방소국은 '활국의 방소국이다'고 하는 것을 그 나라, 그러니까 주고가국이나 호밀단이나 아발단국에 쓰고 활국에는 정작 그 나라의 무슨 나라가 방소국이라는 것을 쓰지 않습니다.

그런 것을 볼 때 양의 입장에서 방소국을 인식하는 것과 백제 입장에서 방소국을 인식하는 게 조금 달랐을 수도 있다는 생각이 드는데 백제국기에 기록되어 있는 방소국이라고 하는 것은 철저하게 백제 입장에서 '얘네들이 내 방소국이다'고 양에 소개한 거죠. 그런데 양의 입장에서 방소국이라고 보는 것은 활국의 방소국 같은 경우가 '주고가국이 활 방소국인데 활국의 사신을 따라와서 조공했다'고 하는 식으로 양의 입장에서 방소국은 얘네들을 사신이 따라와서 조공한 나라들이 그 나라의 방소국이라고 보는 거고 그런데 백제국사에 있는 방소국들은 신라를 제외하고는 사실 사신이 따라와서 조공한 나라가 아니라는 거죠. 그렇다면 「양직공도」에서 백제국기 안에 있는 방소국이라고 하는 것은 일단 백제 입장이 강하게 반영되어 있었다는 것을 먼저 생각할 필요가 있을 것 같습니다.

그랬을 때 방과 국 모두 다 백제 입장에서 본 것이기 때문에 당시에 그 지역, 특히 섬진강 유역의 정치체의 정치 발전 단계나 정치 발전 정도를 말하기는 객관적으로 얘기할 수는 없는 것 같은데 여기서 한 가지 단서가 될 만하다고 생각이 드는 게 「양직공도」의 백제국사 조를 보면 먼저 22담로에 대한 표현이 나오고요. 그 22담로 다음에 이 방소국이 나오기 때문에 22담로랑 이 방소국을 분명하게 구별하고 있거든요. 그것은 무슨 얘기냐면 백제가 나름 자기의 지방통치제도 안에 들어와 있는 22담로와 그 방소국이라고 부르는 존재들을 구별하고 있다는 것이고 그런데 그 구별을 하는 방소국 안에 상기문이라고 하는, 지금 이 섬진강 유역 이야기에서 계속해서 국명이 등장한다는 것은 백제의 입장에서 이 정치체의 수준을 어느 정도, 그러니까 내가 지금 당장 직접 복속은 시키지 못하는 정도 수준의 정치체로 인지를 했거나 내 영향권 안에 넣어야 하는 존재로 인지를 했다는 것을 보여주는 게 아닐까 하는 생각을 해봤습니다.

좌장 권오영 : 예. 이 부분에 대해서는 정재윤 선생님이 말씀해주시죠.

정재윤 : 예. 위가야 선생님이 잘 설명해 주었고요. 일단 521년에 백제가 사신을 보내서 고구려를 수차례 격파하여 백제가 다시 강국이 되었다고 이야기를 하는데요. 「양직공도」에 보면 수도가 '고마'잖아요. 그다음에 담로를 이야기하고 그다음에 방소국을 이야기합니다. 그런 면에서 저도 위가야 선생님하고 일치합니다. 그런데 사라는 신라로 보이며, 신라의 사신이 백제 사신을 따라갔지요. 『양서』 신라전을 보면 신라를 소국으로 인식하거든요. 그래서 백제가 대국임을 강조하기 위해서 같이 따라온 신라를 소국으로 자리매김을 하고 백제의 영역화가 되지 않은 가야의 반파 등 네 개 나라를 이야기하고요. 그리고 지미, 마련, 상기문, 하침라 등 무령왕 때 백제의 영역화가 이루어졌지만 담로처럼 아직 직접 지방관이 파견되지 못한 이런 지역을 소국으로 해서 아홉 개 나라를 거느린 대국으로 모습을 보여줬다. 이렇게 생각이 됩니다. 그러니까 「양직공도」에 나와 있는

아홉 개 나라가 똑같은 게 아니라 사라를 보는 입장 그리고 가야를 보는 입장 그리고 상기문이나 하침라 등 막 백제 영역권으로 편입된 지역을 보는 입장 이 세 가지 그룹으로 구별해서 봐야 한다는 것이 제 생각입니다.

좌장 권오영 : 위가야 선생님 더 하실 말씀 없으세요?

위가야 : 특별하게는 없는데요. 「양직공도」를 통해서 대국과 소국의 구별을 할 수도 있다는 생각이 들기는 하는데 양의 입장에서는 사실 백제도 소국이고 활국도 소국이라는 것을 보여주는 표현이 아까 말씀드렸던 것처럼 활국은 주변에 방소국을 거느리고 있는데요. 「양직공도」의 활국에 대한 설명을 보면 활국은 소국인데 예예에 속했다고 해서, 그러니까 그런 방소국을 거느리고 있는 나라조차도 양의 입장에서는 소국이었다는 정도쯤을 더 말씀드릴 수 있을 것 같습니다.

좌장 권오영 : 두 분의 대화를 들어보면 확실히 담로라는 것은 백제 영역 내에 포함되어 있는, 그리고 방소국은 물론 백제 입장에서는 전혀 주변의 방소국도 아닌데 그렇게 부른 경우도 있고 실제로 그런 경우도 있다고 봤을 때 아까 정재윤 선생님의 발표 내용대로 513년에 백제가 기문 지역을 장악했다고 했을 때 「양직공도」가 지금 표현하는 시점을 어떻게 봐야 상기문, 기문이 백제의 한 영역이 아니라 방소국으로 나올 수 있을지 이 부분이 문제가 될 것 같아요.

위가야 : 516년에 물부련이 대사 쪽에서 섬진강이라고 생각되는 기문하를 거슬러 올라왔을 때 아까 정재윤 선생님의 발표에서도 나왔지만

516년에 백제가 전부 목협불마갑배라고 하는 사람을 보내서 이 물부련을 데리고 오거든요. 그런데 저는 옛날에 논문을 쓰면서 어떻게 생각을 했느냐면 이것을 굳이 사람을 보내서 데려온다는 것은 516년 단계까지도 사실 기문이라고 하는 지역은 백제의 직접 지배영역이 아니라 사람이 가서 거기에 도착한 왜의 사신을 다시 데려와야 하는 정도, 일종의 자기의 영향권은 미치고 있지만 내가 완전히 다스리고 있는 곳은 아닌 쪽으로 인지를 했습니다. 그러니까 마찬가지로 521년의 「양직공도」 단계에서도 상기문이라는 존재가 담로는 아니고 그냥 내 영향권에 있는 부용한 소국 정도로 생각하고 있지 않았을까 하는 정도로 생각하고 있습니다.

좌장 권오영 : 제가 두 분을 싸움시키는 중입니다. (웃음) 정재윤 선생님 말씀하십시오.

정재윤 : 같은 이야기인데 용어상의 문제죠. 미묘한 차이인데 영향권이 아니라 이미 백제의 세력권, 지배영역에는 들어왔죠. 다만 백제가 그 지역을 담로처럼 보내서 지배하는 형태는 아니었다. 막 이제 백제가 기문을 확보한 모습을 보여주면서 한편으로는 백제가 자기들이 거느린 큰 나라라는 것을 보여주기 위해서 이 네 개의 소국도 활용을 했다. 백제의 입장이 반영된 것이라고 생각이 됩니다.

좌장 권오영 : 다시 정리하겠습니다. 제가 왜 자꾸 이 질문을 드리냐면 정재윤 선생님이 아까 513년에 기문이 백제에 흡수되었다고 하신 말씀하고 「양직공도」가 반영하는 시점은 분명히 그것보다는 뒤 시기잖아요. 그런데 분명히 상기문이 거기에서는 방소국이라는 의미를

어떻게 봐야 할지 모르지만 일단 주변에 있는 작은 국으로 표현이 되어 있거든요. 이랬을 때 그러면 기문에 대한 513년에 백제의 지배라는 것이 과연 어느 정도의 강도를 갖고 있느냐. 이 문제가 문헌상에서 서로 충돌하는 부분이고 그다음에 기문의 위치를 어디로 보느냐에 따라서 아영 일대로 볼 것인지 남원 일대로 볼 것인지.
510년대, 520년대 이후에 그 지역에서의 물질문화의 양상이 어떻길래 513년에 백제가 장악했다고 주장하기도 하고 520년대까지도 완전히 소화되지 못하고 방소국으로 머물러 있었느냐. 이런 두 가지 부분이 앞으로 같이 풀어야 할 문제거든요. 그래서 문헌을 갖고 하는 입장하고 고고학적으로 6세기 전반 내지는 1/4분기, 2/4분기 이 시점에 남원이 됐건 그게 남원 시내가 아닌 운봉 쪽이 됐건 서로 이것이 매끄럽지는 않은 것 같아서 제가 드리는 말씀입니다. 이 부분에 대해서는 일단 문헌적으로 정리를 한 번하고 가겠습니다. 박현숙 선생님이 말씀해주시고요. 그다음에 고고학적인 부분을 확인해보겠습니다.

박현숙 : 질문에서 「양직공도」의 방소국 의미와 그 이전에 섬진강 유역 정치체의 발전 수준은 어느 정도인가? 이런 것들을 같이 물으셔서, 두 개의 내용에 대해서 정리해 보았습니다. 어느 시점에서 바라보느냐에 따라서 정치체의 발전 수준은 달라질 것입니다. 삼한 단계에 대해 논의하면, 어쨌든 삼한은 아까도 말씀드린 것처럼 대국과 소국의 구분이 있었습니다. 그리고 대국과 소국의 발전 단계는 달랐다는 것입니다. 그리고 『삼국지』 동이전을 보면, 어쨌든 부여와 고구려는 국왕도 있고 지배체제도 있고, 옥저와 동예에는 국왕 같은 존재가 없고 거수가 별도의 읍을 통제했다고 되어 있습니다. 삼한의

경우 대국도 있지만 또 소국도 있고. 그래서 섬진강 유역에도 대국과 소국이 있고, 또 소국끼리도 차이가 다양했을 것이라고 생각됩니다.

「양직공도」의 방소국 같은 경우는 시기가 좀 뒤로 가지만, 분명히 백제가 아까도 나온 것처럼…. 무언가 본인들의 이야기 속에서 본인들을 좀 더 대국으로, '우리가 이 정도의 주변 소국들을 거느리고 있다.'는 표현을 한 것 같습니다. 양나라 입장에서는 백제도 소국으로 이해했다고 하지만, 어쨌든 백제 입장에서는 그렇게 생각했다는 것입니다. 백제 중심의 기록이기 때문에, 제가 볼 때는 이 방소국은 세력권 정도로 이해를 할 수 있을 것 같습니다. 기문 같은 경우도『일본서기』에서 백제에게 주었다고 했을 때, 사실 왜가 백제에게 줄 수 있는 위치는 아니잖아요. 그러니까 백제가 영향을 미쳐서 백제의 세력권이 되었다고, 529년 이전에는 그렇게 이해하는 것이 타당하지 않을까 생각해 보았습니다. 그래서 백제 입장에서는 자기의 세력권이라는 표현에서 방소국을 부지附之했다고 썼지만, 섬진강 유역에 있었던 국들은 아직까지는 단위 정치체로 존재하고 있었던 것이 아닌가 하는 생각을 해 보았습니다.

좌장 권오영 : 네. 세 분의 입장을 제가 종합해보면 최대공약수는 513년의『일본서기』 계체기에 나오는 그 부분을 일단은 인정하자. 다만 그 시기에 왜가 백제에 땅을 줬다는 것은 터무니없는 이야기니까 그 지역을 차지한 주체는 백제가 되는데「양직공도」와 비교해 봤을 때 10여 년이 지났는데도 백제가 그 지역을 장악하는 것이 아직은 신통치 않다. 그렇기 때문에 그 지역에 대한 장악력이 그렇게 강고한 것이 아니다. 지금 세 분이 이렇게 보시는 거죠.

이럴 가능성은 없습니까? 제가 세 분 말씀 들으면서 생각해본 게 정재윤 선생님은 상·중·하 기문의 3자의 존재를 부정하시지만 만약에 그것을 인정한다면 513년에는 상·중·하 기문이 다 백제에 편입되고 「양직공도」 단계에서 중·하는 백제의 영역에 포함되어 있지만 상기문만 좀 독자성을 갖게 되는 상황의 변화 이런 것은 그려볼 수 없나요?

정재윤 : 예. 그렇게 보기는 힘들 것 같기요. 상기문으로 비정되고 있는 것이 임실 지역이기 때문에 고고학적인 성과물은 곽장근 선생님이나 김낙중 선생님이 말씀해주시면 될 것 같고요. 일단 상기문에만 집착을 하는데 하침라가 있잖아요. 침라는 일단 강진이나 이 일대로 보거나 아니면 제주도로 보는 견해도 있습니다. 결국 기문만 보는 것이 아니라 침미다례까지도 같이 봐야 한다는 것이죠. 그런 면에서 본다면 이미 침미다례랄까 이 지역도 백제의 영역권 안에 들어온 것은 확실하다. 그런 면에서 그 지역에 독자적인 정치체가 아직 남아 있다는 점에는 동의하기 힘듭니다. 정치체가 남아 있다 있다는 말은요. 백제의 지배력은 담로처럼 강고하지는 못했다. 그 부분은 동의하는데 상기문이라는 정치체가 남아 있다는 부분에는 동의를 할 수가 없다. 왜 그러냐? 사라가 부용을 했다 해서 이 내용을 사실로 받아들이냐? 그것은 아니잖아요. 마찬가지로 상기문의 부용도 상황을 정확이 이해해야 한다는 것입니다.

4. 상·중·하 기문 문제

좌장 권오영 : 예. 기문이 문제가 될 것 같습니다. 아까 정재윤 선생님은 기문의 위치를 남원 읍내 쪽으로 보셨는데 지금은 상기문은 임실 쪽으로 보는 입장이신 것을 제가 알았고,

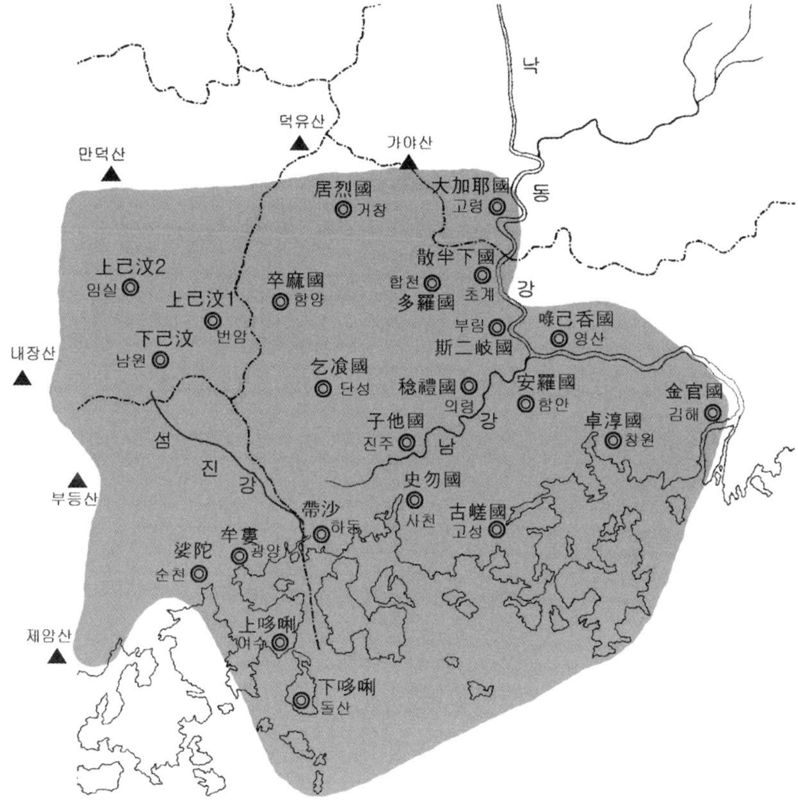

〈그림 8〉 임나 4현(상다리, 하다리, 사타, 모루)과 기문, 대사의 위치 추정(김태식 안)

정재윤 : 아, 그건 아니고요. 상기문을 임실 쪽으로 보는 견해도 있기 때문에, 언급한 것이지 그것은 아닙니다. 저는 기문은 일관되게 남원 서안 쪽이고 그리고 나머지 상기문이랄까 중기문이랄까 하기문은 기문 즉 섬진강 유역에 있는 권역(상·중·하)의 지역 명칭이다. 저는 그렇게 봅니다. 물론 달리 볼 여지도 있고 저도 이러한 입장을 존중합니다.

좌장 권오영 : 아까 휴식시간에 저희들끼리 얘기가 나왔지만 참 이 문제를 풀기 어려운 것이 제대로 된 사료가 없습니다. 우리가 할 수 없이 『일

본서기』의 계체기, 흠명기를 이용하는데 정말 좋은 사료가 있었으면 훨씬 더 제대로 된 연구를 할 수 있을 텐데요. 그런 면에서 「양직공도」가 상당히 의미가 있습니다. 지금 세 분이 동의하셨지만 제가 보기에는 그 동의한 것은 언제든지 깨질 수 있을 것 같아요. 즉, 513년에 기문 지역의 경합이라고 하는 것과 「양직공도」의 상기문이 방소국으로 나오는 것을 세 분은 지금 어떻게든지 봉합을 해서 두 개 기사를 무리 없게 연결하려고 하지만 누군가는 그것을 가지고 모순된다고 할 수도 있지 않겠나 생각이 들고, 이 부분에서 그러면 그 기문이 남원이 됐건 아니면 조금 더 넓은 범위가 됐건 아니면 운봉고원 일대가 됐건 510년대, 520년대에 섬진강 유역에서 방소국으로서의 기문 정도에 해당되는 곳이 어느 지역이 될 것인지에 대해서 성정용 선생님이 조금 가볍게 먼저 이야기해 주시고 곽장근 선생님이 조금 무겁게 얘기해주시죠.

성정용 : 제가 직접 이것을 비정할 만큼 그쪽 지역에 대한 식견을 갖고 있지 못합니다. 다만 이쪽 지역의 경우, 큰 틀에서 볼 때 한성기 때는 아마도 백제가 고구려 때문에 북쪽에 보다 신경쓸 수밖에 없었고, 한편으로는 서해안을 통해 왜와 연결되는 그런 두 가지가 아마 굉장히 중요했을 것 같아요. 그런 측면에서 전북 동부지역이나 섬진강 유역에 대해서는 백제가 그렇게 강하게 장악하려는 생각하고 있지 않았던 것이 아닐까, 결국은 웅진기 이후에 이 지역이 백제한테 굉장히 중요한 지역으로 부상했던 것이 아닐까 싶습니다, 웅진기가 되면 금강 유역 이북은 백제가 전혀 어떻게 할 수 없는 상황이 되지 않았습니까? 그때부터 오히려 백제는 섬진강 유역을 포함한 자기 안쪽 마당을 더 중시할 수밖에 없다 보니, 섬진강 유역에 대해서

더구나 신경 써야할 게 그 당시 부상하고 있던 대가야 세력의 서진이랄까요? 이것을 어떻게 차단할까 이런 것이 작용하면서 남원이든 어디든 그쪽 지역의 정치체들이 오히려 부각되는 게 아닐까 싶은 생각이 듭니다. 그렇다면 문헌으로 나타난 그런 양상과 함께 한편으로는 고고학적으로 과연 그런 정도의 모습을 보여주는 지역이 어디일까 했을 때 과연 남원 서쪽일까? 아니면 운봉·아영고원 쪽일까? 이 부분에 대해 조금만 더 저희가 생각해볼 필요가 있지 않을까 그렇게 말씀드리고 싶습니다.

좌장 권오영 : 조금 포괄적이었고 조금 더 좁혀서 곽장근 선생님께서 111쪽에 있는 내용을 얘기해 주시면서 지금 얘기가 튀어나와 버렸으니까 기문에 대해서 의견을 말씀해 주시기 바랍니다.

곽장근 : 문헌사 하시는 세 분 선생님 담로제와 방소국을 구분해서 보시자는 것은 동의합니다. 중요한 부분이 되겠고요. 거기에서 방소국 중에 가야 소국이 등장하고 있는데 그것은 문제가 뭐냐면 기문의 등장과 관련해서 「양직공도」뿐만 아니라 『일본서기』에도 기문이 가야 소국으로 등장하고 있다면 일단 기문에는 주목해야 할 것 같습니다. 어쨌든 동북아 기록에는 함께 나오니까요.

그러면 우리가 가야 고고학에 있어서 정치체 비정의 지표가 있습니다. 가장 중요하게 생각하고 있는 게 고분의 고총화입니다. 그래서 가야 고총의 존재 여부 자체가 굉장히 중요한 지표가 되고 있습니다. 또 하나 발굴자료에서 유의미한 자료가 많이 나오지만 일단 꺾쇠가 나오냐 안 나오냐 자체는 정치체의 존재여부를 평가하는 하나의 고고학 기준이 되고 있습니다. 섬진강 유역 발굴이 미진하지만 위세품의 존재 여부와 가야 고총의 지속적으로 연속적이고 계기적인 발전 과정이 확인되지 않고 있습니다. 저는 전북을 떠나지 않고 고고학을 하면서 제 솔직한 바람도 문헌사학에서 말씀하시는 대로 기문이 섬진강 유역에서 비정이 됐으면 좋겠습니다. 그러면 편히 잠을 잘 수가 있을 것 같아요.

사실 저도 발굴이 그렇게 하고 싶었지만 발굴을 못하는 가운데에서 지표조사를 가장 밀도 있게 했던 지역이 섬진강 유역입니다. 왜? 기문을 찾기 위한 목적이었지요. 그리고 간헐적으로 발굴이 이루어진다고 하더라도 중국이나 일본의 기록에 나오는 기문의 비정에 있어서 어느 정도 개연성은 보여줬을 가능성이 큽니다. 왜냐하면 지표조사를 아무리 열심히 추진해도 저의 능력의 한계 때문입니다. 사실 지금까지 고고학 자료를 보면 섬진강 유역에서 가야 세력의 계기적인, 지속적이고 연속적인 발전과정이 아직은 확인되지 않는다는 말씀을 드리고 싶습니다. 그렇다고 한다면 그런 내용을 충족시키는 곳이 어디냐 하는 부분에 있어서 저는 대안으로 운봉고원을 말씀을 드렸는데 그렇다고 한다면 섬진강 유역이 갖는 그 시기의 위상은 무엇이었느냐? 저는 담로제에 관련해서 섬진강 유역이 백제가 정치적인 목적을 가지고 가야에 진출한다고 했을 때 섬진강의 중요성은 상당히 부각될 수밖에 없다고 생각합니다. 그런 내용을 담고 담았던 곳이 섬진강이지 않을까. 그래서 기문하고 여러 가지 이해가 겹치는데 앞으로도 저는 기문이 섬진강 유역에서 발견되기를 소망하는 고고학자 중의 하나이고 또 지표조사를 꾸준히 하겠는데 그것은 제 역량의 문제지만 지금까지 축적된, 사실 기문을 섬진강 유역으로 비정한지가 근 한 세기가 지나고 있거든요. 지금까지 축적된 고고학 자료를 분석해 봐도 가야 소국의 위치 비정에 있

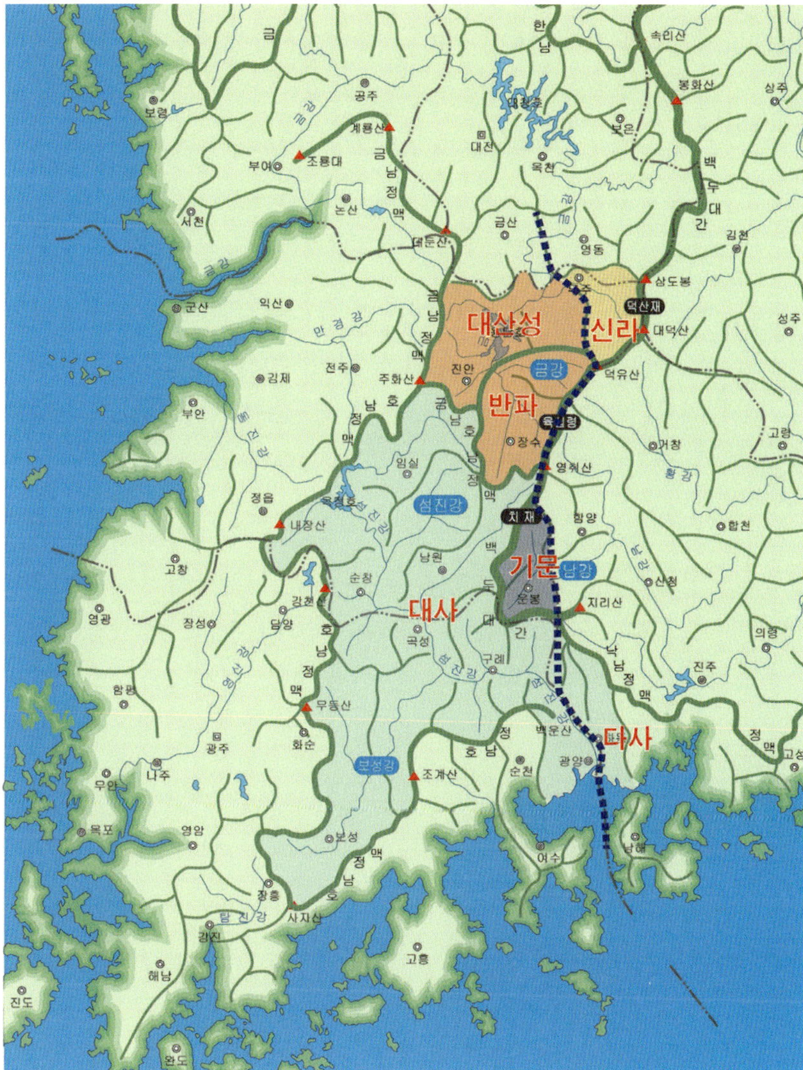

〈그림 9〉 기문, 대사, 반파의 위치 추정(곽장근, 2018)

어서 섬진강 유역이 충족되고 있는 부분이 있느냐 했을 때, 저는 없다고 봅니다.

좌장 권오영 : 곽장근 선생님이 돌려, 돌려서 얘기하셨습니다. 그래서 제가 따라가기 힘들었는데 결국은 고고학적으로 보았을 때 김낙중 선생님과 곽장근 선생님이 일치하는 것은 기문에 해당하는 고고학적인 실체는 운봉고원 일대에서 찾아야 한다는 입장을 두 분이 같이 갖고 계신 거죠. 일단 사실확인부터 하겠습니다. 그다음에 정재윤 선생님과 박현숙 선생님처럼 문헌을 위주로 보게 되면『한원』에 보이는 기문하의 위치 문제, 그다음에『일본서기』에 보면 소와 돼지도 구분하기 어렵다는 표현을 보았을 때 남강유역의 운봉고원보다는 섬진강에서 찾아야 한다. 지금 두 가지 의견이 딱 대립됩니다. 그런데 기문의 위치를 찾는다고 하는 것은 지난한 또 하나의 큰 주제가 되니까, 여기서 제가 드리고 싶은 말씀은 문헌을 위주로 봤을 경우와 고고학 자료를 위주로 봤을 때 대립하고 있다는 입장인데 어떻게 할까요? 이 문제를 하다 보면 오늘 끝을 못 내니까 이런 의문점을 우리가 앞으로 풀어야 할 과제 정도로 넘길까요, 아니면 김낙중 선생님도 곽장근 선생님의 입장에 동의하시는 것 같은데 그 입장을 간단하게만 정리해 주시고요.

김낙중 : 제가 중요하게 생각한 것은『양직공도』에 나오는 방소국의 의미를, 어쨌든 소국이라고 한 것은 아까 담로에 포함되지 않은 반독립적인 정치체로 존재했다면 그에 걸맞은 고총군이 있을 것이라는 점입니다. 그럼에도 불구하고『일본서기』의 기록에 따르면 백제와 반파가 점유를 다투는 지역이 있기 때문에 백제와 가야의 요소가 동시에 나타날 것이라는 두 가지 점을 전제로 놓고 봤을 때, 이것을 충족시키는 곳은 아영·운봉고원에 있는 월산리나 두락리 고분군이 더 적합하다. 그렇게 본 것이고요.

아까 좌장님께서 말씀하신 513년 기록하고『양직공도』의 10여 년 차이에 보이는 모순된 점 자체는 저는 아영에 보이는 백제적인 요소라는 게 금동신발 등 위세품이라고 하는 것이잖아요. 그것은 직접적인 지배체제보다 어떤 위세품을 통해서 그 지역 세력을 이용해서 간접적으로 지배하는 방식을 보이는 것이기 때문에 백제 입장에서는 513년 단계부터 521년 단계까지도 백제의 세력권 또는 영역에 포함되었다고 인식을 하고 그렇게 표현했을 수 있다고 봐요. 그렇지만 여전히 521년『양직공도』가 작성이 될 때도 그 상태가 유지되었기 때문에 크게 모순된 상황은 아니었다. 그래서 아영이나 운봉고원 세력 입장에서는 백제와의 위세품 사여를 통한 정치적 관계를 맺고 또 대부분의 무덤양식이라든지 기본적인 것은 대가야의 영향을 크게 받고, 이런 양속적인 관계를 유지하고 있는 상태가 반영된 기록들이 아닌가 이렇게 보고 있습니다.

좌장 권오영 : 예. 참 어려운 문제입니다. 저는 오늘 교통정리만 하고 가급적 끼어들지 않으려고 했는데, 김낙중 선생님 의견을 따를 경우에 일부는 수긍이 가지만 일부는 수긍이 안 가요. 왜냐면「양직공도」의 방소국으로 나올 정도면 고총이 발전했을 것이라는 전제인데 하침라, 지미, 마련은 다 어디로 봐야 할지 모르지만 고총 증거를 확인할 수 없다는 점 하나. 또 하나는 양속적인, 분명히 그렇죠. 우리는 내가 저 영토를 점령했다고 생각을 하지만 그 실제는 그렇지 않다고 생각하거나 다른 자가 점령했다고 생각할 수도 있죠, 분명히. 문제는「양직공도」에 나오는 방소국이라고 하는 표현은 백제 입장을 반영한 거예요. 가야나 신라가 거기를 독립적이라고 본 것이 아니라 백제인의 입장을 반영했는데 거기를 여전히 방소국으로 보고 있

다. 이런 점이 있기 때문에 그 부분은 제가 김낙중 선생님에 대해서 계속 토론할 부분이 있고 정재윤 선생님께서 여기에 대해서 하실 말씀이 있으면 지금 해 주시죠.

정재윤 : 제 입장에 대해 간단하게 말씀드리면 김낙중 선생님께서는 소국이기 때문에 운봉·아영 일대를 주목했는데 기문을 섬진강 유역으로 볼 경우 섬진강 유역에서 찾아야 하는데 오히려 남강유역에서 기문을 찾는 모순이 되고요. 그리고 방소국이 됐다가 백제의 영역 지배가 현실화 되어야 하는데 그 이후에도 계속 가야토기가 기저고 계속적으로 가야와 백제가 혼용된 상황이 되거든요. 그런 면에서 이것을 소국으로 본다면 기문을 백제가 점령한 실체는 뭐냐. 이런 근본적인 의문에 또 빠질 수도 있다는 거죠. 분명히 섬진강 서안에서는 백제의 지배양상이 보이는데 동안에서는 보이지 않기 때문에 이런 문제를 해결해야 한다. 이런 문제를 해결할 수 없으면 결국 「양직공도」에 있는 방소국을 어떻게 해석해야 할 것인가. 이 부분을 가지고 우리가 더 고민하는 것이 해결책이 되지 않을까 생각합니다.

좌장 권오영 : 우리가 끝없이 수렁에 빠질 위기가 있는데 정리하고 넘어가겠습니다. 지금 어떤 입장인가 하면 『일본서기』의 독자적인 정치체로 나오고 「양직공도」의 방소국으로 나올 정도의 기문이니까 거기에 걸맞은 고총이 있어야 한다는 고고학적인 입장에서는 운봉고원 일대를 주장하시는 거고요. 문헌을 중시하는 입장에서는 513년에 백제에 일단 먹혔다고 한다면 그 이후에는 독자적인 세력보다는 백제적인 냄새가 많이 보여야 한다. 따라서 남원의 동쪽인 운봉고원이 아니라 남원시내 쪽일 수밖에 없다는 입장으로 갈라져 있어요.

곽장근 : 남원의 동부와 서부 경계는 백두대간으로 상당히 험준합니다. 남원 동부에서의 백제 요소는 상당히 넉넉하고 충분합니다. 특히 6세기 1/4분기가 되면 획기적일 정도로 백제의 정치적인 진출이 고고학 자료에서도 확인되고 있습니다. 우선 고총의 내부 매장시설이 수혈식에서 횡혈식으로 바뀌는데 남원 유곡리와 두락리 36호분이 대표적입니다. 물론 학자에 따라 시기적인 편차는 조금 있지만 대체로 공주 송산리 5호분과 흡사하게 궁륭상입니다. 그리고 운봉고원에 임리가 있는데 횡구식 묘제의 등장 등 아직은 발굴이 미진한데도 불구하고 백제의 정치적인 영향력을 설명할 수 있는 고고학 자료는 충분합니다. 섬진강 유역은 정재윤 선생님이 말씀하신 대로 백제 관련 고고학 자료는 굉장히 안정적으로 나오고 있지만, 우리가 비정해야 할 기문국은 가야 소국이라는 점입니다. 그랬을 때에 가야 고고학에 있어서 가야 정치체 비정의 기준이 되는 부분을 가지고 상당히 노력해 왔고, 앞으로도 계속하겠지만 섬진강 유역에서 기문국 비정은 아직은 어렵다는 말씀을 드립니다.

좌장 권오영 : 제가 보기에는 여기서 정재윤 선생님이 "기문이 왜 가야냐?" 이런 질문을 하실 것 같은데, 이것은 그다음으로 넘어가겠습니다. 그런데 곽장근 선생님은 기문은 가야의 소국이라는 것을 전제로 하고 말씀을 하시는데 우리가 지금 쭉 얘기가 나왔던 것은 섬진강 유역 내지 그 주변에 있는 정치체들의 독자적인 것을 자꾸 얘기했던 것은 가야로서 출발한 시작부터 보기보다는 다른 측면도 있지 않느냐 하는 의문 때문에 말씀드렸던 것인데요. 하여튼 그것은 의문으로 끊겠습니다.

5. 고령 대가야의 정치적 발전 수준과 백제와의 관계

이제는 조금 시야를 동쪽으로 넘기겠습니다. 고령 대가야에 대한 부분인데, 여기에 대해서는 답변을 두 분만 해 주셨어요. 매번 아홉 개의 질문에 꼬박꼬박 답을 해 주시는 박현숙 교수님께서 119쪽에서 '고령 대가야의 정치적 발전 수준은 어느 단계인가? 영역 국가 단계에 접어들어서 그 힘으로 호남 동부를 영역화한 것인가?' 사실 이 문제는 대가야 자체가 우리의 목적이 아니라 호남 동부지역에 들어오는 고령 혹은 대가야의 실체를 우리가 좀 알아야 얘기가 되기 때문에 이에 대해 말씀해 주시죠.

박현숙 : 백제사도 잘 모르는데 가야사까지 말하기는 굉장히 외람된데요. 대가야 지역인 고령은 고대국가로 가는 단계였다고 생각이 듭니다. 고총 고분이 축조되고 일정한 토기 양식을 지닌 현상이라든지요. 또한 『일본서기』에 어쨌든 고령 지역과 아라가야의 수장들은 다른 지역과 달리 왕으로 칭하고 있습니다. 이런 것을 보았을 때는 그래도 가야 지역 내에서 나름대로 고대국가로 가는 단계에 있었다고 봅니다.

그렇다면, '호남 동부 지역에 나타나는 대가야의 영향을 영역화라고 할 것인가' 이런 질문에 대해서는 사실 고대국가 간의 정치적인 복속 관계는 일시적인 토벌을 해서 항복을 받는 것도 있고, 자기 세력화해서 복속 관계를 갖는 것도 있고, 그냥 선린관계도 있습니다. 또한 실질적으로 영역화 하는 관계까지 다양합니다. 유물과 유적의 동질성을 나타나는 것은 앞서 말한 4개의 관계에서 모두 나타날 수 있다고 생각이 듭니다.

백제와 신라 사이에 위치한 호남 동부 지역으로 대가야가 진출할 수 있었던 것은 결국 한성 멸망기 이후~웅진 초기일 것입니다. 즉 백제 중앙의 힘에 공백이 생긴 부분. 그 다음에 신라가 낙동강유역에서 계속 넘어오는 부분. 그 과정 속에서 대가야가 방향을 그쪽으로 틀면서 백제의 공백기를 활용한 것이 아닌가 하는 생각이 들었습니다. 그래서 호남 동부에 대한 대가야의 영향력을 정치적으로 영역화 했다거나 지속적인 것이었다고 보기 보다는, 경제적인 관계라든지 활발한 교류의 양상 속에서 볼 수 있을 것 같습니다. 영역화까지 가지는 않았다고 생각됩니다.

좌장 권오영 : 제가 임의로 4번 질문하고 5번 질문하고 합쳐서 다시 말씀드리겠습니다. 왜냐면 이어지거든요. 그러니까 우리가 대가야 자체가 목적이 아니라 대가야가 어느 정도 발전을 했길래 그렇게 백제와 알력을 일으키고 왜와도 정치적인 노력을 하면서 왜 자꾸 서진하느냐? 그 대가야의 서진의 목적은 무엇이냐? 그게 영역의 확장이냐 아니면 영향권을 늘리는 것이냐. 거기에서 같이 이어지는 부분이 전북과 전남을 포함해서 호남의 동부지역에서 보이는 대가야적인 색채는 그 이유가 뭐냐? 그것은 대가야의 의지에 의한 통합을 위한 동일화냐 아니면 이 지역의 정치체가, 아까 곽장근 선생님은 기문을 얘기하면서 원래부터 가야라고 말씀을 하셨지만, 거기에 동의하는 분도 있고 동의하지 않는 분도 있을 텐데 왜 이 지역의 물질문화가 가야적인 색채를 띠느냐? 이 부분에 대해서 우리가 지금까지는 이 지역 정치체를 갖고 얘기했는데 이번에는 대가야 입장에서 보자는 말씀이었거든요. 그래서 박현숙 선생님이 5번에 대한 이야기를 해 주시면 그대로 이어질 것 같습니다. 5번에 대한 답은 없으시군요. 제가 잘못 봤습니다. 없더라도 순발력을 발휘하셔서 말씀

해 주시죠.

박현숙 : 저도 그 부분이 헷갈리는데요. 어떻게 보면 백제의 공백, 사실은 「광개토대왕릉비」에서도 그렇고…. 그전까지만 하더라도 백제와 가야는 굉장히 우호적인 관계였습니다. 군사 행동도 세트로 움직이고 있고요. 그래서 그 당시는 어쨌든 김해를 중심으로 한 가야일 것으로 생각합니다. 대가야, 즉 고령지역으로 가면서는 어쨌든 고구려의 남진 이후에 뭔가 변화가 있게 된 것 같습니다. 고령이라는 지역적 위치로 백제보다는 신라와 조금 더 친밀해지지 않았을까 하는 생각도 들고, 한편으로는 또 백제와 가야의 관계라는 것도 국가 간의 관계라는 것들이 전략적인 관계이기 때문에 백제의 한성 공격 이후에 공백기, 그 부분을 가야가 세력을 확장하는 기회로 이용한 것이 주요한 배경일 것 같습니다. 또 하나는 아까 말씀드린 것처럼, 신라가 낙동강을 넘어서 계속 세력을 확장하는 부분과 관련해서 고령은 더 위쪽으로 진출하기는 어렵기 때문에, 결국 고령의 대가야는 백제가 영향을 미치고 있었던 호남 동남부 지역으로 영역을 확장한 것이 아닌가 하는 생각이 들었습니다.

좌장 권오영 : 백제와 고령 대가야의 우호적인 관계가 파탄에 이르게 되고 고령 대가야가 서진을 하게 되는 과정을 말씀하셨는데 여기에 대해서 정재윤 선생님이나 위가야 선생님께서 말씀해 주시죠.

위가야 : 대가야의 서진이 어떤 목적을 가지고 이루어졌다기보다는 저는 어떤 생각을 해봤느냐면, 479년에 대가야가 남제에 처음으로 사행을 보내는 기사가 나오는데요. 근데 보통은 많은 경우 이 사행 루트가

섬진강 교통로, 내륙교통로를 쭉 이어서 이루어졌을 것이라고 많이 보시잖아요. 아닌 분도 있으신 것으로 아는데, 그랬을 때 가야가 479년에 남제에 사행을 할 수 있었던 것은 아무래도 475년에 백제가 결정적인 타격을 입으면서 상대적으로 『일본서기』의 흐름으로만 보면 대가야에도 분명히 어떠한 영향력을 끼치고 있었으니까 그게 풀어지게 되면서 대가야가 독자적인 외교 루트를 개척하게 되는 건데요. 그 독자적인 외교 루트가 바로 양옆으로 섬진강을 주변으로 둔 섬진강 서안에 전라도 동부지역의 여러 정치가 있었을 것이고 동한에도 있었을 텐데 그 루트를 개척하는 과정에서 대가야의 영향력이 자연스럽게 그 지역에 미치게 되고 그 미치게 된 영향력을 계속해서 유지하려고 시도하는 것이 대가야의 세력 확장 시도가 아니었을까. 그렇게 생각이 듭니다. 그 루트는 곧 동시에 왜와의 교류에서도 굉장히 편리하게 사용될 수 있는 루트였고 당시에 한반도 남부의 많은 세력이 왜와의 교류 관계가 확인되기 때문에 그 교류 관계에서도 대가야가 어떠한 주도권을 가지고 그 세력들의 교류 관계를 약간 통제할 수 있는 모습들이 호남 동부지역에서 나타나는 대가야의 영향권이 보이는 듯한 물질 문화의 양상으로 보이는 게 아닐까 하는 생각을 해봤습니다.

좌장 권오영 : 예. 이제 호남 동부라 하더라도 곽장근 선생님 입장대로 운봉고원 일대에는 원래 경상남도 서부, 함양이나 이쪽으로 이어지는 부분이기 때문에 아까 그런 입장에서 그 지역은 원래부터 가야다. 이런 입장을 갖고 계신 건데요. 그러면 그 지역을 빼고 나머지 지역에 가야 색이, 그것도 대가야 색이 확 보이는 이유에 대해서 곽장근 선생님, 기문 그 문제만 생각하지 마시고, 말무덤만 생각하지 마시

고 섬진강 유역에 대가야계 묘제와 토기가 확장되는 그 역사적인 배경이 뭔지 생각을 해주시기 바랍니다.

곽장근 : 그 전에 우선 전북 동부 지역 가야 세력의 정체성, 지역성을 조금 설명을 드려야 할 것 같아요. 묘제에 있어서 지역성, 정체성은 가야 세력이 멸망 또는 복속되는 단계까지 일관되게 지속이 된다는 부분에 관심을 가져야 할 것 같고요. 그리고 유물에 있어서 다양성과 국제성으로 상징됩니다. 묘제의 지역성을 계속 유지하고 있고 대가야의 서진 또는 진출에 있어서는 유물을 가지고 말씀을 많이 하시는데 과연 묘제가 갖는 깊은 역사적인 의미를 고민해야 할 필요가 있지 않을까 생각합니다. 그리고 유물의 조합상도 토기의 비율에 있어서 대가야 양식의 토기만 있느냐? 그렇지 않거든요. 소가야와 아라가야, 금관가야 다 있습니다. 심지어 백제의 경우에는 최고의 위세품을 끊임없이 내려보내는 데가 운봉고원입니다. 그렇다면 운봉고원이 갖는 중요성도 있지 않을까 하는 생각을 하고 있거든요. 그렇게 본다면 묘제의 지역성과 정체성, 유물이 갖는 다양성과 국제성을 간과하고 단순히 대가야 양식 토기의 등장을 근거로 대가야 영역에 포함한다면 우리가 중요한 부분을 놓치지 않는가 하는 고민을 많이 하고 있습니다. 남원의 서부권하고 비교해서 말씀을 드리면 동부권과 서부권은 비교가 상당히 어렵습니다. 남원의 동부권은 위세품뿐만 아니라 최상급 유물이 끊임없이 이어지고 있는데 그와 같은 유물이 서부권에서는 나오지 않거든요. 섬진강 루트 관련해서 그때 말씀을 드리겠지만 남원 동부권과 서부권이 대가야와 관련된 부분에서 차이가 심하다는 정도만 말씀을 드리겠습니다.

좌장 권오영 : 예. 제가 잘 이해했는지 잘못 이해했는지 정확히 모르겠지만 동부는 역시 운봉 쪽을 얘기하시는 거죠? 그래서 그 지역은 고령의 영향에 휘둘리기보다는 애초부터 가야적이었고 고령에 대해서 완전히 복속될 정도는 아닌 독자성을 갖는 또 하나의 가야이다. 이렇게 보시는 거죠? 그리고 섬진강 유역에서 보이는 고령의 물질적인 문화는 어떻게 보신다고요?

곽장근 : 전체적으로 저는 전북 동부에 있어서 가야 유물의 등장과 관련해서는 정치적인 의미 못지않게 경제적인 의미도 상당히 중요한 의미를 담고 있다고 생각합니다.

좌장 권오영 : 알겠습니다. 그러면 제가 아주 무식하게 정리하면 섬진강 유역은 아니지만 남강권에 해당하는 운봉고원 일대에서는 그 지역은 원래 아까도 말씀하셨지만 경상남도에 포함됐기 때문에 원래 가야 세력의 일원이고 거기에서 보이는 물질문화의 발달이 기문이고, 그것은 고령의 대가야에 휘둘리지 않을 정도의 독자성을 갖는 하나의 정치체였다. 반면에 그 서편의 섬진강 유역에서 광범위하게 보이는 고령의 대가야의 물질문화는 그러한 정치적인 것보다는 경제나 유통이나 이러한 산물이라는 입장이고 거기에 대해서 정재윤 선생님이 하실 말씀이 있다고 하십니다.

정재윤 : 곽장근 선생님에 대한 반론이 아니라 일단 질문을 잘 유도하셨는데, 사실은 4번째 질문, 대가야의 정치 발전단계와 밀접하게 관련이 있습니다. 백제가 마한 연맹체의 장이 되면서 기존의 마한 연맹체의 장과의 차이점은 지배를 할 수 있는 여러 제도, 시스템을 갖추

기 시작했다. 소위 말하는 중앙집권화를 추진하면서 고대국가로서 발돋움하게 된다는 것이죠. 여러 표지가 등장하는데, 과연 대가야라는 나라는 중앙집권화적 표지가 드러난 것인가? 예를 들어서 신라도 순장을 금하잖아요. 순장을 통해서 엿볼 수 있는 것은 순장은 산 사람을 그대로 매장하는 것이기 때문에 결국 귀족들의 인적 지배권이 대단한 것이다. 그런데 이 순장을 금한다는 것은 귀족들의 인적 지배권을 박탈하는 것이고 지증왕대부터 그만한 중앙집권화의 단계로 발돋움하는 것으로 봅니다. 이렇게 대가야 고분에서 순장이 보인다는 것을 봤을 때는 역시 왕이 그렇게 귀족들, 신하들에 비해서 압도적인 우위를 점하지 못하는 단계였을 것이다. 이렇게 보이고요. 이런 생각으로 대부장경호랄까 가야 양식의 토기가 나타나는 것을 어떻게 봐야 할 것인가 하는 문제에 직면하는데, 문화적 양상과 국가의 지배, 정치 지배 단계는 분명히 차이점이 있고요. 백제의 필요에 의해 중앙 문화가 이식이 될 수가 있고 해당 지역에 필요에 의해 중앙의 문화를 받아들일 수 있죠. 그렇지 않은 경우에는 백제나 지방이나 크게 신경을 쓰지 않는다. 그런데 동성왕대를 보면 탐라가 공부貢賦를 바치지 않아서 정벌하잖아요. 조공과 세를 내지 않으니까 이렇게 정벌하고 있거든요. 이것은 당시 백제의 지배방식을 보여주는 것이다. 따라서 백제는 이 해당 지역에서 자기들이 취할 것만 취하고 백제가 원하는 것만 받아 가면 됐다는 것이죠. 이러한 단계에서 문화는 다양하게 나타날 수 있다는 것이죠. 더욱이 가야의 입장에서 본다면 섬진강 유역 일대 그리고 남강 일대, 운봉 일대에서 본다면 계속 백제가 동진할 경우에 자기들이 받는 여러 가지 위협 때문에 가야가 신라와 혼인을 하듯이 이 지역 정치체들도 백제에 대해서 의구심을 품으면 가야의 문화를 받아들일 수 있는 여지도 있다. 이러한 면에서도 볼 수가 있고요.

마지막으로 무령왕대에 보면 유망한 백성들을 찾아서 제방을 쌓고 농사를 짓게 했다는 기사가 보입니다. 이 기사는 뭐냐면 이제까지 가야로 도망갔던 백제 사람들을 쇄환해서 이들을 백제 호적에 편입시키고 이주를 시키는 작업도 진행이 됐다. 아까 말씀드린 것처럼 여러 지역에서 가야토기가 나타나는 것도 이런 무령왕대에 유망한 사람들을 찾아내서 백제가 지배력을 강화한 것과도 관련이 있다. 이들이 백제에서 돌아왔을 때는 가야의 색채가 나타날 수 있다는 거죠. 이상입니다.

좌장 권오영 : 이 상황에서 김낙중 선생님이 한마디 하시고 싶으실 것 같아요.

김낙중 : 고령의 대가야의 정치적 발전 수준을 고고학자 입장에서 보면 보통 고고학자들이 고대국가 단계의 성립을 살펴보는 중요한 지표로 왕성 같은 성곽이라든지 통일된 토기 양식의 성립과 확산, 고총의 축조, 금동관이나 금동신발 같은 위세품의 사여, 이런 것을 보는데, 그런 관점에서 보면 대가야도 어느 정도는 갖추고 있죠. 대가야 양식의 귀걸이 이런 것들도 있고 대가야 양식의 토기도 있고. 고총도 만족하는데 아직 왕성, 주산성 이런 게 가야 때 축조됐다고 하지만 아직 명확한 증거는 없고 또 위세품도 복식품을 완전히 구성할 정도는 아니라고 봐요. 그래서 제가 생각하기에는 대가야가 영역 국가로 어떤 단계에 진입하려는 단계이고 백제나 신라 정도의 단계까지는 이르지는 못했지만 어떤 영역 국가를 추구한 것은 분명하고 그런 과정에서 고령에서 좀 더 남쪽, 서쪽으로 확산되는 현상이라고 봅니다. 장수나 운봉, 아영에서 보이는 것은. 물론 아영도 처음

에는 아라가야나 소가야 양식의 토기들이 먼저 등장하지만, 나중에 5세기 말 대가야에서의 고령 지산동 44호분 단계 정도 되면 완전한 대가야 일색으로 바뀌기 때문에 대가야와 완전히 독립적으로 보기는 어렵고 대가야 권역에 포함시켜서 볼 수 있을 것 같습니다. 그래서 거기까지는 대가야 권역이라고 해도 크게 문제가 없을 것 같은데, 문제는 섬진강 유역 같은 경우는 대가야 흔적이라는 것들이 취락에서도 나타나고 토기에서 나타나지만 대가야 것만 나타나는 게 아니고 여전히 일부 소가야도 나타나고 백제 것도 등장하고 이렇기 때문에 그런 섬진강 유역에서 나타나는 대가야 토기류 등의 대가야 흔적들을 어떤 관점에서 볼 것이냐. 예를 들면 특히 아라가야계 토기 같이 남한의 전국적으로 퍼지는 것 같이 토기라는 것 자체에 중심을 둬서 경제적인 유통 이런 관점에서 볼 것인지. 단순히 문화권으로 볼 것인지. 아니면 정치적인 성격이 강력하게 반영된 영역으로 볼 것인지. 이렇게 나누어서 살펴보아야 할 것인데요.

좌장 권오영 : 그것은 6번, 그다음 질문이에요.

김낙중 : 뭐, 결론적으로 보면 섬진강 유역에서는 영역 관점에서 보기는 어려운 정도라고 생각하고 있습니다.

좌장 권오영 : 제가 질문 아홉 개를 연쇄를 잘 만들어 놨는지 꼭 얘기하시다가 그다음 번에 나올 얘기들을 미리 하시는 것을 보면 잘 만든 것 같기는 합니다. 다만 넘어가시기 전에 지금 이 5번에 대한 답을 제가 바라던 것은 지금 하나 서로 의견이 모아진 것은 대가야 토기가 나온다고 다 대가야 영역으로 선을 그어버리는 흐름에 대해서는,

물론 여기가 한성백제박물관이라서 그런지 모르겠지만 지금 동시에 김해 인제대학교에서 가야 관련 학술대회를 하고 있는데 또 다른 입장일 수 있겠죠. 그런데 그런 것은 아니라고 보는 겁니다. 지금 곽장근 선생님도 그렇고 김낙중 선생님도 그렇고 정재윤 선생님도 그렇고. 그래서 대가야 토기가 나온다고 다 대가야 영역은 아니라는 입장은 의견의 일치를 보는 것 같아요. 그런데 문제는 그런데도 왜 대가야 토기가 여기서 이렇게 많이 나오느냐인데. 지금 얘기들을 안 하고 계셨지만 그리고 심지어는 정재윤 선생님이 아주 과감한 주장을 하신 게 무령왕대 유민들을 쇄환으로 인해서 가야 지역에 갔던 사람들이 백제 영토로 돌아오면서 백제지역의 물질문화 흔적에서 가야 색이 보인다고 하는 아주 재밌는 발상이십니다. 그런데 지금 다 얘기를 안 하셨지만, 순천의 운평리 고분처럼 수장묘 자체가 대가야 냄새를 풍기는 것은 어떻게 할 것이냐. 또 하나는 섬진강 유역을 가야가 아니라고 하고 계시지만 임나 4현이라고 해서 상다리, 하다리, 사타, 모루 등등 해서 섬진강 유역의 여수, 순천, 광양을 임나 4현으로 보는 입장에서는 그게 임나일본부와 전혀 무관한, 하지만 그게 뭔가 가야적인 색깔이 있다고 보시는 거잖아요. 그래서 지금 얘기들을 하시면서 일부는 해결이 됐지만 일부는 또 모순되는 부분이 생겨요. 즉, 섬진강 유역에서 가야 색깔을 완전히 제거해버리면 임나 4현의 위치비정 문제와 순천 운평리 고분을 해결할 수 없다는 생각이 듭니다.

성정용 선생님, 아까 하실 말씀 있었나요? 이 문제면 더 좋고 아니라도 얘기해 주시면 좋겠습니다.

성정용 : 대가야 얘기를 잠깐 해도 될까요? '대가야의 고대국가 발전 수준이

어느 단계였을까?'가 아마 이 문제와 관련이 될 것 같아 저도 토론문에 좀 써놨는데요. 문헌으로는 뭐랄까요. 복식제도라든지 아니면 지방관 파견이라든지 아니면 군대의 조직 정비 이런 것들을 가지고 아마 국가단계를 이야기하겠지만 고고학적으로는 정재윤 선생님이나 김낙중 선생님이 말씀하신 여러 지표들, 특히 고분이나 왕성의 존재라든지 아니면 아까 권오영 선생님이 말씀하신 수취 체제를 보여주는 창고군이라든지 혹은 차별화된 위신재 이런 것들을 다 포함하여 얘기해야 할 텐데 사실 그런 자료가 많지 않습니다. 다만 고령지역에서 저희가 볼 수 있는 것으로 아마 지산동 고분군의 발달과정을 보면, 처음에는 다섯 개 정도의 지군支群에서 각기 고분 조영이 시작되어 가지 능선을 따라 올라가며 고분이 만들어지다가, 6세기 전후가 되면 능선 정상부에서 고분들이 모이는 모습을 보여주게 되죠. 그러면서 초대형 고총으로 발전하는 집중화된 모습을 보여주고는 있는데, 다만 그 고분군에서 완전히 왕릉군이라고 할 수 있는 영역이 독자적으로 튀어나온 모습이 보이지 않는다는 점도 유의해야 할 것 같습니다. 이는 다른 지역에서 볼 때는 백제 석촌동 고분군이나 웅진기의 송산리고분군 또는 신라 같으면 대릉원 지역, 이렇게 한 지역에 왕릉과 귀족묘들이 혼재하는 단계의 모습과 비슷해 보입니다. 결국 대가야는 상당한 정도의 정치적 발전단계를 이루었지만, 백제 사비기나 또는 신라의 경우 6세기 이후에 왕릉군들이 외곽으로 빠져나가는 이런 것과는 조금 대비되는 발전단계가 아니었을까 이게 대가야의 한계가 아니었을까 싶고요.

그다음에 토기의 문제를 얘기했습니다만, 사실 고대에 자기만의 토기양식을 갖고있는 데는 백제 다음에 고구려와 신라, 그리고 아라가야와 대가야 지역 이런 정도밖에 없습니다. 그런데 이런 토기

양식의 통일이라는 게 저는 적지 않은 의미를 갖는다고 생각합니다. 이게 단순한 양식적인 통일의 문제가 아니라 생산체제의 장악, 나아가 수취 체제 문제와 관련되어 있다고 생각합니다. 대가야 지역이 아까 고총고분의 발전과 걸맞은 정도의 나름대로의 중앙집권력을 그 내부에서는 갖고 있었던 것이 아닌가, 그것이 확산된 게 섬진강 유역으로의 진출이 아닐까 싶습니다. 당시 대가야가 낙동강 유역으로의 진출이 막혀있었기 때문에 결국은 자기들이 가진 힘을 발산하고 외부와 연계해서 다시 더 변화를 추구하려면 결국 서쪽으로 갈 수밖에 없을 텐데, 그때 오히려 서쪽에 5세기 중반 이후 섬진강과 그다음 소백산맥 북쪽의 장수 이런 지역으로 대가야 문화가 확산하는 계기가 된 것이 아닌가 싶고요, 이 경우 단순한 확산이 아니라 양속관계였다는 생각을 합니다. 지역 집단은 자기들의 생존을 위해서 더 큰 정치체에 조금 더 의존할 수 있고 또 대가야는 그런 정치적인 뭔가 관계를 통해서 자기들이 어느 정도의 영역이라고 할까요, 아니면 교통로 확보 이런 것이 점차 강조되는 와중에 백제가 웅진기가 되어 6세기 이후에 자기들 앞마당을 잃어버리게 되는 위기감을 느끼면서 거기에서 (백제와 대가야 사이에) 충돌이 일어난 게 아닐까 이런 생각을 해봤습니다.

김낙중 : 대가야 사람들이 들으면 서운해할 만한, 혹시 오해할까 봐, 고령 지산동 고분군에서는 고총 다음 단계에 고아동 석실분 단계가 있어요.

성정용 : 그것은 한 기뿐입니다. 완벽하게 그게 독립돼서 나타난 게 아니라 마지막 단계로는 가려고 하는데 멈췄다는 거죠.

김낙중 : 고총에서 석실분으로 넘어가는 단계에 끊겼다는 겁니다.

성정용 : 있기는 했죠. 그렇죠. 제가 그것은 빼놨습니다만, 마지막에 그런 모습은 보이지만 초대형고총들이 완전히 돌출되어 자기만의 영역을 확보하려고 하는 단계로 가려고는 했는지 모르겠습니다만, 이런 양상이 바로 아마 고령 대가야의 한계적인 모습이 아닐까 그런 생각을 해볼 수 있을 것 같아요.

좌장 권오영 : 예. 지금 이야기가 나온 것을 정리해보자면 조금 모호한 표현일 수는 있습니다. 힘의 발산, 세력의 확장 이런 것들이 한편으로는 끄덕거리기도 하고 한편으로는 과연 그게 뭘까 했을 때 조금 더 구체화할 수 있는 부분들이 교역로 문제가 있을 텐데 지금 계속 이야기는 중간중간에 나왔지만, 그 당시 고령 대가야와 백제가 섬진강 유역 일대에서 그렇게 충돌하고 국제적인 분쟁을 일으키는 근본적인 이유는 뭘까에 대해서는 역시 많은 분이 말씀하셨죠. 교통로 부분에서 백제가 정말 기문의 위치에 대해서 논쟁이 많지만, 남원의 서편이 됐건 동편이 됐건 거기를 장악하고 대사 역시 위치 비정의 설이 여러 가지가 있지만 하동일 가능성이 높으니까 이곳을 딱 장악하게 되면 백제 입장에서는 대가야가 장악하면 뺏기는 게 조금 있지만 대가야는 거의 치명적일 수밖에 없죠. 왜냐면 곽장근 선생님이 예전에 말씀하셨지만 부안 죽막동을 생각할 때 해로만 생각하는데 그것이 남원 일대에 남북과 동서가 교차하는 길에 동서 루트를 통해서 부안 죽막동까지도 갈 수 있다는 거예요. 그 이야기는 대가야 세력이 육로를 통해서 해상교통을 남제 때 사신을 보낸 것도 그래서 우리가 꼭 하동만 생각할 것은 아니라는 얘기를 하신 적이

있으세요. 그래서 '아, 그렇구나. 하동만이 아니라 육로를 통한 부안의 길도 있구나.' 하고 생각했거든요.

또 하나는 역시 섬진강을 따라 내려오는 길인데 백제는 이것을 뺏기더라도 다른 길이 있지만 대가야 입장에서는 이것을 뺏기고 나면 정말 신라로 붙어버리는 수밖에 없는 완전히 내륙국가가 돼버리는 상황 속에서 대가야가 좀 더 절박한 이런 마음을 갖고 내려왔다는 것은 동의한다는 말이죠. 그런데 문제는 그게 대가야의 일방적인 제스처이고 힘이냐. 아니면 이 지역 세력들이 거기에 일부 동조하거나 스스로 모방하거나 아니면 그 세력권에 편입되거나 이런 모습들을 보이느냐? 이런 질문이었는데 질문이 자연스럽게 6번으로 이어집니다. 그래서 제가 예측했던 대로 이 부분에서 더 이상 얘기가 안 나올 줄 알고 한 번 더 확인했던 부분이 6번 질문입니다.

6. '○○계'로 표현되어 있는 물질문화는 어떠한 역사적인 상황을 반영하는가?

섬진강 유역의 물질문화를 재지계, 백제계, 대가야계, 소가야계, 아라가야계, 신라계로 구분을 한다면 외래계 유물이 나왔다, 이 지역이 교류를 열심히 했다 하고 끝날 것이 아니라 각각의 '○○계'로 표현되는 물질문화는 어떠한 역사적인 상황을 반영하느냐? 즉, 정치적인 통합을 보여주느냐 아니면 경제적인 유통망을 보여주느냐 등등 이런 차이가 있지 않겠느냐 하는 것은 6번의 질문이거든요. 그런데 6번의 질문에 대한 답을 보니까 곽장근 선생님만 하셨어요. 다른 분들은 안 하시고. 그래서 곽장근 선생님께서 6번에 대한 내용을 말씀해 주시기 바랍니다.

〈그림 10〉 부안 죽막동 제사 유적

곽장근 : 예. 권오영 선생님께서 부안 죽막동을 말씀하셔서 잠깐 제가 답을 드리겠습니다. 그런데 선생님께 말씀을 드릴 때는 동진강 하구에 가야포가 있는데 선생님께 말씀드릴 때까지는 가야포의 존재를 몰랐습니다. 결론적으로 부안 죽막동은 국제 교역항이 아니라 기항지라고 생각합니다. 항해하다가 무사 항해를 기원하는 제사를 모시기 위해 잠깐 들러서 제사를 모시는 제사유적이지 국제교역항은 아니라는 말씀을 드리고요. 그러면 그 부근에 또 국제무역항이 있을까? 라는 부분에 있어서는 저는 동진강 하구의 가야포를 말씀드리고 싶습니다. 그 정도로 말씀을 드리겠습니다.

저는 섬진강 유역에 대한 인식에 있어서 경제적인 측면에 비중을 두고 있습니다. 섬진강 유역은 한마디로 다양성입니다. 그래서 저는 개인적으로는 교역망의 허브로 생각하고 있습니다. 대가야뿐만 아니라 소가야, 아라가야, 백제, 마한 다 섬진강에서 만날 수밖에 없죠. 왜? 서로 교류, 교섭을 위해서는 섬진강을 지나오지 않고는 목적지를 가기 어렵거든요. 또 하나 아까 정재윤 선생님이 말씀하신 쇄환지와 관련해서는 잠재력이 대단한 것 같습니다. 그래서 경제적인 측면에서 보면 섬진강 유역은 대단히 매력적인 곳입니다. 그렇다면 왜 정치적인 발전과정이 미진하느냐 하는 부분에 대해서는 거듭 우리가 관심갖고 풀어야 할 과제라고 생각합니다. 저는 경제적인 측면에서 섬진강 유역을 교역망의 허브로 생각하고 있습니다.

좌장 권오영 : 상당히 말씀을 아끼셨지만, 섬진강 유역에서 보이는 이른바 외래계 유물들은 대부분 경제적인 활동의 흔적이다. 이렇게 보시는 건가요?

김낙중 : 섬진강 유역에 가장 먼저 보이는 외래계 요소들은 아까 말씀드린 대로 함안을 중심으로 4세기 대에 유행했던 토기들인데 그런 것들은 섬진강 유역에만 보이는 게 아니고 영남권 거의 전역하고 전남 동부지역뿐만 아니라 공주, 부여, 서울에서도 보이기 때문에 그런 넓은 범위에 점적으로 존재하는 것은 정치적으로 해석하기는 어렵겠죠. 그런 것이 아라가야 토기들까지 보이고. 그런데 그런 상황이 조금 바뀌는 것이 소가야 양식의 토기들은 순천, 전남 동부 해안 지역하고 또 아영 분지에서는 무덤에서도 나오고 순천에서는 취락에서도 나오기 때문에 그것을 쓰는 사람들이 이주하거나 오랫동안 머물렀던 흔적으로 볼 수가 있겠죠. 그런 경우에는 단발적인, 그 이전에 철정이나 철 소재의 유통 그런 관점에서만 보기는 어려운 단계로 나아갔다고 보고 대가야와 관련해서는 사람들의 이동이라는 것

이 좀 더 명확해져서 섬진강 중상류역에서는 일상생활에 쓰이는 토기들까지 존재하는 취락까지 나오고 있는 것을 보면 단발적, 선적인 게 아니라 대가야 문화의 면적인 확산 이런 것까지도 고려해야 하는데 그런 경우에는 어느 정도 대가야의 영향력이라는 정치적인 관점에서도 바라볼 필요가 있다고 생각합니다. 그런데 그에 비해서 사비기 이전에는 백제와 관련된 유물이 많지는 않은데, 예를 들면 정치적인 게 중요시되고 백제의 중앙이라든지 이 지역에 있는 사람들의 이동 이런 게 없이 정치적인 면, 군사적인 면이 강조가 됐다고 하면 그런 흔적들이 다르게 나타날 수 있다. 어쨌든 제가 보기에는 가장 많이 와서 활동한 사람들은 가야, 그중에서도 대가야계 사람들인 것은 고고학적인 자료들로 볼 때 틀림이 없는 것 같다고 생각합니다.

성정용 : 토기문화의 의미를 조금만 더 깊게 생각해봤으면 좋겠습니다. 토기의 의미를 저희들이 너무 과소평가하는 경우도 있고 너무 과대평가하는 경우도 있는 것 같은데요. 신라의 경우에는 강릉 지역에 신라토기가 5세기 아주 이른 시기부터 나타납니다. 다른 지역보다 빠르게 나타나거든요. 그런 경우에는 아마도 신라의 경주지역 토기가 그대로 이식된 것처럼 보일 때는 그건 이주로 표현할 수 있을 것 같아요. 그래서 섬진강 유역이나 또는 전라북도 동부 지역에 만약에 대가야 토기가 그대로 나타난다면 그것은 아마 이주의 가능성을 생각해볼 수 있을 텐데요. 그런 것이 만약 별로 없다면 혹시 몇 점만 그쪽에서 온 것이라고 하면 반입일 텐데 이 반입이 오히려 교섭일 수도 있고 교류일 수도 있다고 할 수 있을지 모르겠습니다.

그런데 저희가 깊게 생각해보아야 할 문제는, 한 지역의 토기문화가 자기 독자성을 띠는 것보다는 외부의 토기문화를 그대로 받아들여서 완성된 것 같은, 자기 독자성의 영역보다 외부의 토기문화를 거의 양식적으로 닮아가면서 현지에서 생산한 경우를 어떻게 볼 것이냐의 문제일 것 같아요. 그랬을 때 자기의 독자성이 없다고 해서 꼭 어디에 복속됐다고 볼 수는 없겠지만, 한편으로는 오히려 자기의 생산체제가 그대로 중앙지역에 통합되었을 가능성도 높지 않을까 생각해볼 수 있습니다. 왜냐면 백제의 경우 3세기 중반 무렵에 고이왕대 얘기도 하기는 합니다만, 현재 나타난 물질문화를 본다면 천안 용원리나 공주 수촌리 같은 고분군들은 4세기 말 이후, 5세기 단계가 되어야 완벽하게 백제 한성기 물질문화가 금강유역에 나타납니다. 그러면 그 전에는 과연 백제와 관련이 없었겠느냐고 할 때 중앙지역의 토기문화가 굉장히 드물게 나옵니다. 그러면서 점차적으로 자기 지역 내부에서 생산을 하는데 중앙의 토기양식을 닮아서 만들고 있거든요. 이런 과정을 한 번 생각해본다면 신라, 백제, 대가야가 똑같은 과정은 아닌 것은 분명합니다만, 최소한 대가야 양식의 토기들이 어느 한 지역에, 지금 저희가 다루고 있는 이런 섬진강 일대에 폭넓게 나타나서 그 지역에 생산체제로 자리 잡는다면 그것은 상당한 수준의 밀접한 관계, 정치적 영향력 또는 신속관계를 반영할 가능성이 있다는 생각을 해보게 되는 것 아닌가 생각을 합니다.

좌장 권오영 : 예. 토기문화가 갖는 의미에 대한 여러 가지 측면을 봐야 한다는 중요한 지적이시고요. 박현숙 선생님이 여기에 대해 하실 말씀이 있습니다.

박현숙 : 너무 여러 가지 양상이 혼재되어 나타나기 때문에 오히려 더 정치적으로 설명하기가 힘들다는 생각입니다. 그래서 경제적인 교류 양상으로 이해하는 것이 낫지 않을까. 그리고 토기를 자체 생산하는데 자기 것이 아니라 대가야 것을 따른다고 했을 때, 어떻게 보면 그 선진문물이 더 매력적이라서 만들었을 수도 있을 것 같습니다. 그것을 꼭 정치적인 관계로 해석할 필요는 없다고 생각합니다.

약간 뒤늦은 궁금함인데, 사실 저도 기문과 관련된 글을 쓸 때는 섬진강 관련 책이다 보니까, 자신은 없었는데 섬진강 쪽에서 기문을 찾았습니다. 만약 운봉고원으로 볼 경우에는 몇 가지 문제가 있을 것 같습니다. 약간 벗어나간 이야기인지 모르겠지만, 어떻든 우리가 지금 섬진강을 얘기하는데 기문을 섬진강 밖, 남강 유역에서 찾게 되면 사실 섬진강 진출을 밝히기는 어렵게 됩니다. 그래서 원래 백제 땅이었다고 하는 부분을 어떻게 해석할 수 있을까? 그리고 사료에서 기문하고 대사가 세트로 나오거든요. 원래 백제가 기문만 달라고 했는데, 대사까지 줬다는 것은 무언가 그 두개의 지역이 연결성이 있다고 봅니다. 나중에 대사를 차지함으로써 섬진강 진출로를 확보하게 되는 부분에 있어서요. 만약 기문을 운봉고원으로 보면 남강 진출은 설명할 수 있지만, 그 나머지 섬진강 수계 진출을 설명하기가 어려운 부분이 있습니다. 저도 현재 기문을 어디에 비정할 수 있을지 답은 없지만, 운봉고원으로 비정하기에는 이런 약점들이 있지 않나 하는 생각이 들었습니다.

좌장 권오영 : 예. 감사합니다. 발표자, 토론자 선생님들을 너무 심하게 압박해서 조금 쉬게 하고 제가 정리할 테니까 약 2~3분 정도 마음 놓고 차 한 잔 하시고요. 제가 궁금한 게 많아서 너무 심하게 몰아쳤던

것 같습니다.

박현숙 선생님 말씀을 들어보니까 구분이 더 명쾌해지네요. 역시 문헌자료를 가지고 보았을 때는 운봉고원을 택하기가 상당히 힘들어진다는 측면, 그 다음에 고고학적인 자료를 놓고 봤을 때는 그래도 운봉고원이다. 다시 여기에 대한 반론은 정재윤 선생님은 고고학 자료를 보아도 운봉고원이 아니다. 즉, 513년에 백제화 됐으니까 백제적인 모습이 보여야 한다. 그런데 운봉고원은 안 보인다. 그래서 기문은 운봉고원이 아니다. 이런 논리의 대결이었습니다. 그래서 이 부분은 시청자 분들이나 여기 계신 분들은 각자 이런 차이가 있구나 하는 것을 기억하시고 연구하시면 되지 여기서 어떤 끝장을 보실 것은 아닌 것 같습니다. 다만 제가 다섯, 여섯 번째 질문에 대한 내용을 정리해봤을 때 분명히 오늘 의미가 있어요. 저는 항상 종합토론 사회를 볼 때 몇 가지만 새로 합의만 보더라도 큰 의미가 있다고 보는데 아까도 말씀드렸지만 여기 가야사 하시는 분은 위가야 선생님이 유일하시고 대부분이 백제 쪽을 하셔서 그런지 고령 대가야 힘 빼기에 나섰는데 대가야 토기가 나온다고 이게 다 고령 대가야 연맹의 영역이다. 이런 것은 한 발짝 벗어난 것 같아요. 그것도 발전인데 더 나아가서는 섬진강과 그 주변에서 외래계 유물이 나오는 것도 의미가 동일하지 않다. 아까 김낙중 선생님이 잘 정리하셨고 저와 생각이 거의 비슷합니다.

그래서 제가 좋아하는 것은 저와 생각이 비슷하니까 그랬을 텐데 아라가야 토기가 4세기 단계에 이쪽에서 나오는 의미하고 5세기 후반 이후에 대가야 토기가 나오는 의미를 똑같이 보면 안 된다는 것이죠. 그것은 가야 자체도 발전하는 단계가 다르잖아요. 4세기 아라가야가 이쪽 지역에 아라가야 토기를 보냈을 때 의미하고 5세기 후반, 6세기 전반에 대가야 토기가 나올 때의 의미는 다르게 봐야 하겠죠. 가야 자체의 발전 수준이 다르기 때문에. 그래서 아까 이렇게 범주화 시키셨어요. 아라가야 토기가 나오는 것은 광역적으로 이쪽 지역만이 아니라 넓게 나오는 어떤 왠지 모르지만 하여튼 함안 토기가 갖고 있는 무언가 매력적인 게 있는지 광역으로 퍼져나간다는 주장인데 사실은 그것도 반론이 있습니다. 그게 아라가야 토기가 아니라 경상도지역의 일반적인 토기라는 반론도 있는데 어쨌든 좋습니다. 4세기 단계에 나오는 함안양식의 토기들이 보이는 의미는 그 정도로 보고 그다음에 소가야 토기는 분명히 저도 기억하지만 주거지에서 나오고 소가야 토기가 부장된 무덤이 있거든요. 이럴 경우에는 한반도 남부 주민들이 일본 열도에 들어가서 도래인들로 불리면서 이주했을 때 역시 그럴 때 보더라도 어떤 주거지라든지 생활용 토기라든지 이런 것들이 같이 들어가면 그것은 사람의 이동을 생각할 수밖에 없는 측면이 있기 때문에 소가야 토기가 나오는 것은 분명히 함안하고는 조금 다르다.

다만 저하고 생각이 조금 다른 점은 저는 소가야를 하나의 중심으로 보지는 않거든요. 그래서 소가야 지역이라고 조금 넓은 지역으로 본다면 꼭 진주, 고성만이 아니라 사천도 되고 그래서 서부경남 지역의 주민들이 일부 이주할 수 있겠다는 것은 충분히 동의하는 부분이고 그다음에 대가야 토기가 나올 경우에는 유통망도 있을 것이고 교류도 있을 것이고 심지어는 아까 정재윤 선생님의 말씀대로 먹고 살기 힘들어서 유망해서 가야 지역에 있다가 무령왕대에 쇄환되면서 대가야 토기 혹은 대가야 토기를 만드는 기술을 갖고 백제로 들어왔다가 전남 지역 어딘가에 정착했다가 묻힐 경우도 있을 것이고 그것은 다양한 편차가 있을 텐데 그래도 중요한 것은 대가야 토기만이 아니라 대가야의 경우에는 귀걸이라든지 아니면 철제 무기, 마구 등 해서 또 상황이 조금 달라지는 것이 아니냐. 그랬을 때는 대가야 토기가 나온다고 해서 다 대가야 연맹은 아니지만 대가야 토기의 의미는 똑같지는 않다. 분산적으로 한두 점 나올 경우와 대가야 토기가 거의 풀세트로 위세품으로 볼 수 있는 그런 것들과 함께 고령 시기의 무덤에서 나올 경우는 달리 봐야 하는 것 아니냐. 거기에 대해서 아까 김낙중 선생님이 얘기하시다가 잠깐 끊으셨는데 조금 더 이왕 하신 김에 마음 속 비밀을 밝혀주시죠.

김낙중 : 섬진강 유역에서 그렇게 묘제, 위세품, 토기까지 완전히 다 풀세트로 갖고 있는 것은 생각보다 아주 소수에요. 순천의 운평리 고분군 정도이고 바로 아까 얘기한 그 단계에도 여수 죽림리 차동유적 같은 경우는 취락과 무덤에서도 소가야 토기가 여전히 나오고 있기 때문에 이게 섬진강 유역이 전반적으로 운평리 고분군과 같은 존재가 산재해 했다는 인식은 조금 오해의 소지가 있다. 아마도 대가야 같은 경우 섬진강이라는 수로 이용해서 하동이나 순천 같은 일부 지역 거점세력하고 정치적 연맹관계를 맺는 것은 있었을지라도 그것이 면적으로 영역화하는 것과는 전혀 다른 관점에서 봐야 하지 않을까. 그렇게 생각합니다.

좌장 권오영 : 예. 저랑 부딪혀보려고 일부러 했는데 거의 생각은 비슷한 것 같습니다. 그래서 고령계 유물이 나온다고 하더라도 운평리 정도는 고령적인 냄새가 많이 나고 나머지 지역은 조금 상황이 다르다는 측면이었고요.

그런데 아까 그 얘기를 더 하시라고 하면 너무 잔인한데 백제계 유물이 나오는 경우는 어떨 것인가. 그 문제거든요. 그래서 백제계 유물이 나올 경우에도 백제 토기가 나오는 정도하고 아니면 백제의 중앙산 위세품과 중국산 위세품이 나올 경우에는 의미가 또 달라질 것이고 보다 더 적극적인 것은 산성에서 백제 기와, 특히 그것도 부명으로 추정되는 문자가 찍혀 있는 이런 기와가 나오는 경우는 또 다른 의미, 그것은 단순한 기와의 유통으로 볼 것이 아니라 분명히 어떤 지배를 보여주는, 그래서 앞으로의 이런 연구는 섬진강 유역에서 보이는 이런 다양한 물질문화의 종류들을 세분화해서 여러 스펙트럼을 놓고 봐야 하는 것이 아니냐 하는 생각이 드는 게 오래전에 저와 서울대 김장석 교수하고 지금 고인이 되신 이상길 교수님의 호의로 산청 묵곡리, 그쪽은 소가야죠. 거기에서 나온 가야 토기와 백제 토기를 분석해본 적이 있었어요. 그런데 산지를 추정해 봤는데 지금은 그 방법론이 조금 구식일 수도 있는데 의외의 결과가 나왔습니다. 산청 묵곡리 고분군은 중소규모의 가야 고분인데 육안으로는 백제계, 소가야계, 대가야계 토기였거든요. 그래서 저희는 당연히 그 가설이 각각 세 개의 산지가 다르게 나올 줄 알았어요. 그랬는데 놀랍게도 소가야계하고 백제계 토기하고 산지가 같이 나왔습니다. 대가야계 토기도 고령에서 온 것이라고 장담할 수 없었습니다. 따라서 전북 동부의 경우도 고령에서 온 경우가 있을 것이고 재지에서 모방한 경우가 있을 것이고 또 제3의 사례로서 고령이 아닌 넓게 보면 대가야권이지만 산청이나 함양이나 합천이나 이런 지역에서 만든 토기가 섬진강 유역으로 들어올 수도 있다. 그래서 제가 초반에 말씀드린 것이 고령계 토기가 나온다고 해서 대가야의 영향을 보려고 하는 것은 문제가 있다. 이것은 그럴 수도 있고 고령에서 만든 토기가 아니라고 한다면 오히려 고령토기의 영향을 받은 서부경남지역에 있었던 토기유통망에 포함될 수 있는 것이 아니냐. 아까 성정용 교수님이 말씀하신 게 그런 의미라고 저는 보는데 단순히 교류만이 아니라 토기유통망을 생각해야 한다. 그랬을 때 이 지역에서 도질토기를 만들지 않는 것이 못 만드는 것이냐, 아니면 필요한 정도는 충분히 옆 마을에서 구해올 수 있으니까 안 만드는 것이 아니냐. 사실은 대한민국이 비타민을 못 만드는 것이 아니라 안 만드는 거잖아요. 기술은 있지만 공해가 많이 배출되니까. 그래서 꼭 도질토기 이 문제도 유통과 수급 이런 것을 생각한다면 너무 지나치게 이것을 가지고서 대가야 이야기를 심하게 하는 것도 좀 문제가 있지 않느냐. 그래서 우리가 지금 6번까지 이야기를 했습니다.

7. 섬진강 유역을 상·중·하류로 나눌 때 사서에 등장하는 정치체와의 관계

그다음에 일곱 번째 질문으로 갈 텐데요. 일곱 번째 질문에 대해서 답을 해 주신 선생님들은 곽장근 선생님만 답을 해 주셨네요. 곽장근 선생님께서 아홉 가지 답변을 해 주시고 열 가지 추가로 얘기를 해 주신 유일한 분입니다. 일곱 번째 질문은 간단히 넘어가겠습니다. 왜냐면 이미 이야기를 많이 했고 크게 새로운 이야기가 나오기 쉽지 않으니까 섬진강 유역을 김낙중 선생님 말씀대로 상·중·하류로 나눌 때 사서에 등장하는 정치체와 어떻게 연관이 되느냐? 아까 이미 다 이야기를 했습니다. 그런데 곽장근 선생님이 준비하셨으니까 그 내용을 한 번 정리해 주시기 바랍니다.

곽장근 : 섬진강 유역은 발굴이 미진해서 대신 지표조사를 활발하게 추진했

는데 아직은 가야 정치체의 존재를 증명하는 고고학 자료를 발견하지 못했습니다. 특히 장수군 번암면은 행정 구역상 장수군에 속해 있지만 본래 남원군으로 1906년 장수군에 편입되었는데, 가야 관련 고고학 자료는 확인되지 않고 있습니다. 박현숙 교수님께서 기문이 백제의 땅이었는데 그것을 운봉고원으로 보게 되면 설명이 조금 어렵지 않느냐고 말씀하셨습니다. 사실 백제가 가야로 진출을 한다고 할 때, 가야와 교류 및 교섭을 할 때는 운봉고원의 땅을 밟지 않고는 교섭 및 교류가 어렵지요. 관문 또는 대문과 같은 역할을 했던 곳이 운봉고원입니다. 권오영 선생님이 운봉고원이 본래 함양이었다고 말씀하셨는데, 본래 운봉고원은 천령군 관할이었습니다. 고려 초 940년 운봉읍과 인월면, 아영면, 산내면 등 네 개의 읍면으로 이루어진 운봉고원만 딱 도려내서 남원부에 이속을 시켰지요. 머지않아 전북 남원과 첫 인연을 맺은지 1100년이 되는데 엄연히 가야 때는 영남 서부지역에 속했고, 지금 전북에 속했지만 지역성이 대단히 강한 곳입니다. 고려 초 고려 왕조가 네 개의 읍면을 딱 도려서 남원경이 남원부로 바뀔 때 남원부에 이속된 대단히 독특한 곳입니다. 그렇다고 본다면 우리가 지금 논의하고 있는 운봉고원은 가야, 백제 역학관계 속에서 어떤 잠재력이 분명히 있지 않을까 하는 정도만 말씀을 드리겠습니다.

좌장 권오영 : 예. 감사합니다. 운봉고원의 중요성은 국립전주박물관도 깨우쳐서 특별한 전시도 재밌게 했고 그런데 오늘 곽장근 선생님의 표현이 아주 인상적이네요. 제가 잘못 들었는지는 모르겠지만 백제의 운봉고원에 대한 사랑, 애착이 대단했다고 그러셨는데 그 종말은 어떻게 됐나요?

곽장근 : 남원 유곡리와 두락리 36호분 재발굴이 이루어졌습니다. 석실의 내부구조는 궁륭상입니다. 그래서 가야에서 백제 묘제가 확인된 합천 저포리, 고령 고아동보다 빠른 궁륭상입니다. 다만 부장유물에서 신라의 단각고배가 나와 학계에서 관심이 많은데 그것은 묘제가 아닌 장제를 대변한다고 생각합니다. 조금 전에 말씀드린 513년부터 시작된 백제의 기문 복속을 증명해 주는 고총으로 묘제도 그 가능성을 담고 있다고 생각합니다. 다만 고령 고아동은 가야 고총군하고 조금 영역을 달리해서 자리하고 있는데, 남원 유곡리와 두락리 36호분은 가야 고총군 내에 자리하고 있습니다. 그냥 바로 붙여서 축조되어 백제가 정치적인 색채를 강하게 담지 않았을까 생각합니다. 그리고 도저히 백제에서 기술자가 파견되지 않고는 쌓을 수 없을 만큼 조영기술이 우수합니다. 운봉고원에서 횡혈식 석실분이 매장시실로 들어오는데 사실 그 시기에 유행했던 석회 바름이랄까 편제된 연도 등 여러 가지 부분에 있어서 안정적으로 문헌의 내용을 고고자료로 설명이 가능하다고 생각합니다.

김낙중 : 운봉고원에서의 백제 흔적과 관련해서 작년 겨울에 유곡리 36호분을 재발굴한 사람 입장에서 제 생각을 말씀드려야 할 것 같은데 곧 보고서가 나올 테니까 나중에 보내드리겠습니다. 분명히 백제의 흔적이 남아 있는 석실이지만 제 생각은 이미 고령에서 백제의 영향을 받아서 만들어진 대가야적 석실이 전파된 것으로 봐요. 왜냐면 그 축조 시기는 이미 사비기인데, 사비기의 석실 양식이 만약에 백제의 직접적인 영향으로 아영에서 이런 백제 석실이 등장했다면 시기적으로 맞지 않는다는 생각을 가지고 있습니다. 자세한 것은 나중에 나오는 보고서를 참조하시죠.

좌장 권오영 : 예. 제가 궁금했던 것은 백제의 운봉고원에 대한 지나칠 정도의 집착이 과연 해피엔딩으로 끝나느냐? 이 문제인데 곽장근 선생님은 결실을 맺어서 유곡리·두락리 고분에서 백제적인 냄새가 물씬물씬 풍기는 그런 석실이 나온다고 하셨고 김낙중 선생님은 최근에 본인 스스로 거기를 발굴한 결과로써는 조금 다르다. 그것은 역시 보고서가 곧 나올 테니까 한 번 보자고 해서 속편을 기다리게 만들었습니다. 그러고 나서 또 신라와의 계속되는 분쟁에 접어들게 되면서 백제의 운봉고원에 대한 집착이 어떻게 결론이 날지는 또 한 번 보시기를 바라는데, 정치체 이 부분은 아까 이미 기문, 대사를 갖고 너무 진을 뺐기 때문에 운봉고원이 또 중요하다고 하는 복습을 하고 이 부분은 넘어가도 되겠습니까? 위가야 선생님 하실 말씀 없으세요?

위가야 : 다른 것은 아니고 여기 상·중·하라고 하니까 상기문, 중기문, 하기문이라는 말씀을 하셔서요. 이게 상기문, 중기문, 하기문이 나오는 사료가 『신찬성씨록』 길전연조인데요. 상기문, 중기문, 하기문을 이용하려면 문제가 되는 게 이 위치를 설명하면서 임나 동북쪽에 있다고 위치를 설명하거든요. 그러면 이게 지금까지 저희가 얘기했던 기문의 위치와는 완전히 다른 곳에 존재합니다. 그래서 오늘 발표에서 정재윤 선생님이 말씀하셨다시피 「양직공도」에도 상기문이라고 하는 게 그게 꼭 상기문이라고 하는 어떤 실체를 가리킨다기보다는 위쪽에 기문, 아래쪽에 침라일 수도 있는 것이라서 그러니까 이 기문이라고 하는 지역을 세 개로 나누어서 각각의 기문을 각각의 지역에 비정하는 것은 어떻게 보면 조금 위험할 수도 있다는 생각이 들어서 그 말씀을 드리려고 했습니다.

좌장 권오영 : 예. 그 질문은 더 이상 안 하는 것으로 하겠습니다. 상·중·하기문을 기계적으로 적용시키는 부분은 오늘 논의에서 나왔다시피 그 자체가 좀 위험하기도 하고 상기문, 하침라 이 부분을 꼭 상침라, 하침라. 혹은 상침라, 중침라, 하침라가 있는 것이 아닌 것처럼 위로는 기문 아래로는 침라, 탐리 이렇게 볼 수 있기 때문에 이 부분에 대한 이야기 자체는 더 이상 하지 않겠습니다.

8. 섬진강 유역과 영산강 유역의 비교

여덟 번째 질문으로 오늘 원래는 이영철 선생님이 오실 줄 알고 이 부분을 많이 맡기려고 질문을 준비를 했는데 오늘 못 오셨습니다. 그래서 우리가 또 이가 없으면 잇몸이다 하는 것처럼 지금 우리가 이렇게 오전부터 공부했던 섬진강 유역하고 영산강 유역하고는 무엇이 같고 무엇이 다르냐? 그것은 백제사의 입장에서도 그렇고 그 지역의 입장에서 봐도 그렇고 무엇이 같고 무엇이 다른지에 대한 질문인데 여기에 대해서는 역시 곽장근 선생님이 빠지지 않고 다 해 주셨고 그다음에는 다른 분은 아무도 안 하시고 역시 또 혼자 하셨네요. 그런데 이 부분은 성정용 선생님도 더 이상 빠지지 말고 한 말씀 해 주시고 김낙중 선생님도 얘기를 하셔야 하고 다른 분들도 좀 자유롭게 말씀해 주시기 바랍니다.

우선 성 선생님부터 말씀을 해 주시죠.

성정용 : 제가 섬진강 유역의 물질문화에 대해서 자세하게 알고 있지는 못하기 때문에 이게 정말 어디 어디가 같고 다르다는 것을 정확하게 얘기하는지는 모르겠습니다만, 기본적으로 영산강 유역은 마한 이런 정치적인 색채를 쏙 빼고 얘기한다면 자체적인 문화발전양상을 많

이 보여주고 있죠. 특히 분구묘, 옹관 고분이라고 얘기하는 그런 쪽으로 가고 있는데 비해, 이쪽 섬진강 유역에서는 오히려 석곽묘가 나타난다든지 분명히 묘제에서 차이가 좀 있습니다. 그리고 토기상에서도 차이가 있고 기본적으로 섬진강 유역과 영산강 유역이 문화적 베이스가 아까 마한 여러 개를 말씀하셨습니다만 저는 같은 출발선상에서 있었던 것일까 하는 의문이 조금 들기도 합니다.

포괄적으로는 마한이라는 문화적 범주에 들어갈 수 있을지 모르겠습니다만, 이들 사이에 얼마나 친연성이 있을까에 대해서는 조금 더 고민이 필요하지 않을까 싶은 생각을 하고 있습니다. 물론 지역적으로 가깝기 때문에 남해안을 통해서 연결되는 이런 집단들 사이에 당연한 동질성은 보이는데요. 아마 이때 영산강 유역은 분명히 옹관 고분을 위주로 하는 집단을 만약 지칭한다면 그 집단과는 분명히 차별화된 집단이라고 말씀을 드리고 싶습니다.

좌장 권오영 : 예. 양 지역의 물질문화의 차이점을 얘기해 주셨고요. 그와 함께 제가 질문을 드렸던 것은 백제사의 입장에서 이 양 지역이 어떤 의미를 갖느냐? 인데 여기는 정재윤 선생님이 얘기를 해 주시죠.

정재윤 : 영산강 유역은 일단 백제가 처음에 서남해안을 따라서 가야와 일본열도에 이르는 주요한 교역로였죠. 그렇기 때문에 당연히 남해안 일대를 장악하고 또 점점 내륙으로 들어오면서 영산강 유역이 일찍부터 백제의 관심 대상이 되죠. 마찬가지로 가야 아니면 일본열도 세력들도 교류를 하는 굉장히 중요한 지역이기 때문에 영산강 유역에서는 일찍부터 여러 복합된 유적이 나오고 있습니다. 그런 면에서는 영산강 유역이 초기에 각광을 굉장히 받았다면 섬진강 유역은

백제가 서남해안이라는 힘든 코스 대신에 직접 대왜 교역항을 안정적으로 확보한다는 의미에서 금강과 섬진강을 통한 다른 길을 개척하고 또 한편으로는 섬진강에서 남강으로 연결이 되면서 이 일대가 섬진강 넘어서 가야로 가는 관문이 된다는 점입니다. 백제가 한강을 빼앗기고 난 이후에 영산강 유역에 관심을 가진 이후에 섬진강 유역에 관심을 갖게 된 것이 아닌가. 그러면서 여러 가지 복합적인 양상이 5세기 말, 6세기 초부터 나타난 게 아닌가 생각이 됩니다.

좌장 권오영 : 8번 질문에 답을 주신 곽장근 선생님도 간단하게 말씀을 부탁드립니다.

곽장근 : 방금 전에 말씀드린 것처럼 섬진강 유역은 4세기~5세기까지의 문화양상이 영산강 유역과 관련성이 강한 것 같습니다. 그리고 섬진강과 영산강 유역의 경계가 호남정맥인데 이 산줄기가 완만해 생활권 및 문화권을 하나로 묶어도 별 무리가 없을 정도로 굉장히 왕래가 활발했던 곳입니다. 다만 5세기를 전후한 시기부터 그 양상은 조금 달라지는 것 같습니다. 다시 말해서 영산강 유역의 지역성이라고 할 수 있는 전용 옹관묘가 섬진강 유역에서는 지표조사에서 발견되지 않고 있다는 점에서 영산강 유역과는 조금 다른 상황에 처해지지 않았을까 하는 생각을 가지고 있습니다. 그러면 마한의 전통을 이어받았던 주체가 누굴까 했을 때 대가야보다 백제였을 가능성이 높습니다. 앞으로 고고학 자료가 더 축적이 되어야 하지만 한성기부터 웅진기까지의 옛길에 대한 복원 또 고증이 심도 있게 이루어진다면 상당히 안정적이고 유의미한 백제와 관련된 고고학 자료가 증가할 것으로 생각합니다. 그리고 백제와 대가야의 토

기가 서로 혼재된 양상을 보이는데 대가야만의 토기가 일색을 이루는 유적은 아직 확인되지 않습니다. 그래서 5세기를 전후한 시기부터 상당히 다른 변화상을 보이는데 그때부터 영산강 유역과는 상황이 달라지는 것 같습니다.

좌장 권오영 : 예. 양 지역은 지금 선생님들이 말씀하신 대로 문화적인 기반 자체가 같은 측면도 있고 다른 측면도 있고 그것은 다 이미 이야기가 됐습니다.

그다음에 제가 의도했던 질문은 자체적인 어떤 성장의 정도, 조숙성 이런 것에서 차이가 있지 않느냐 하는 질문이었습니다. 그런데 답을 확실하게 안 해 주셨지만 제가 얘기하고 만약에 반대하지 않으시면 동의하시는 것으로 알겠습니다. 즉, 영산강 유역이 갖고 있는 아까 처음에 위가야 선생님이 말씀하신 대로 우리 한국 고대사에서의 양 지역의 지정학적인 위치 차이로 인해서 상대적으로 영산강 유역이 섬진강 유역보다 지역 정치체의 발전은 더 이르고 빨리 진행되고 고총으로도 많이 가고 이랬다고 하는 것은 다 인정을 하시죠. 그와 함께 각 지역의 문화요소가 다 섞이는데 상대적으로 왜계요소는 영산강 유역에 비해서는 섬진강 유역에서는 많이 보이지 않는다. 남원 세전리에서 일본 하지키가 나오고 했지만 많이 보이지 않는다. 그것은 한반도와 중국과 일본열도를 잇는 해상교통로에서의 위상이 영산강 유역보다는 섬진강 유역이 떨어진다. 동의하십니까?

그런데 섬진강 유역을 가지고 백제와 대가야, 나중에 신라까지 그렇게 기를 쓰고 싸우는 이유는 그래도 국지적으로는 이 지역이 갖고 있는 교통로상의 중요성, 즉 남북으로 섬진강을 따르고 혹은 남강으로 빠지는 이 길과 동서로 서부 경남에서 서해안까지 빠질 수 있는 길. 거기에 딱 교차되는 지점이 바로 운봉하고 운봉이서의 남원 쪽이 되기 때문에 그러한 중요성이 강하다. 인정하시나요? 그와 함께 섬진강 유역도 영산강 유역과 마찬가지로 동일한 문화양상을 보이지 않아서 상류와 중류와 하류의 양상이 다르다. 이 이야기에서 동의하지 않을 부분이 나올 것 같은데 김낙중 선생님의 발표를 들어봤을 때는 상류 쪽이 그래도 다른 지역보다 백제적인 요소가 일찍 들어온다. 그것은 동의하시나요? 아까 김낙중 선생님이 그렇게 발표하셨죠. 임실 이런 지역. 그런데 이런 부분은 대개 동의가 된 부분입니다. 그랬을 때 하류와 중류의 부분에서 약간 우리가 의견차이가 있었어요. 즉, 기문을 어디로 보느냐가 또 문제가 되겠지만 하여튼 남원 일대하고 하동 일대하고의 문제점들이 나왔는데요. 우리가 오늘 그 얘기가 안 나왔지만 고흥 길두리 안동 고분을 생각한다면 해안을 따라서는 이미 한성기 단계부터 들어갔기 때문에 하동지역에 대해서 상대적으로 꼭 컴퍼스 상의 거리만이 아니라 더 일찍 백제의 영향이 들어갈 수도 있다는 것은 인정하시나요?

정재윤 : 인정 안 하는 게 아니라 다른 의견이 있습니다. 인정을 안 하는 것은 아니고요. 일단은 백제가 근초고왕대에 마한을 복속시키고 가야에 이르렀지만 그 당시에는 백제가 직접 일본열도에 있는 왜와 직접 통교한 것이 아니라 탁순국을 매개로 해서 통교하고 있습니다. 백제로서는 당시에 거점 항구로 서남해안을 따라 가든, 아니면 금강과 섬진강으로 연결되는 루트로 내려가든, 육로를 통해서 내려가든 간에 중간에 두 지역을 합치면서 왜로 갈 수 있는 직항구가 필요했고 그것을 확보해 나아가는 과정이기 때문에 남해안 쪽으로 이르면

서 또 한편으로는 기문을 통해서 밑으로 압박하는 두 양상으로 진행이 된 게 아닌가. 그래서 기문이 먼저 나타난다는 것이죠.

또 한편으로는 우리나라 발전단계상 보면 고구려와 백제 사이에 있는 중국 군현이 없어지면서 고구려와 백제가 이 지역을 가지고 서로 다투면서 두 나라의 패권이 시작되고요. 그러면서 고구려한테 밀려서 백제가 내려왔는데 그다음 단계에서는 고구려와 싸우면서 한편으로는 백제가 자기의 물적, 인적 자원을 확보하기 위해서 가야 쪽으로 동진을 하고 또 신라도 성장하면서 서진을 하는 양상이 전개되는 아주 복잡한 구도가 되었죠. 같이 고구려랑 싸우면서도 또 가야를 놓고 두 세력이 싸우는 양상이었다. 이런 복잡한 양상이었기 때문에 백제는 일찍부터 가야 지역에 거점을 확보해야 할 필요가 있기 때문에 대사보다는 기문 지역에 일단 방점을 찍으면서 내려간 것이 아닌가 이렇게 봅니다.

곽장근 : 섬진강 유역의 교통로, 즉 옛길과 관련해서 관심 있게 복원을 시도해봤습니다. 백제가 남해안, 여수, 순천, 광양이 됐든 고흥반도가 됐든 남해안 일대로 가는 경로는 우리가 인식하는 것과는 좀 차이가 있는 것 같습니다. 다시 말해 우리는 섬진강 루트를 중요하게 생각하고 있는데, 현지에 살고 계시는 사람들의 말씀을 들어보면 한성기 이식이 나왔던 옥과, 석곡을 경유하는, 즉 현재 호남고속도로를 따라 가면 여수, 순천, 광양 등 남해안으로 손쉽게 나아갈 수 있습니다. 그리고 섬진강 유역에서 백두대간을 넘어 가야를 가려면 상류에 위치한 임실 월평리 산성에서 동쪽으로 방향을 틀어야 합니다. 다시 말해 섬진강 중·하류까지 내려갈 필요가 없다는 것입니다. 그리고 조금 전에 말씀하신 백제가 남해안으로 가는 길도 임실 월

평리 산성을 경유해서 남쪽으로 내려가면 됩니다. 다행히 임실 월평리 산성을 발굴해보니까 지하 2m 깊이에서 한성기 문화층이 확인되는데, 아직 발굴이 이루어지지 않았습니다.

좌장 권오영 : 예. 역시 임실지역은 아까 김낙중 선생님의 발표대로 다른 지역보다 일찍이 백제적인 냄새가 보인다고 하는 부분과 상통하고요. 그다음에 완주 배매산성 같은 경우도 역시 한성기 유물들이 나오고 하니까 내륙을 통한, 꼭 웅진기로 가지 않더라도 한성기에도 하여튼 호남 동부지역에 대한 루트에 대한 모색 이런 것들에 대해서도 신경을 써야 할 것 같습니다.

제가 오늘 이렇게 쭉 들어보니까 공교롭게도 영산강 유역이나 가야를 다룰 때는『일본서기』를 인용할 때 신공기를 보면서 백제 주인공은 근초고왕, 근구수왕이 주인공이 되고 섬진강을 다룰 때는 역시『일본서기』에서 계체기, 흠명기가 되면서 그 주인공이 동성왕은 약간 처음에 초반에 출현했다가 주로 무령, 성왕 이렇게 되는 이런 차이점도 어떤 영산강 유역과 혹은 남해안 가야 지역 대 섬진강 유역의 차이점을 보여주는 것이 아닌가 생각을 했는데 곽장근 선생님은 지금 끄덕거리셨지만 속으로는 반대하시는 게 그렇지 않다. 한성기 이른 단계부터 무언가 계속 이쪽 지역에서도 꿈틀거리는 것이 있다. 이런 생각일 것 같습니다. 그런 면에서 정재윤 선생님이 아까 발표의 마지막 결론에서 근초고왕대에 섬진강 복속이라는 얘기를 하셨거든요. 섬진강은 아닌 거죠?

정재윤 : 예.

좌장 권오영 : 예. 왜냐면 오늘 마지막 결론이 '백제는 언제 섬진강 유역으로 진출했는가' 했더니 정재윤 선생님이 마지막에 근초고왕대를 말씀하셔서 제가 어떻게 하나 했더니 오늘 대개 논의는 그 전 단계부터 오늘 한성기 단계부터 이미 섬진강 상류지역에 대해서는 끊임없이 뭔가 제스처가 보이고 하지만 결정적으로 이 지역을 백제가 영역화하는 것은 역시 무령왕대 6세기 전반, 하지만 그러고 나서도 약간의 미묘한 이런 차이점들이 보이기는 하지만 사비기에 들어가면 군령·성주도 들어가면서 쭉 영역적인 지배로 간다고 하는 정도의 결론을 오늘 얻었고요. 시간이 16분 남았으니까 저 빼고 여섯 분이 2분씩만 자신의 못 다한 이야기를 해 주시기 바랍니다. 위가야 선생님부터 해 주시죠.

9. 백제와 대가야에게 섬진강 유역이 가지는 의미

위가야 : 예. 백제와 대가야에게 섬진강 유역이 가지는 의미에 대해서 이야기를 드리는 것으로 저도 마무리 말씀을 드리면 될 것 같은데요. 아까 박현숙 선생님께서도 얘기하셨지만 『일본서기』의 내용 안에서 기문하고 대사가 일종의 세트로 나온다고 하는 것에 집중을 해서 이해할 필요가 있다고 생각하는데 그러면 왜 기문과 대사는 왜 세트인가라고 할 때는 아무래도 그것이 지금 계속 얘기하고 있었던 섬진강 교통로의 기점과 종점으로써 설정되어 있기 때문이 아닌가 하는 생각이 들고 그렇다면 백제가 기문과 대사로 진출한 것 또한 그 섬진강 교통로라는 것을 장악하기 위함이라고 생각을 해야 하는데 그런 생각 안에서 기문이라고 하는 지역의 위치도, 그러니까 그 지역이 백제가 그곳을 장악함으로써 섬진강 교통로를 뺏을 수 있는 지역으로 실제로 문헌상으로 비정이 되어야 하지 않을까 그렇게 생

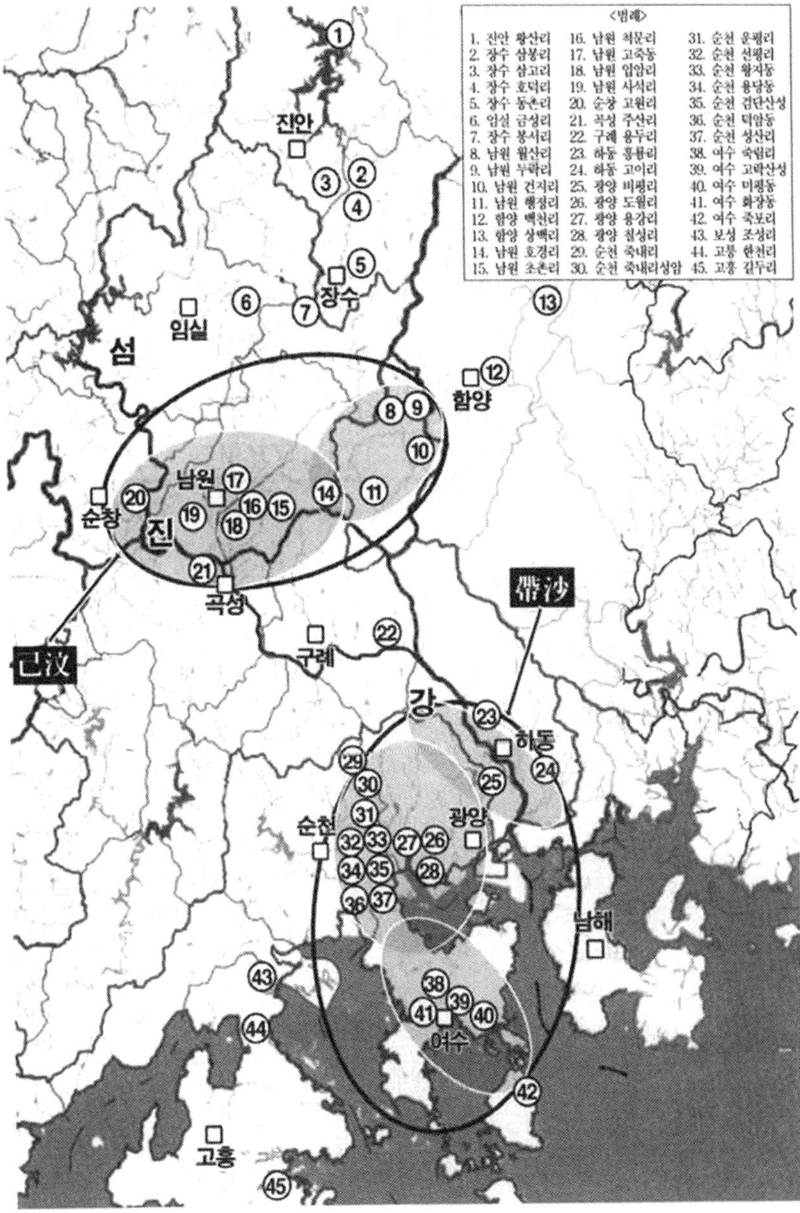

〈그림 11〉 기문과 대사의 위치 추정(백승충, 2012)

각이 듭니다. 그랬을 때 왜 그러면 왜 백제는 섬진강 교통로로 가려고 했을까를 생각해보면 제가 백제사를 공부하면서 느꼈던 건데 백제가 영역을 확장하려고 하는, 자기 세력권을 확장하려고 하는 모습하고 신라가 확장하는 모습이 조금 달랐던 게 신라는 공격을 해서 만약에 그 지역을 자기 땅으로 만들려면 시작하자마자 자기 땅으로 만드는 경향이 있다면 백제는 그 지역에서 주도권을 가지고 있는 세력을 뺏고 그 세력을 뺏은 다음에 차츰차츰 그 지역을 자기 땅으로 흡수해 나아가는 듯한 모습을 보이거든요. 그게 『삼국사기』 초기 기록에 묘사되어 있는 마한정복 같은 것도 그렇게 이해할 수 있다고 생각을 하는데 여기도 마찬가지로 대가야라고 하는 세력이 그 주변, 그러니까 아까 말씀드렸던 것처럼 전남 동부까지 어느 정도 자신의 세력권 안에 두었다고 하면 그 두었던 것의 기반은 섬진강 교통로의 통제권이라고 할 수 있을 때 그 통제권을 뺏는 것 자체가 대가야에 대한 견제와 대가야에 대한 제압이 가능하기 때문에 백제가 그렇게 했을 것이라고 저는 생각하고 그것이 백제에 있어서 섬진강이 가지고 있는 의미 그리고 대가야에 있어서 섬진강이 가지고 있는 의미가 아닐까 하고 생각이 듭니다.

좌장 권오영 : 백제, 대가야, 신라의 지배방식에 대한 차이점이었습니다. 그다음에 정재윤 선생님, 딱 2분 정도만 해 주시기 바랍니다.

정재윤 : 예. 말씀은 많이 드렸으니까 다만 대사와 관련해서 보면 우리가 지금 빠트린 신공기 기사가 있는데 신공기 50년에 다사성을 주었다는 기록이 나옵니다. 이는 529년에 나오는 다사진하고도 통한다는 거죠. 그리고 513년에 대사가 나오고요. 그래서 대사와 다사를 사료

의 계통을 달리하는 것으로 보기도 하는데, 일치하는 것은 어떻든 다사성, 다사진이 백제에서 왜로 가는 항로였다는 것이죠. 이런 것을 봤을 때 백제의 관념 속에서는 근초고왕대부터 이 지역을 확보해서 왜와 통교했다. 그리고 그것이 성왕의 회고담 때 근초고왕대를 이야기한 것과 관련이 된 것이 아닐까 생각이 됩니다. 그래서 우리는 백제의 관념적 인식과 실제를 구별해야 한다하는 또 하나의 문제를 여운으로 남겨봅니다.

좌장 권오영 : 예. 한성기부터 일관되게 쭉 볼 필요가 있다는 정도로 정리하겠습니다.

김낙중 선생님.

김낙중 : 오늘 백제의 관점에서 논의를 많이 했지만 제가 중요시하는 것은 영산강 유역뿐만 아니라 섬진강 유역에서 보이는 다양한 계통의 문물들이 혼재하는 현상을 보면 외부의 자극이 중요하지만 그런 것들을 이용하고 또 활용하는 것은 현지의 지역집단 세력들의 관점에서 바라볼 필요가 있다. 즉, 영산강 유역에 비해서 이쪽 지역이 소국이나 국가 단계의 정치체 형성이 미약했던 것은 필요성이 없었기 때문에 그랬을 수도 있고 또 새롭게 자극이 오니까 그 작용에 대한 반작용으로 성장하는 과정도 있을 수 있기 때문에 현지 세력의 관점에서 또 바라볼 필요도 있겠다는 생각을 해봤습니다.

좌장 권오영 : 예. 김낙중 선생님 스스로의 다짐으로 알겠습니다.

곽장근 : 예. 저는 대사와 다사는 구분을 해야 한다고 생각합니다. 370년 다

사성과 529년 다사진, 즉 성과 나루를 지명에 담았는데 513년부터 515년까지 등장하는 대사는 지명과 강 이름입니다. 그렇다면 대사와 다사가 교차해서 등장할 필요도 있는데 그런 게 없을까요. 결론적으로 조금은 구분할 필요가 있겠다는 점에서 그럼 6세기 초엽에 있어서의 섬진강 유역에서 고고자료로 증명할 곳이 있느냐 하는 부분에 있어서 저는 남원시 대강면 사석리라고 생각합니다. 사실 대강면의 '대'자가 '대帶'인데 복주머니 형태를 띠고 있고 정치중심지가 사석리예요. 그리고 좀 내려가면 대사리가 또 있는데 그것은 저는 두 지역을 놓고 고민을 많이 하고 있는데 구분할 필요가 있겠다는 말씀을 드리고 싶고요.

섬진강 유역에 있어서 대가야 루트 때문에 조금 그런 부분이 논의가 안 되고 있는데 사실 대가야가 목적지가 하동이라고 한다면 섬진강 루트는 이용을 하라고 해도 할 수가 없어요. 다시 말해서 고령사람보고 "하동을 가봐라." 또 반대로 하동 분들한테 "고령에서 만납시다."하면 그 루트를 이용하는 사람은 없다 이거죠. 과연 그 막강한 대가야가 그렇게 돌고도 돌아서, 여러분, 백두대간 그리고 남북으로 뻗어 내린 산줄기는 무서운 거예요. 옛 교통로에 있어서. 거리도 두 배 멀죠. 그래서 저는 다른 루트도 검토해야 한다. 합천 옥전, 삼가, 단성 그 다음에 하동. 직선이면서 가야의 중심지를 다 지나고 있거든요. 그리고 529년에 백제가 다사진을 그때 들어가도 아무 문제될 게 없다. 왜냐하면 기문, 대사 또 가야에 대한 정치적인 영향력. 그 부분을 서쪽에서 마무리를 짓는 게 529년의 다사진이니까 그렇게 본다면 우리가 조금은 고고학 자료가 축적이 되어 있으니까 다사와 대사도 구분할 필요가 있지 않을까 생각합니다.

좌장 권오영 : 예. 다사, 대사 문제, 그리고 실제로 발로 밟아보자는 정도.

성정용 : 현지 세력, 현지 정치체를 중시해야 한다, 그 사람들의 운동력과 변화과정을 봐야 한다는 게 일관된 제 생각이었습니다. 그런데 어쨌든 현지 세력 또 외부세력과의 상호작용을 같이 봐야 할 텐데요. 백제가 그쪽 지역으로 이떻게 신출하는지 시기별로 나누어서 봐야 한다는 생각을 더 하게 되었습니다. 특히 한성기는 과연 섬진강까지 백제가 정말 자기들이 필요로 하는 지역이었을까 하는 생각이 드네요. 오히려 그때는 전남 동부 지역이라든지 이런 지역까지 진출을 하기는 했지만 굳이 백제가 다급하게 자기들의 교통로 혹은 영역으로 확보할 필요가 있었을까 하는 생각이 듭니다. 왜냐면 한성기 때는 아까 안동 고분 같은 해안루트를 통해서 그리고 거점과 거점을 통해서 왜와 연결될 수 있기 때문에 대사지역은 혹시 하동이 대상이라면 거기에도 그런 백제와 관련된 유적이 아마 한성기 때에 나올 가능성이 있다고 생각해보고 있습니다. 그리고 웅진기 이후에 백제의 그런 상황 때문에 섬진강 유역 또는 남북으로 가로지르는 이 루트를 백제가 철저하게 수호를 해야만, 또 확보해야 하는 문제가 생기면서 대가야와 갈등이 첨예하게 일어나서 그런 문제들이 생긴 게 아닐까 하는 생각을 많이 해봤습니다.

박현숙 : 백제에게 섬진강이란 무엇인가? 그 부분과 관련해서 말씀을 드리겠습니다. 그에 앞서 아까 운봉고원을 둘러 싼 전개 양상을 궁금해 하셨는데요. 운봉고원은 백제에게 해피엔딩이 아닙니다. 신라가 565년 이후에 운봉지역으로 진출하게 됩니다. 그러니까 백제가 섬진강 수계에 성을 쌓습니다. 신라가 더 침입하지 못하게요. 그런데 신

라가 다시 운봉지역에 성을 축조하면서 소백산맥 이서로 진출하니까, 백제 무왕대에 4만 명을 동원해서 신라와 아막성 전투를 하게 되는데 결국 실패를 하게 됩니다. 그래서 그것을 계기로 신라는 소백산맥 이동으로 진출하여 남원, 임실쪽으로 나가면서 백제 내지로 들어올 수 있는 기회를 마련하게 됩니다.

그러니까 이러한 역사적인 전개 상황을 보면, 백제에게 있어 섬진강은 그것을 막을 수 있는 지역이었다는 것입니다. 백제는 섬진강을 통해 가야를 견제할 수 있었고, 궁극적으로는 가야가 무너지면 신라가 또 진출을 하기 때문에 그런 전략적으로 중요한 부분이 있었다고 생각합니다. 또한 결국 김해 지역이 약화되면서 왜와의 루트도 변화가 있어야 했기 때문에 그런 부분과 관련해서도 섬진강이 주목되지 않았나 하는 생각을 했습니다.

전체적으로 학회 발표를 들으면서 김낙중 선생님이 잘 정리해 주셔서 저도 고고학적으로 많은 공부가 되었습니다. 그런데 만약 예를 들어서 ' 발해 문화가 뭐냐?' 그러면 '고구려적 색채도 있고 당나라 색채도 있고 말갈적 색채도 있다.' 이렇게 이야기를 합니다. 그런데 발해에 대한 문헌기록이 없으면 고고학자들은 '이것은 고구려도 있었네. 이것은 당나라도 있었네. 이것은 말갈도 있었네. 이 문화는 뭐지?' 이렇게 생각할 수 있다는 것입니다.

섬진강 유역은 문헌으로 찾아지지 않기 때문에 고고학적으로 밝혀 주어야 하는데… 아까 김낙중 선생님께서 말씀하신 것처럼, 기존에 갖고 있는 국가체를 확인하는 방법론으로 접근하여 어떤 획일성을 기준으로 '마한이냐, 백제냐, 대가야냐.' 이렇게 찾는 것은 문제가 있다고 생각됩니다. 앞으로는 차별성에 주목할 필요가 있다고 생각합니다. 아주 독자적으로 존재하는 정치체는 없겠지만, 여러 문화가 혼재되어 있는 양상이 또한 섬진강 유역의 특징일 수도 있겠다는 생각이 들었습니다.

좌장 권오영 : 예. 감사합니다. 여섯 분 말씀을 들어보니까 거의 다 정리가 돼서 제가 더 이상 말씀드리지 않더라도 발로 뛰는 답사의 중요성, 그 다음에 문헌에서 제대로 찾을 수 없는 부분은 역시 고고학적인 자료에 의지해야 한다. 다만 그 고고학적인 자료를 이용하는 방법론에 대해서도 기존의 어떤 중앙 중심적인 사고방식만이 아니라 그 지역의 나름대로의 독자성, 발전 이런 것들을 꼼꼼히 봐야 한다. 그와 함께 어떤 비교사적인 시각의 필요성 등등 오늘 많은 이야기가 나왔습니다. 그래서 사실 긴 시간동안 해결된 부분은 그렇게 많지는 않을 겁니다. 여전히 의견을 일치를 보지 못한 부분도 있고, 대표적인 게 기문의 위치 같은 경우는 여전히 일치를 볼 수가 없는 거죠. 그래서 그런 부분도 없기는 하지만 그리고 또 하나 못한 게 신라까지는 우리가 못 갔어요. 왜냐면 주제가 백제가 섬진강 유역에 언제 진출했느냐였기 때문에 그 부분은 못 다뤘지만, 그리고 또 장수도 못 다뤘습니다. 하지만 그래도 섬진강 유역과 운봉고원 일대를 포함한 호남 동부지역의 역사적이고 고고학적인 상황에 대해서 나올 수 있는 주제들은 거의 다 나오지 않았느냐. 그런데 아쉬운 것은 문헌 자료 자체가 사료로서의 가치가 떨어지는 『일본서기』 이런 것을 볼 수밖에 없는 아쉬움이 있기 때문에 역시 고고학적인 새로운 발견에 크게 기대하는 바가 큰데 오늘 보시다시피 고고학 하는 분들만 해서는 안 되고 계속 끊임없이 고대사 하는 분들이 같이 이야기도 해 주고 또 의견차이가 있더라도 같이 이야기를 해가야 본궤도로 연구가 될 수 있을 것 같습니다.

2분 남았으니까 청중석에 시간을 드려야 하는데 청중이 너무 안 계셔서요. 딱 보니까 스태프 분들이 계시고 그래서 2분 빨리 끝났지만 일단 발표는 여기에서 마치겠습니다. 고생들 하셨습니다.

(장내 박수)

조영훈 : 시간 내에 이렇게 마쳐주셔서 감사하고요. 지금 바로 이어서는 폐회사를 노중국 선생님께 부탁드리려고 합니다. 그래서 장내 정리를 한 후에 이어서 하겠습니다.

그러면 이어서 마지막 순서를 진행하겠습니다. 저희 박물관의 개관 때부터 지금 쟁점백제사 18회에 이르기까지 혼신을 다해서 저희를 지원해 주시고 이끌어주신 노중국 선생님께 폐회사를 부탁드리겠습니다.

논평 겸 폐회사

노중국(계명대학교) : 예. 방금 소개받은 노중국입니다. 지금 계명대학교 사학과 명예교수이면서 한성백제박물관 자문위원을 맡고 있습니다. 아마 오늘은 자문위원 자격으로 폐회사를 해달라고 한 것 같습니다. 사실 처음 폐회사를 해달라는 제안 받았을 때 폐회사나 개회사는 주최한 쪽에서 다 하는 건데 왜 저한테 폐회사를 해달라고 했을까 생각하다가 '이번 학술회의를 마치겠습니다.'라는 폐회사가 아니라 오늘 이 자리에서 논의된 것에 대해서 간단하게나마 제 평을 얘기해달라는 것이 아닐까 이렇게 생각을 하고서 오늘 이 자리에 임했습니다.

오전 발표는 두 분이 해주셨습니다. 한 분은 고고학적 발굴상황을 잘 정리해 주셨고 한 분은 문헌자료를 중심으로 섬진강 유역에 대한 여러 가지 얘기들을 잘 정리해 주셔서 이 지역에 대한 이해를 하는 데 앞으로 상당히 도움이 될 것이라는 생각이 들었습니다. 그리고 휴식시간을 포함해서 4시간 반 동안 열띤 토론이 있었습니다. 이 토론의 장에 이영철 대한문화재연구원장이 참석을 못한 게 아쉽습니다만, 좌장과 나머지 여섯 분의 발표자, 토론자께서 열띠게 토론을 해 주었습니다. 저도 이 자리에서 꼼짝 않고 들으면서 개인적으로 여러 가지 의문점들이 많이 정리가 됐습니다. 특히 좌장을 맡은 권오영 선생님이 중간 중간에 정리를 잘 해 주었기 때문에 각 주제를 이해하는 데 많은 도움이 됐다고 말씀을 드릴 수 있을 것 같습니다. 발표하시고 토론해 주신 발표자, 토론자 여러분 고생하셨다는 말씀을 드리고 또 감사하다는 말씀을 드립니다.

오늘 발표와 토론을 들으면서 몇 가지 생각들이 들었습니다. 하나는 섬진강 유역을 얘기하면서 오늘 학술회의의 주제는 '백제가 언제 섬진강 유역을 점령을 했느냐?'였습니다. 그러다보니 백제가 섬진강 유역을 점령한 시기와 백제의 그러한 조치에 따라서 대가야가 어떻게 대응을 해 나아갔느냐 하는 얘기들이 중심을 이루었습니다. 그런데 전체적으로 얘기를 듣다가 자꾸 생각이 되는 게 '섬진강 유역을 기반으로 한 이 세력의 주체가 뭐냐? 그러면 이 주체가 양쪽 즉 백제와 대가야에 대해 어떻게 대응을 해 나아갔느냐? 것이었습니다. 사실 논의에서는 이 주체가 빠져 있었습니다. 그래서 앞으로 백제와 섬진강 유역 세력, 또는 대가야와 섬진강 유역 세력에 대해 좀 더 얘기가 되어야 앞으로 섬진강 유역 세력을 이해하는 데에 도움이 되지 않을까 하는 생각이 들었습니다. 그러면 섬진강 유역을 기반으로 한 이 세력의 주체 즉 나라는 뭔가? 결국 그 주체는 국명에서 찾을 수밖에 없습니다. 그냥 '○○세력권' 이래서는 모호하여 실체를 분명히 할 수 없기 때문입니다. 4세기 들어와 한반도의 정치 상황을 이해하려면 '국'이라고 하는 것을 빼놓을 수 없습니다. 현재 자료상에서 섬진강 유역을 기반으로 한 국으로는 기문국, 대사국, 또는 마로국 혹은 마련국 등을 들 수 있습니다. 이런 나라들을 중심으로 해서 다시 한 번 이 지역의 상황을 점검을 해볼 필요는 있겠다는 생각을 했습니다.

발표를 듣고 또 논문을 읽으면서 새삼스럽게 주목해야 되겠다고 생각된 것이 아까 발표와 토론에서도 많이 나온 '기문하'였습니다. '기문하'라는 강 이름 자체가 '기문국'과 떼어놓을 수 없는 것이기 때문에 이 기문하, 기문국에 대한 이해가 앞으로 섬진강 유역의 세력들을 얘기하는 데 핵심이 되지 않을까 이런 생각을 했습니다. 그러면서 상당히 묘하고 재밌는 현상이 섬진강 유역을 중심으로 한 지역의 명칭이나 국명들을 보면 상다리-하다리 또는 상기문-중기문-하기문 그리고 하침라가 있으니까 상침라가 있다고 보면 상침라-하침라 이밖에 삼국사기 지리지에 나오는 한다사-소다사 등 이렇게 '한-소', '상-하', 또는 '상-중-하'로 지명이나 국명을 표현하는 것이 이 지역에 집중적으로 보인다는 것입니다. 이러한 현상들도 한 번 점검해볼 필요가 있지 않느냐는 것입니다. '한-소', '상-하'가 단순히 지명의 분화냐 아니면 '국'의 분화냐 하는 것을 고민해 볼 필요가 있다는 것입니다. 국의 분화라고 하면 이 지역에서 국의 분화가 이렇게 빈번히 일어난 배경을 얘기해볼 필요가 있지 않겠느냐, 이런 생각을 조금 해봤습니다.

섬진강 유역과 관련한 학술회의 가운데 제가 참석한 것을 중심으로 생각해 보니 2008년입니까? "백제와 섬진강"이라는 주제로 집중적으로 공부하고 토론한 적이 있었는데, 이번 2021년에 열린 학술회의는 13년이라는 시간이 지나서 열렸습니다. 이 동안 섬진강 유역에서는 많은 발굴이 이루어져 새로운 자료들이 많이 나왔고 그에 따라 여러 연구 성과들이 나오게 되었습니다. 이 토대 위에서 열린 이번 학술회의는 섬진강 유역에 대한 이해의 수준을 2008년보다 한 단계 올렸다고 평을 하고 싶습니다.

마지막으로 하나 더 말씀드리고 싶은 것은 오늘 주제인 '백제는 언제 섬진강 유역으로 진출하였나?'가 가지는 역사적 의미입니다. 오늘 발표와 토론에서는 주로 백제가 언제 섬진강 유역으로 진출하게 되었고 그다음에 섬진강 유역을 백제가 장악하게 되면서 대가야는 상당한 어려움에 처하게 되었는데 그랬을 때 대가야와 백제와의 사이에 어떤 갈등이 있었고 그 갈등이 어떻게 전개되고 또 해결되었느냐 하는 것들에 대해 얘기가 많이 됐습니다. 그러나 다른 한편으로 한국사 전체로 봤을 때 백제가 무령왕, 성왕대에 확실하게 섬진강 유역으로 진출해서 기문과 대사를 장악하고 상다리, 하다리, 사타, 모루 이 지역을 장악하게 된 것이 대가야와의 갈등을 넘어서 한반도 전체의 정치적 지형 변화를 가져왔다는 의미를 갖는다는 것입니다. 백제로서는 475년에 한강 유역과 경기도 일대를 고구려에 빼앗기고 난 이후 경제적 기반을 확대하는 방법의 하나가 영역을 확대하는 것인데 영역을 확대하고자 할 때 확대해 나아갈 수 있는 곳은 가야 지역밖에 없었다는 생각이 듭니다. 강대한 고구려로 올라갈 수도 없고 만만찮은 국력을 지닌 신라를 쉽게 침공할 수도 없었지요. 이런 조건에서 백제는 섬진강 쪽으로 영역을 확대해 왔던 것입니다. 백제의 이러한 조치는 단순하게 대가야에게만 충격을 준 게 아니라 신라한테도 큰 자극을 주게 된 것 같습니다. 그래서 이 이후에 와서야 사실은 신라가 낙동강을 넘어서 가야 지역을 영역으로 차지하기 시작하는 것입니다. 대표적인 사례가 529년 대가야와 신라의 결혼동맹이 깨지고 나면서 5성과 3성을 신라가 점령을 했다는 것을 들 수 있습니다. 사실 이 이전까지만 보면 신라가 낙동강 넘어서 가야지역을 차지한 적이 없고, 백제도 집중적으로 가야 지역을 공격해 들어간 양상은 잘 보이지 않습니다. 그런데 510년대를 기점으로 해서 백제가 섬진강 유역으로 진격해 들어간 것이 신라로

하여금 낙동강을 건너서 가야 지역을 실질적으로 점령해 들어가게 하는 하나의 큰 계기가 된 것입니다. 이것이 백제의 섬진강 유역 진출 또는 점령이 가지는 또 하나의 의미가 아닐까 이런 생각들을 해 봤습니다.

제가 섬진강 유역과 관련하여 많은 생각은 하지는 못했습니다만, 오늘 발표와 토론을 들으면서 '이 지역에 대한 문헌 및 고고학 자료를 접목하여 정리만 잘 하면 백제사와 가야사 그리고 백제와 가야의 관계사를 해명하는 데 상당한 열쇠고리가 되겠구나.' 하는 생각을 다시 한 번 하게 되었습니다. 오늘 발표는 이것으로 끝납니다만 이 지역을 주제로 한 발표와 토론은 오늘로써 끝나는 것이 아닙니다. 앞으로도 이런 주제에 대한 발표와 토론이 한성백제박물관을 중심으로 해서 또는 백제학회를 중심으로 해서 지속적으로 이루어지기를 바라면서 오늘 이 학술회의에 대한 저의 논평은 이 정도로 하겠습니다.

좌장 권오영 : 이상으로 한성백제박물관이 주최한 2021년 제18회 쟁점백제사 학술회의 「백제는 언제 섬진강 유역으로 진출하였나」에 대한 주제발표와 종합토론을 모두 마치도록 하겠습니다. 발표자, 토론자 그리고 본 발표회를 기획하고 진행한 김기섭 관장님, 조영훈 소장님과 박물관 관계자 모두 수고하셨습니다. 감사합니다.

(장내 박수)

조영훈 : 노중국 선생님의 폐회사 감사드립니다.

지금까지 오늘 18회 쟁점백제사 토론을 온라인으로 경청해 주신 여러분 그리고 장시간 토론을 펼쳐주신 여러 선생님들께 감사의 말씀을 드립니다. 이것으로 2021년 제18회 쟁점백제사 학술회의를 마치겠습니다. 다음 19회는 10월 22일로 예정되어 있습니다. 아무쪼록 19회 때는 코로나19를 극복하고 건강한 모습으로 현장에서 많은 분들을 뵙기를 기원하겠습니다. 감사합니다.

(장내 박수)

휘보(총 목차)

백제학연구총서 쟁점백제사 1

백제, 누가 언제 세웠나(Foundation of Baekje)

- 백제의 건국시기와 주체세력

백제학연구총서 쟁점백제사 2

근초고왕 때 백제 영토는 어디까지였나(Territorial Expansion of Baekje)
- 백제의 영토확장

주제제안

백제의 영토확장에 대한 몇 가지 검토(노중국)

주제발표

백제의 동북방면 진출_문헌적 측면(임기환)
백제의 동북방면 진출_고고학적 측면(심재연)
백제의 서남방면 진출_문헌적 측면(강종원)
백제의 서남방면 진출_고고학적 측면(서현주)

종합토론

좌장 이현혜 · 임영진 **토론** 이성주 · 백승옥 · 노중국 · 임기환 · 심재연 · 강종원 · 서현주

Ⅰ. 영역의 기준과 지배방식
1. 영역의 개념과 기준
- 영역의 개념
- 영역의 기준·명찰론
2. 지배방식
- 지배방식의 유형
- 직접지배·간접지배
- 영향권·세력권
3. 영역과 지배방식의 고고학적 지표
- 5가지 고고학적 지표
- 성곽
- 무덤
- 취락
- 위세품
- 토기

Ⅱ. 백제의 영역 확장
1. 『삼국사기』 백제본기 초기 기록의 영역 확장 기사
- 영역 확장 기사의 연대
- 패하·주양·웅천의 위치
2. 백제의 북부지역 진출
- 패수·열수·대수의 위치
3. 백제의 동부지역 진출
- 말갈 기사의 해석
- 화천 원천리 유적
4. 백제의 남부지역 진출
- 벽골제 축조
- 고사부리성 축조
- 풍납토성 초축 연대
- 완주 상운리 유적
- 영산강 유역
-『일본서기』 신공기 49년조 기사
5. 근초고왕 때 백제의 영토는 어디까지였나

백제학연구총서 쟁점백제사 3

한성백제의 왕궁은 어디에 있었나(Structure of Hanseong, the Capital of Baekje)
- 한성의 도시구조

주제제안

한성백제 왕도 연구의 현황과 과제(이형구)

주제발표

백제 왕궁과 풍납동토성(이도학)
한성백제 왕궁의 구조와 풍납토성(신희권)
백제 한성의 실체와 몽촌토성(여호규)
몽촌토성을 통해 본 백제 왕궁의 실체(권오영)

종합토론

좌장 양기석 · 임영진 **토론** 차용걸 · 박순발 · 심광주 · 김기섭 · 이도학 · 신희권 · 여호규 · 권오영

Ⅰ. 문헌 자료로 본 백제의 초기 도성
1. 백제 초기 도성의 위치
- 하북위례성과 하남위례성의 위치
2. 백제 초기 도성의 명칭과 위치
- 위례성·한성·한산·한산성·북한성
- '이도한산'의 성격

Ⅱ. 고고학 자료로 본 백제의 초기 도성
1. 용어 검토
- 도·도성·왕성 - 성·곽·성원·성장
- 원·궁원
2. 백제 한성시기 주요 성곽의 분포
- 이성산성 - 아단성
- 광주고읍 춘궁리·하남 교산동
3. 백제 한성시기의 도성
- 하북 위례성 - 고대 도성의 구성요소
4. 풍납토성의 도성 구성
- 궁전 - 제의시설 - 도로시설
5. 몽촌토성의 도성 구성
- 지상 건물지·성토대지 - 목책
- 외성 - 적석시설 - 무덤
6. 풍납토성과 몽촌토성의 축조 시기
7. 백제 한성시기 왕궁의 위치

Ⅲ. 백제의 초기 도성 관련 남은 문제

백제학연구총서 쟁점백제사 4
백제의 왕권은 어떻게 강화되었나(Establishment of State Power in Baekje)
- 한성백제의 중앙과 지방

주제발표

백제 국가의 형성과 발달 과정을 둘러싼 중요 쟁점(이현혜)
한성 백제의 중앙집권화 정도에 대한 연구의 평가(박현숙)
고고자료에 투영된 한성백제의 중앙과 지방(이한상)
백제 한성도읍기 중앙과 지방의 성립과 지방통치(노중국)
백제 한성기의 지방도시(박순발)

종합토론

좌장 임기환 **토론** 강현숙 · 권오영 · 노중국 · 박순발 · 박현숙 · 이한상 · 이현혜 · 이희준 · 전덕재

종합토론 1부

Ⅰ. 문헌 자료 연구성과 정리
1. 연맹왕국과 귀족국가의 개념
- 3~4세기대 각 국의 지배 복속 관계
- 부와 부체제
2. 한성백제 중앙과 지방에서의 부
- 고고자료를 통해서 본 부
- 3~4세기 정치발전단계와 부체제

Ⅱ. 문헌과 고고자료의 조화 모색
1. 위세품 사여를 통한 중앙과 지방과의 관계
2. 한성백제의 중앙과 지방관계를 보여주는 고고자료

종합토론 2부

Ⅲ. 주요 쟁점사항
1. 한성백제의 영역
- 삼국사기 초기 기록의 해석과 영역
- 고고자료의 분포 범위와 정치체의 영역
2. 한성백제의 영역지배
3. 중앙에서 지방으로의 위신재·위세품 사여
- 문헌기록상 중앙집권화의 지표
- 피장자의 성격과 위세품 및 위신재
- 금동제 위세품의 사여 연대
- 위신재의 출토 상태와 성격
4. 고구려의 왕권 강화 사례

Ⅳ. 객석 질문

백제학연구총서 쟁점백제사 5

백제의 성장과 중국(The Growth of Baekje and China)

주제발표

3세기 이전 마한백제의 성장과 중국(윤용구)

고고자료로 본 낙랑·대방군과 마한제국(정인성)

4세기~5세기 초엽 백제의 대중교섭 양상(여호규)

고고자료로 본 한성백제와 양진, 십육국의 대외교섭(조윤재)

종합토론

좌장 김기섭 **토론** 강종훈 · 김무중 · 김병준 · 성정용 · 여호규 · 윤용구 · 정인성 · 조윤재

종합토론 1부

Ⅰ. 백제의 성장과 중국과의 관계

1. 발표 내용 논평과 비판
   - 3세기 이전 마한백제의 성장과 중국
   - 백제 지역 출토 중국계 외래유물의 기원과 편년
   - 백제 관련 중국 문헌자료의 해석과 적용
   - 백제와 고대 중국과의 관계를 보여주는 고고자료
2. 중국 사료에 나타난 백제의 성장 과정
3. 백제 지역 중국계 외래유물의 출토 양상과 해석
4. 고대 중국의 교역과 주변민족 통제 방식

종합토론 2부

Ⅱ. 백제의 고대 중국 사행로와 교역품

1. 백제의 대중국 사행로
2. 백제 마구의 변천과 중국과의 관계
3. 백제의 중국자기 이용 방식과 의미
4. 백제 지역 마구의 기원과 변천 양상

Ⅲ. 객석 질문과 총평

백제학연구총서 쟁점백제사 6

한국사 속의 백제와 왜(Baekje and Wa in Ancient Korea)

주제발표

4세기말~5세기초 백제와 왜의 관계(홍성화)

5세기 백제계 도왜인-곤지계를 중심으로(정재윤)

왜에 남겨진 백제 문물(서현주)

백제에 남겨진 왜의 문물(김낙중)

종합토론

좌장 주보돈 **토론** 박현숙 · 이근우 · 우재병 · 홍보식 · 홍성화 · 정재윤 · 서현주 · 김낙중

종합토론 1부

Ⅰ. 발표내용 논평과 비판

1. 4세기 말~5세기 초 백제와 왜의 관계
   - 『일본서기』 사료의 비판
   - 칠지도 제작 연대와 배경
   - 광개토왕릉비의 백제와 왜
   - 목만치를 통해 본 백제와 왜의 관계
2. 백제와 왜의 문물 교류 양상
   - 백제와 왜의 교역 물품
   - 고분의 피장자 문제와 문물의 선별 수용 양상

종합토론 2부

3. 왜 5왕을 중심으로 본 백제와 왜의 관계

Ⅱ. 문헌자료를 통해 본 백제와 왜의 관계

1. 인명과 장군호를 통해 본 백제와 왜의 관계
2. 곤지와 동성왕 무령왕을 중심으로 한 백제와 왜의 관계

Ⅲ. 고고자료를 통해 본 백제와 왜의 관계

1. 한반도와 일본열도 고고학 자료의 용어 문제
2. 부안 죽막동 제사유적 출토 자료의 계통
3. 고고자료에 근거한 백제와 마한의 구분
4. 영산강 유역 고분의 계통

Ⅳ. 객석 질문과 총평

백제학연구총서 쟁점백제사 7

백제와 요서지역(Baekje and Liaoxi)

주제발표

백제 요서진출설의 연구와 역사교육-국사 교과서 서술을 중심으로(임기환)

고고학적으로 본 요서(遼西)지역(박순발)

16국시대 요서(遼西)의 인구 증감과 전연(前燕)·후연(後燕)·북연(北燕)의 대응(최진열)

백제 '요서진출설'의 문헌적 검토(윤용구)

4세기 전반 백제군(百濟軍)의 요하(遼河) 일대에서의 활동에 관한 기사의 검토(강종훈)

종합토론

좌장 노중국 **토론** 노태돈 · 양기석 · 오영찬 · 홍승현 · 임기환 · 박순발 · 최진열 · 윤용구 · 강종훈

종합토론 1부

Ⅰ. 발표 내용과 비판

1. 고고학적으로 본 요서지역
   - 용어 및 개념 설정의 문제
   - 삼연지역 발견 고구려 · 부여계 유민의 흔적
   - 동이교위부와의 장거리 교역 가치
2. 16국시대 및 전연 · 후연 · 북연시대의 요서지역
3. 백제 요서진출 관련 사료 해석
4. 4세기 전반 요하 일대에서의 백제군 활동
   - 4세기 전반 백제의 성장 정도 검토
   - 『남제서』의 동성왕 표문 해석과 『진서』의 입전 체제

종합토론 2부

Ⅱ. 백제와 요서지역의 관계

1. 용어 설정 및 교과서상 서술에 대한 문제 제기
2. 백제 요서진출의 시간적 범위
3. 문헌자료를 통해 본 백제의 요서 진출
4. 백제 요서진출의 공간적 범위
5. 백제와 요서지역의 관계 해석

Ⅲ. 백제 요서진출설 관련 쟁점에 대한 제언(교과서상 서술 문제 등)

Ⅳ. 객석 질문과 총평

백제학연구총서 쟁점백제사 8

개로왕의 꿈, 대국 백제(King Gaero's Dream toward the Great Baekje)

기조발제

백제 개로왕에 대한 역사적 평가(양기석)

주제발표

백제 개로왕대의 대외관계(김수태)

개로왕대의 정국의 동향과 체제정비(김영심)

한성도읍 후기 백제 묘제의 전개양상(이남석)

개로왕대 한성의 도성 경관과 토목공사(신희권)

종합토론

좌장 노태돈 **토론** 노중국·여호규·문안식·김무중·양정석·양기석·김수태·김영심·이남석·신희권

종합토론 1부

Ⅰ. 발표 내용과 비판

1. 백제 개로왕대의 대외관계
   - 백제와 고구려, 신라의 관계
   - 백제와 왜, 송, 북위의 관계
2. 백제 개로왕대의 지방통치 방식
3. 한성도읍 후기 백제 묘제의 전개양상
4. 한성의 도시 경관과 토목공사

종합토론 2부

Ⅱ. 백제 개로왕대를 바라보는 시각

1. 개로왕에 대한 평가
2. 왕·후제에 대한 이해
3. 백제의 대외관계
4. 백제 한성기의 고분 양식
5. 백제 한성기 도성, 궁성, 왕성 문제

백제학연구총서 쟁점백제사 9

백제의 성장과 낙랑 · 대방(The Growth of Baekje and Lelang · Daifang)

기조발제

백제의 성장과 낙랑, 대방의 관련성(권오영)

주제발표

낙랑 역사의 전개와 백제(권오중)

中國系 인물의 百濟 유입과 활동 양상(김창석)

백제 한성기 횡혈식고분의 발생과 낙랑 · 대방의 묘제(조윤재)

백제 토기 · 와전문화의 발달과 낙랑 · 대방(정인성)

종합토론

자문 노중국 **좌장** 박순발 **토론** 윤용구 · 김기섭 · 김무중 · 성정용

종합토론 1부

I. 발표 내용과 비판

1. 백제의 건국세력과 낙랑군 남부도위
2. 백제의 건국과 대방군의 위치
3. 백제 토기의 발달과 군현계 문물
4. 낙랑 · 대방과 밀길
5. 고흥(高興)의 역사 기록, 서기(書記)의 문제
6. 환령지말(桓靈之末)과 조묘기술집단
7. 낙랑 고분의 동장 기법과 산초법(散草法)
8. 낙랑 인물의 백제 이동 문제

종합토론 2부

Ⅱ. 백제와 낙랑 · 대방

1. 백제 한성기 기와 제작기법과 낙랑
2. 백제 한성기 기와의 문양
3. 총평
4. 객석 질문

백제학연구총서 쟁점백제사 10

한성백제사 다시보기(Reviewing the Issues on Hanseong-Baekje History)

주제발표

다시 보는 한성백제사(노중국)
'한성백제사' 연구의 진전을 위한 몇 가지 提言(주보돈)
백제 한성기 도성과 묘역의 문제(박순발)

컨퍼런스

백제, 누가 언제 세웠나(임영진)
한성백제의 왕궁은 어디에 있었나 -한성의 도시 구조-(신희권)
근초고왕 대 백제영토는 어디까지였나(강종원)
백제의 성장과 낙랑 · 대방(조윤재)
백제의 성장과 중국(윤용구)
한국사 속의 백제와 왜(정재윤)
백제의 왕권은 어떻게 강화되었나(박현숙)
백제와 요서지역(임기환)
개로왕의 꿈, 대국백제(양기석)

종합토론

좌장 노중국 **토론** 임영진 · 신희권 · 강종원 · 조윤재 · 윤용구 · 정재윤 · 박현숙 ·임기환 · 양기석

컨퍼런스 1부

Ⅰ. 논평과 전망
1. 백제, 누가 언제 세웠나
2. 한성백제의 왕궁은 어디에 있었나
3. 근초고왕 때 백제의 영토는 어디까지였나

컨퍼런스 2부

Ⅱ. 논평과 전망
4. 백제의 성장과 낙랑 대방
5. 백제의 성장과 중국
6. 한국사 속의 백제와 왜

컨퍼런스 3부

Ⅲ. 논평과 전망
7. 백제의 왕권은 어떻게 강화되었나
8. 백제와 요서지역
9. 개로왕의 꿈, 대국 백제

백제학연구총서 쟁점백제사 11
백제, 한성에서 웅진으로(Baekje, From Hanseong to Woongjin)

기조발제

백제의 정도(定都)와 천도(遷都)(박순발)

주제발표 I

1. 백제 웅진 천도의 역사적 배경(김영관)
2. 웅진 천도 전후 정황과 공주의 위상(이훈)
3. 백제 웅진 도성의 구조와 성격(여호규)
4. 공주 공산성(公山城)을 둘러싼 몇 문제(서정석)

종합토론

좌장 노중국 **토론** 박순발 · 김영관 · 이훈 · 여호규 · 서정석 · 정재윤 · 김영심 · 서영일 · 이현숙

종합토론 1부

Ⅰ. 발표 내용과 비판

1. 백제 웅진 천도의 역사적 배경
2. 웅진 천도 전후 정황과 공주의 위상
3. 백제 웅진 도성의 구조와 성격
4. 공주 공산성(公山城)을 둘러싼 몇 문제

종합토론 2부

Ⅱ. 백제 웅진 천도의 배경

1. 왜 공주를 선택하였나
2. 공주로 내려올 때의 교통로
3. 천도 전 공주의 상황

Ⅲ. 웅진 도성의 구조

1. '왕성', '왕도', '도성' 용어의 개념
2. 천도 후 웅진 왕궁의 위치
3. 공주 대통사와 시가 구조
4. 마무리

백제학연구총서 쟁점백제사 12

백제 웅진기 왕계와 지배세력

(King's lineage and ruling forces during the Baekje Woongjin period)

기조발제

백제 웅진도읍기 왕계와 지배세력(노중국)

주제발표 I

1. 일본 사료로 본 백제 웅진시기 왕계(박재용)
2. 중국 사료에 나타난 백제 웅진기 왕계 문제(임기환)
3. 문헌으로 본 백제 웅진기 지배세력(강종원)
4. 고고자료로 본 백제 웅진기 지배세력(이현숙)

종합토론

좌장 양기석 **토론** 노중국 · 박재용 · 임기환 · 강종원 · 이현숙 · 홍성화 · 윤용구 · 정재윤 · 권오영

종합토론 1부

Ⅰ. 발표 내용과 비판

1. 일본 사료로 본 백제 웅진기 왕계 문제
2. 백제 웅진기 왕계 자료의 검토
3. 문헌으로 본 백제 웅진기 지배세력
4. 고분자료로 본 백제 웅진기 지배세력

종합토론 2부

Ⅱ. 백제 웅진기 왕계 문제

1. 곤지에 대한 문제
2. 모도 · 여도 · 문주와 여대 · 모대 · 말다 · 동성 문제
3. 중국 사서에서 모대 시기에 웅진으로 천도한 기록에 대한 문제
4. 곤지, 동성왕, 무령왕의 관계

Ⅲ. 한성 함락 후 웅진으로 남래한 귀족 문제

Ⅳ. 객석 질문

백제학연구총서 쟁점백제사 13

백제 웅진기 영역과 지방통치

(Territory and Local domination during the Baekje Woongjin period)

기조발제

백제 웅진기 지방통치 연구 현황과 과제(정재윤)

주제발표

1. 백제 웅진시기 지방통치의 구상과 운영의 실제(김영심)
2. 백제 웅진기 북동쪽 영토와 지방지배(양시은)
3. 백제 웅진기 영토 개척과 지방지배 - 동쪽을 중심으로- (곽장근)
4. 백제 웅진기 금강·만경강 유역 지배방식(서현주)

종합토론

좌장 박순발 **토론** 정재윤 · 김영심 · 양시은 · 곽장근 · 서현주 · 노중국 · 김병남 · 김낙중 · 강종원

종합토론 1부

Ⅰ. 백제의 정치형태와 지방지배

1. 한국 고대의 영역 지배 관련 용어 정리 : 연맹왕국과 부체제
2. 지방통치의 정의와 백제의 지방관 파견 시기 문제
3. 왕 · 후제와 담로제 문제
4. 성주, 도사 문제

종합토론 2부

Ⅱ. 담로제의 고고학적 증거

1. 담로의 중앙 파견 문제와 석실분 유입, 토기, 성곽, 제의시설
2. 금동관 등 위세품과 지방통치 문제

종합토론 3부

Ⅲ. 담로제의 여러 모습

1. 담로 규모의 대 · 중 · 소 차이
2. 통합된 모습에 대한 고고학적 증거 문제
3. 백제의 장군호, 왕 · 후, 막부제와 담로의 관계 문제
4. 백제 웅진기 영토에 대한 고고자료

종합토론 4부

Ⅳ. 총정리

백제학연구총서 쟁점백제사 14

백제 웅진기 외교관계와 인식

(Foreign Relations of Baekje Woongjin period and their Perception by Neighboring Countries)

기조발제

웅진도읍기 백제의 이웃 나라에 대한 인식과 대외정책(노중국)

주제발표

1. 5세기~6세기 전반 신라의 대외정책과 백제(전덕재)
2. 고구려는 웅진 도읍기의 백제를 어떻게 보았을까(이정빈)
3. 대가야와 웅진기 백제의 외교 관계와 상호 인식(김낙중)
4. 왜에서 바라본 백제 웅진기 외교관계와 인식(이재석)

종합토론

좌장 노중국 **토론** 전덕재 · 이정빈 · 김낙중 · 이재석 · 박현숙 · 위가야 · 이동희 · 홍성화

종합토론 1부

Ⅰ. 발표 내용에 대한 지정 토론

1. 5세기~6세기 전반 신라의 대외정책과 백제
2. 고구려는 웅진 도읍기의 백제를 어떻게 보았을까?
3. 대가야와 웅진기 백제의 외교관계와 상호인식
4. 왜에서 바라본 백제 웅진기 외교관계와 인식

종합토론 2부

Ⅱ. 백제가 이웃 나라들을, 이웃 나라들이 백제를 어떻게 인식하였나?

1. 『삼국사기』 본기 각각의 전거자료 문제
2. 고구려가 백제를 속민으로 보는 인식에 대한 백제의 대응 논리
3. 백제가 신라를 보는 시각에 대한 신라의 대응 논리
4. 백제가 가야를 보는 시각에 대한 가야의 대응 논리
5. 백제가 왜를 보는 시각에 대한 왜의 대응 논리

Ⅲ. 500년대 무령왕 시기 가야를 둘러싼 백제와 신라·왜 관계

Ⅳ. 가야는 왜 중국 남조와의 교류를 한 번으로 끝냈는가?

Ⅴ. 객석 질문

백제학연구총서 쟁점백제사 15
무령왕릉 다시보기
(Reviewing the Tomb of King Muryeong)

주제발표
1. 백제 왕실 칭호의 검토(박윤선)
2. 백제 무령왕과 왕비의 상장례(이장웅)
3. 무령왕릉은 왜 벽돌로 만들었나?(조윤재)
4. 무령왕릉의 유물은 무엇을 말하는가?(권오영)
5. 무령왕릉 출토 중국 자기의 용도와 산지 고찰(신 준)

종합토론
좌장 노중국 **토론** 박윤선 · 이장웅 · 조윤재 · 권오영 · 신 준 · 임기환 · 강원표

종합토론 1부
Ⅰ. 송산리 고분군에 대한 개략적인 이해
1. 공주 송산리 고분군 7기와 서울에 있던 고분군과의 연계성
2. 무령왕릉은 왜 전축분으로 만들었는가
3. 송산리 5호분, 6호분, 29호분과 무령왕릉의 선후 관계
4. 고분의 위치와 도성과의 관계

Ⅱ. 백제 무령왕릉 관련 금석문에 나타난 왕실의 칭호
1. 무령왕릉 묘지석에 나오는 제후적 '왕'과 천자적 '붕' 용어의 문제
2. 무령왕비의 칭호에 대한 문제
3. 무령왕에 대한 칭호의 문제　4. 태자와 세자의 칭호 문제

Ⅲ. 무령왕릉을 통해 본 백제의 상장례
1. 중국의 3년상과 백제의 3년상의 차이　2. 무령왕과 왕비의 빈 장소
3. 무령왕릉 봉토 자락에서만 한 점 발견된 토기 문제
4. 고구려 등의 상장례 모습을 통해 본 백제 상장례의 모습

Ⅳ. 전축분 축조 문제
1. 무령왕 이전과 이후의 왕 무덤도 중국적 예제적 질서에 의해 만들어졌나
2. 무령왕릉을 설계한 것은 양나라의 기술자인가 백제의 와박사인가
3. 512년에 만들어진 벽돌은 어디에 어떻게 쓰였나
4. 남조 전축분의 벽화와 송산리 6호분의 사신도 및 무령왕릉
5. 무령왕릉 명문전의 의미

종합토론 2부
Ⅴ. 무령왕릉 부장품
1. 무령왕릉 출토품 중 신라산, 가야산, 금송 이외의 왜국산이 있는지
2. 동남아시아산 부장품은 어떻게 들어왔는가　3. '부장품'과 '착장품' 용어 문제
4. 부장품 중 영동대장군, 백제 사마왕을 상징적으로 보여주는 물품이 있는가
5. 백제 왕실 무덤의 목관에 일본산 금송이 사용된 이유　6. 묘지석과 진묘수
7. 중국제 자기와 철제 오수전은 부의품인가 교역품인가
8. 중국제 자기 안에 담았을 물건은 무엇인가

Ⅵ. 청중석 질문
1. 무령왕과 왕비의 3년상은 27개월인가 28개월인가　2. '등관대묘(登冠大墓)'의 해석 문제
3. 무령왕릉 금제관식 문양과 남북조

Ⅶ. 무령왕릉에 보이는 장제의 모습이 이후에 이어진 것은 무엇인가

Ⅷ. 2021년 무령왕릉 발굴 50주년 기념을 위한 제언

백제학연구총서 쟁점백제사 16
삼국사기 초기 기록, 어디까지 믿을 수 있나

기조발제

『삼국사기』 초기 기록 연구의 흐름과 문제점(노중국)

발표문

1. 『삼국사기』 초기 기록의 이해 방식(이강래)
2. 『삼국사기』 초기 기록의 주요 쟁점에 대한 의견(연민수)
3. 『삼국사기』 초기 기록의 해석 문제(정재윤)
4. 『삼국사기』 초기 기록에 접근할 때 고려해야 할 몇 가지 문제(강종훈)
5. 『삼국사기』 초기 기록의 해석에 대한 의견(여호규)
6. 『삼국사기』 초기 기록에 대한 관점(박현숙)

종합토론

사회 김기섭 **토론** 노중국 · 이강래 · 연민수 · 정재윤 · 강종훈 · 여호규 · 박현숙

종합토론 1부

1. 『삼국사기』의 특징
2. 『삼국사기』 백제본기의 초기 기록
3. 『삼국사기』 고구려본기의 초기 기록
4. 『삼국사기』 초기 기록의 신라와 백제 건국 연대
5. 『삼국지』 동이전과 『삼국사기』 초기 기록, 『삼국유사』 왕력 비교

종합토론 2부

1. 백제의 마한 병합 시점 문제
2. 2~3세기대 백제와 신라의 전쟁기사 문제
3. 백제의 영역 변천과 마한 병합 문제
4. 『삼국사기』의 왕실 계보 문제
5. 『삼국사기』 고이왕조의 6좌평 · 16관등 설치 기사 문제

종합토론 3부

1. 『삼국사기』에 가야사가 빠진 이유
2. 『삼국사기』 초기 기록의 사료적 가치
3. 고고학 자료로 본 3세기 『삼국사기』와 『삼국지』
4. 고고학계에 대한 제언
5. 청중 질문

백제학연구총서 쟁점백제사 17
백제는 부여를 계승하였나

주제발표

부여 문헌사 연구의 쟁점과 백제의 부여 계승의식(이승호)
부여 고고학의 쟁점(유은식)

발표문

1. 부여와 백제의 계승성 연구에 대한 제안(권오영)
2. 백제의 부여 계승론에 대한 제언(송호정)
3. 백제는 부여를 계승하였나(이종수)
4. 부여와 백제 : 신화에서 실체적 고고학 연구를 위한 몇 가지 제언(강인욱)

종합토론
좌장 윤용구 **토론** 이승호 · 유은식 · 송호정 · 권오영 · 이종수 · 강인욱

종합토론 1부

1. 토론자 소개
2. 부여와 주변의 지형
3. 부여 관련 단행본 소개
4. 기록에 나오는 부여의 존재 및 고조선과 부여의 관계
5. 유라시아 대륙 전체 문화에서 부여의 문화사적 의미
6. 부여의 기원과 서단산 문화의 성격
7. 부여의 영역과 국가 형태
8. 부여 동명신화와 고고학 자료
9. 북부여, 동부여 문제
10. 부여와 옥저의 물질 문화
11. 부여의 왕권과 국가 형태

종합토론 2부

1. 부여의 물질 문화
2. 부여 계통 유물(동병철검, 동복) 문제와 라마동 고분군의 금동 가면
3. 부여의 쇠퇴와 후기 왕성 위치 문제
4. 백제는 부여를 계승하였나(부여의 동병철검과 토광묘 계승 문제)
5. 마무리